野蛮から生存の開発論

越境する援助のデザイン

佐藤 仁
［著］

ミネルヴァ書房

はしがき

開発を調べる面白さ

開発と援助の現場は、高学歴の専門家が集まって理想と理論を振りかざすような堅苦しい世界ではない。そこには、ごく普通の人々の想いが渦巻く、ときにシビアな、ときにワクワクするような人間的な世界が広がっている。私はこの人間らしい部分をそうと認めることに、開発のテーマを面白くする深い源泉があると考えている。

開発・援助を仕掛ける側と受け入れる側の認識のズレが大きいとき、この人間ドラマの見ごたえは最高潮に達する。たとえばラオスの奥地で日本が行った気候変動対策事業を見に行ったときのこと。そこには、わざわざ外国からやってきた熱心な援助スタッフに気をつかって事業の説明会に足を運んでくる村人たちの姿があった。村人たちも森林保護に意義を感じていないわけではない。ただ、援助スタッフが立ち去った後に「本当は小学校がほしい」ともらしたのが印象的だった。気候変動対策の現場となったその山奥の村には、まだ小学校すらなかったのだ。援助の専門家も、こうした村人たちの本音にうすうす気づいていながら、粛々と事業を進める。

援助機関や行政に独自の生存原理があるように、開発を受け入れる人々にも、それなりの論理がある。みな自らの組織や家族を背負って、外からやってくる「開発」を時には歓迎し、時には自分に関係がないものとしてやり過ごし、稀にはあからさまに拒絶しながら、身近な人間の暮らしを守ろうと努力してきた。開発とは、文化や力の異なる人々が、事業に自分たちの利益を反映させようと、「騙し合い」を繰り広げる人間ドラマなのだ。

開発と援助に関わる人間ドラマの現場は途上国だけではない。留学生を受け入れ、世界へと人材を送り込んでいる日本の大学もまた一つの現場である。カンボジアやネパールといった国々から留学生を受け入れる過程で、私はそれらの国についての知識以上に、豊かになった日本でもはや忘れられてしまった学びへのハングリー精神を教えられた。カンボジアの貧しい農村から博士課程の大学院生として日本にやってきたトル・ディナ君が、初めて私の研究室を訪問したとき、部屋の本棚を目を輝かせてながめていた姿を私は忘れない。彼の故郷の村には本などなかったのだ。私にとっての「開発」とは、日本人を含むこの学生たちに、各々に相応しい刺激を与え、卒業後には自分で自分を教育できるように底上げしていくことであった。

この大学という現場で国際協力や開発援助を学ぶ日本人の方はといえば、そこには二つのタイプがいる。まず「冷めた学生」がいる。彼らは先進国による途上国支援の効果に懐疑的であるだけでなく、支援そのものを「余計なお世話」であると考える。「外国に援助する余裕があるくらいなら、自国の貧民対策を充実させせよ」「援助は途上国の腐敗を助長しているのではないか」と疑問の声を投げかけるのは彼らだ。もう一方には、開発援助を世界を良くするための手段と捉え、具体的な行動を呼びかける「熱い学生」がいる。彼らはNGOでボランティアをし、国際協力系のサークル活動などに従事し、開発への積極的な関与を模索する。「どうすれば援助を最も必要な人々に届けられるか」「紛争や貧困にあえぐ国に対して日本は何をすべきか」を問うのが、この学生たちである。

ここで重要なのは、冷めた学生をいかに熱くするかということではない。どちらにも属さない大多数の無関心層が遠ざかっていくことだ。貧困や紛争、難民や異常気象に伴う災害など、世界の切迫した問題に対して「今、何をすべきか」という熱い想いが偽善的に映り、潜在的に開発に関心をもつ人々までをも遠ざけてしまう。あるいは「援助は国益のため」という生々しい発言に嫌気がさして冷めてしまう人もいる。「アジア」や「アフリカ」という響きが自分とは関係のない遠い世界を思わせるのかもしれない。開発援助を勉強してまともな就職ができるのか、とリアルな心配をする学生も多い。

様々な理由で距離を置こうとする学生たちに私は次のように呼びかけたい。開発の分野は、懐疑派か行動派かを問わず、知的興奮に満ちたフィールドである、と。大学で何に打ち込んだらよいか分からない学生にとってこそ、世界の広さと自分の可能性を体感できる、素晴しい分野である、と。そして、決まった教科書がないからこそ面白いのだ、と。

もちろん、情熱だけでは空回りしてしまう。最低限の事実関係に関する勉強は不可欠である。たとえばODA（Official Development Assistance：政府開発援助）に関心のある東京大学の学部生向けに小テストを行ってみたところ、次のことが分かった。「日本がODAとして貸し出している借款のほとんどはきちんと返済されている」とか、「近年では戻ってくる金額が出ていく金額を上回っている」という単純な事実が、ほとんど知られてない。こうした無知を放置したまま「日本にも貧困問題はあるのに、国民の血税を海外で無駄にすべきではない」という類の議論が独り歩きするのは困りものだ。

そうかと言って、そこから「何をすべきか」という問いに勇んで飛びつくのはおすすめしない。いったん肩の力を抜いて事実の成り立ちに関心を向け、世界を勉強するための糸口として「開発」を楽しんでみてはどうか。これが私の提案である。

開発というテーマへの入り方は人それぞれ、どんな形でもよい。ともかく、この世界に入ってきてもらうことが大事だ。旅行、仕事やインターンの体験、テレビ・ドキュメンタリーや映画、小説など、若者を開発の仕事に突き動かす動機の源はいろいろある。私の場合は、大学時代にタイ東北部の貧しい農村に一カ月間ホームステイをしたことが強烈な原体験になっている。溢れるモノで希釈されていない人間関係の濃さが作り出す温かさを、タイの田舎で感じることができた。途上国の実態を知るつもりで訪れたタイで、私は期せずして日本の暮らしを省みることになった。

「現場に行こう」と言いたいのではない。むしろ本書の読者として最初に私が想定しているのは、それ以前の段階にいる人々である。なんとなく「国際協力」や「開発」というキーワードが気になっていたものの本格的に勉強する機会を逸してきた人々、近い将来に途上国と呼ばれる国を自分の目で見てみたいという気持ちをもちつつも、さしあたりは大学の授業などで「開発」のテーマに頭から入ってくる皆さんである。

初めてパズルを解くときのように

体験ではなく、頭から入る人を喜ばせるのは「あれ?」と思わせるようなパズル（不可解な謎）との出逢いである。「パズル」といえば、最終的な答えが一つ決まっているゲームを思わせるかもしれないが、ここでは「問題」となる社会現象を理解するために、それを構成する部分の組み合わせをあれこれ考えなくてはいけない状況をそう呼んでいる。説明を要する不可解な問題が目の前にあるのは間違いないのだが、それをどう捉えたらよいのか分からない。それがパズルである。

開発・援助という営みは、古くからこうしたパズルで満ちていた。一八世紀のイギリスの経済学者トーマス・マルサスは著書『人口論』の中で、「約三〇〇万ポンドが毎年貧民のために徴収されているのに、この人々の貧困が少しも減らないとは驚くべきこと」として、今日の援助論につながる最も初期のパズルを定式化した。支援のお金があるのに貧しい人が減らないというのは、開発援助に関心のない人にとっても不思議に思えるであろう。

マルサスは、貧民のための徴収金額を増やしても問題が解決しない究極の原因を、農地の制約に伴う食糧生産量の限界に求めた。食糧が限られていれば、お金が分配されても食べ物の値段が上がるだけで多く食べられるようになるわけではない。「人口は等比級数的に増大するのに対して、食糧は等差級数的にしか増大しない」という有名な命題は、元はといえば、この貧困対策のパズルに端を発していた。

マルサスが提示した二〇〇年以上前のパズルは、時代をくだって繰り返し甦えることになる。計画的な援助の増額をもって貧困軽減が可能であるとしたジェフリー・サックスと、政府による介入を最小限にし、人々の主体性と自由市場に任せるほうが効果的であるとしたウィリアム・イースタリーとの論争はその例である。サックスは援助の総量を増やすことで貧困をなくせると考えた。イースタリーは援助の増大を無駄と考え、サックスと真っ向から対立した。

繰り返し立ち現れるパズルは、それだけのことはあって、知的な興味をそそる奥深さをもっている。支援を必要とする人々の窮状をよそに、それを面白がって研究するなどとはいかにも不謹慎と思われるかもしれない。しかし、最終的に世界の貧困が軽減し、世界を少しでも住みやすい場所にしていくためには、動機は何であれ開発に興味をもつ人々の総数を増やさなくてはいけない。現場で汗をかく人、経済計画を練る人、一歩離れた立場から援助を批判する人。国際開発の現場はいろいろあるが、何よりも少々の困難ではへこたれない元気な人で振わう分野でありたい。そのためには、役に立つ、立たないの話は一旦脇に置いて、この分野が知的な刺激に富むフィールドであることを世にアピールしなくてはなるまい。

伝えたいこと

本書で最も伝えたいのは、開発研究の諸理論ではない。あるいは貧困国の生存条件を改善するための具体的な処方箋でもない。本書で伝えたいのは、開発を研究することの面白さである。

開発研究の面白さには、三つの水脈があると思う。第一に、「こうあるべき」という規範論や政策論と現場の実態とが往々にしてズレていることである。開発／援助の議論は正義や平等といった倫理的な規範に色づけされることが多いが、人々の生活や特定の政策をめぐる利害関係など、リアルな側面も見なければどんな計画も絵に描いた餅になる。そうかといって実態ばかり追いかけていても、未来の方向性が出てこない。この微妙なバランスを考えることに面白さがある。

第二に、歴史の表舞台に出てこない大衆の、開発の日常を生きる人々の暮らしのディテールに私たちの常識を覆すような驚きが隠されていることである。平地国家の開発を嫌って山に逃げた人々の歴史をまとめたジェームズ・スコットの『ゾミア――脱国家の世界史』（みすず書房、二〇一三年）はまさにそうした新鮮な驚きに富んだ作品である。たとえば「識字率の向上」を開発の進むべき方向の一つとして当たり前だと考える私たちにとって、かつての東南アジアの山地で文字を自ら進んで捨てた人々の話は、進歩に関する私たちの常識の偏りを教えてくれる。「こんな暮らしがあったのか」という率直な驚きは、知的な興奮をもたらすだけでなく、人間本来のたくましさを思い出させ、ともすると資本主義社会に特有の閉塞感に苛まれがちな私たちを励ましてくれる。

第三に、開発は人間生活の過去と未来に関するものであるから、すべての分野に教材がちりばめられていることである。いろいろな領域に学びの扉が開かれていて、特定の分野や専門性にこだわらなくても楽しく勉強ができる。正確にいえば「こだわる必要がない」のではなく、どうしても多様な分野の知見を動員せざるをえないのである。たとえば貧しい途上国で公衆衛生のプロジェクトを考えるとき、どこまでの領域を考慮の対象に含めるべきだろうか。技術移転の効果とコスト計算しか見ようとしなければ、プロジェクトは長続きしないであろう。そこには「衛生」に関する地元住民の見方の移り変わり、宗教的な信念、男女の認識の差や役割の違い、気候や自然条件などを含めなくてはならないからだ。あたかも開発という大きな課題の闇に、様々な分野にちりばめられた道標が点々と灯されているかのようである。

これらの面白さを拾い上げるときのポイントは「個性の把握」であると思う。開発現象の表面は所得やG

ＤＰ（国内総生産）の増大、乳幼児死亡率の低減といった顔のない指標で捉えることができるが、一皮むいて特定の地域の深層に迫ると、宗教や民族文化、自然環境との接し方や国家と社会の関係など、実に個性的な現場の顔が見えてくる。歴史の潮流や地理的な条件から自由な「開発」はありえない。社会変化の良し悪しの判断それ自体が文化的に規定されているからである。だとすれば、開発・援助に関する書物にも開発の個性を拾い上げる志向性をもったものが入っていてしかるべきではないか。客観的であることは重要だが、開発の研究は個のくみ上げと、それが織り成す暮らしのデザインを読み込むことにこそ、その醍醐味がある。その思いは本書全体を貫いている。

学問として成り立つか

学ぶという段階から一歩進んで開発の専門家を目指して大学院に進もうとする人を悩ませるのは、開発研究が学問として成り立つのかどうかという点である。きちんと勉強すれば、政治学や経済学を勉強したのと同じように認められて、仕事に就けるのかどうか。私も学生時代はこの点が心配であった。

たしかに面白さの追求と学問としての信頼性や安定性は別問題である。開発は経済学や政治学といったオーソドックスな専門分野に収まりきらない奥行をもっている。ところが、個別分野に収まらない形で開発を学問しようとすれば、評価が難しくなり、それがリスクと見なされる。多様な分野にまたがるということは、どの分野の理解も中途半端な「学際バカ」になってしまう恐れがあるのだ。これは研究職を目指す大学院生にとっては深刻な懸念になる。

「何をすべきか」という行動志向が強すぎて、学問の中立性や客観性が置き去りにされる危険性もあろう。開発という現象は、援助の業界に強く影響を受けるために、開発＝援助となってしまって開発現象の奥行を捉える学問が育ちにくいという傾向もある。開発研究の「学」としての認知に時間がかかったのは、こうした事情があったからだと考えられる。

だが、人の評価を左右し、就職を決めてくれるのは○○学をやっていること、それ自体ではないはずだ。どのような問いに、どのような方法で取り組み、そこにどのような意味があるのかの方が重要である。何よりも、その学びの過程で自分の思考がどのように熟成したのかをアピールできるかどうかが大切だ。先人の仕事を踏まえ、自分で考えて表現する力をもった人は、分野を問わず頭角を現してくる。だから余計な心配をせずに開発の勉強に邁進してほしい。雇う側も実はそうした人材が欲しくて仕方がないのだ。

本書が折に触れて「開発研究」という言葉を使い、「開発学」と呼ばないのは、「学」の形式にこだわらず、曖昧さの中で試行錯誤しながら発展していくほうが分野のためになると考えているからである。「学」というかしこまった響きは排他的な印象を与え、素朴な国々の名もなき人々を主題とする分野名にはふさわしくない。発展途上国を主たる考察対象にする以上、分野も私たち個々人がそうであるように常に「発展途上」であるほうが健全で楽しいではないか。

役に立つか

開発を調べる面白さを強調したいからといって、これが現場の具体的な問題に関する分野である以上、どのように「役に立つか」という点にも触れないわけにはいかない。「役に立たないことをやるのが学問だ」と突っぱねるのも一つの手だが、それでは日々の実践に頭を悩ます人との対話が途切れてしまう。実は現場で大いに役立つ可能性があるのに、しかるべき地位を与えられていないのが全体像を捉える構想力である。

タイ政府の環境政策アドバイザーや援助政策に関する委員会の委員などを務める中で、私は全体像からものを語れる人が実務上、ますます必要になってきていることを実感している。援助政策一つをとってみても、そこには教育や保健、環境やインフラといった様々なセクターがあり、セクターには関連省庁とコンサルタント、企業や実施機関、学界の有識者などで作られる「業界」がぶら下がっている。それぞれのセクターには各々の作法と考え方が確立していることが多く、たとえば国別の援助戦略を構想しようとするときに、教育と環境の専門家が膝を突き合わせて議論しても、どちらの分野を優先すべきか結論を得ることは難しい。相手の考え方を知らないと対話が成立しないし、そもそも対話を成立させようとする態度がなければ話はまとまらないからだ。政策の優先順位を決めるには全体像の把握に基づく、大所高所からの議論の再配置が必要になる。ここでオーケストラの指揮者のような配置役を務められる人材こそ、いま求められている。決まった作業を実行できる個別分野の人材は多く輩出されてきたが、領域横断的に全体を見渡して「いま何が必要か」を提案できる専門家は明らかに不足している。

もちろん「全体像を知っているのは自分だけ」などと高飛車な態度で出れば、かえって反発を招く。セクターの個別事情を踏まえ、それを他のセクターの議論と建設的に接続できる力、そして複数の選択肢を示せるような構想力がなくてはならない。こうした構想力をもった人材は開発研究の学位を作って制度化すれば大量生産できるわけではないし、そもそも大量に必要というわけでもない。だが、これだけ専門性が強調される世の中であるからこそ、専門間の橋渡しができる人材を育てていく意義がある。

全体像に立ち返るという習慣は早い段階でつけておかないと、専門に染まってからでは遅い。かつて経済・社会学者のソースティン・ヴェブレンが視野狭窄に陥ることで専門家の地位を得ていく人々を「訓練された役立たず（trained incapacity）」と揶揄したが、それは知識のレベルの問題ではなく、習慣と態度の問題であった。その意味で、「若いうちは一つの専門に打ち込め」という助言は半分正しいが半分間違っているように思われるのだ。

専門性うんぬん以前の問題として、そもそも日本から遠く離れた国々での生活について議論することに私たちの多くは不慣れである。そこには想像力が要求されるが、想像力を逞しくする練習は、まず足元から、他の地域や専門分野の人の考え方を理解しようとする態度から生まれるのだと思う。いろいろな国の経験と多様な分野を問題解決へと引きずり込んでくれる開発研究は、そうした態度を醸成するのにちょうど適したプラットフォームである。

残念というべきか、このプラットフォームを日本よりも欧米の大学に求める人が多い。開発を勉強したい人の多くが欧米に留学し、植民地統治の経験に基づく欧米流の開発理論を学んでくる。特に国際機関への就職を考えると、留学は良いことである。しかし、国際的に活躍するために、日本で開発を考える意味を自覚し、具体的な事例を知ることも大切だ。それができて初めて諸外国の方法や事例も位置づけることができるし、何よりも国際舞台に出ていくときの感性と迫力が違ってくる。

本書の構成

序章「野蛮／文明から生存へ」では、文明や経済発展への見方について、日本人の経験を歴史的に振り返る。開発や発展の根底にある動機づけには、進んだ文明への憧れがあり、追いつくための模倣があった。ペリーの黒船を端緒として圧倒的な力を見せつける欧米諸国を前に、日本ほど開発コンプレックスに苛まれてきた国はない。そのコンプレックスはやがて屈折した形で他の後発諸国に対する眼差しへと化けていく。

本書は三つの部から構成される。第Ⅰ部「開発・援助の知的技術」は、開発問題の根底にある人々の暮らしの捉え方と調査のデザインを検討する。

第1章「生活の質をどう評価するか」では、所得や効用で暮らしぶりの良さを測ることの問題点を、インド出身の経済学者アマルティア・センの議論を紹介しながら批判的に検討する。開発は所得水準だけで測られるものではない多面的な現象である。地域に応じた暮らしの複雑さを捉えつつ、比較可能な評価軸を作ることはできるのか。この問題を考える。

第2章「貧しい人々は何をもっているのか」は、「ない」「不足している」という前提から出発することの多い開発援助論を問い直す。逆に「ある」「何かが機能している」という発想から出発すると、異なる世界が見えてきて、政策オプションも変わったものになってくるのではないか。

第3章「たった一つの村を調べて何になるのか」では、特定の場所に対する深い理解を得ようとするアプローチの学問的有効性について考えてみる。どんな開発計画も何らかの現状認識から出発しなくてはならない。そこでは通常、大規模な統計調査に重きが置かれ、個別の事例調査は一般性に欠けるとして軽視されがちだ。少数事例を深く掘り下げる事例研究には、その事例を超えた一般性などないと考えるべきだろうか。

第Ⅱ部「開発・援助の想定外」では、開発を仕掛ける側の意図とは独立し、まるで生き物であるかのように開発が意図や想定を裏切っていく様子をみる。

第4章「分業は何を生み出すのか」では、開発事業を進める根本原理である、多様な人々の力の合わせ方を考える。アダム・スミスは分業の徹底に富の創出する仕掛けを見出した。しかし、過度の分業は労働環境の悪化など、特有のリスクを生み出すことを後の歴史は教えてくれた。分業の話題は工場の内部にとどまらない。東日本大震災のときには大規模災害への対応が過度に分業化された縦割り行政によって遮られるという、もどかしい現実を目の当たりにした。第4章では分業の利点と問題点がどのように形成されるのかを考える。

第5章「『想定外』はなぜ繰り返されるのか」では、開発における意図せざる結果が生じるメカニズムを考える。開発・援助の失敗は世界各地で報告されているが、これだけ経験が蓄積され研究も進んでいるのに、なぜ開発は失敗を続けるのだろうか。また、そもそも開発はいかに自らの失敗から学習するのか。この章では失敗反復のパズルを読み解く。

第6章「緊急物資はなぜ届かないのか」では、二〇〇四年一二月に発生したスマトラ沖地震に伴う大津波の際の緊急支援を例に、多くの支援物資が集まっているにもかかわらず被災者に物資が届かないという逆説に迫る。災害に伴う緊急援助では、物資の過剰供給も問題になる。被災者の生存にかかわる物資を偏らせ、特定の場所に引き寄せている力とは何なのだろうか。

第7章「豊かな資源は呪いか」では、天然資源に恵まれた国々の経済発展が停滞しがちな理由を問う。豊かな資源があるのに、なぜ経済の領域だけでなく、政治や社会の発展まで停滞する国が多いのか。この章では、従来にない国レベルの「呪い」に関する議論を超えて、一国の中における地域社会や集落のレベルでも「呪い」が働く可能性を指摘する。

第Ⅲ部「開発・援助と日本の生い立ち」は、戦後日本が援助される国から援助する国へと変貌をとげた軌跡を振り返る。日本は、欧米諸国に遅れて近代化をした国であるために、後発国としての悩みを抱えながら経済発展を遂げてきた。つまり、「途上国」に対する見方、援助の意味に対する理解や実施体制について欧米諸国とは異なる特徴を有している。しかし、その特徴が何であるのか、これまではっきりと捉えられてこなかった。

第8章「戦後日本は、なぜ援助に乗り出したのか」は、第二次世界大戦によって徹底的に疲弊し、復興もまだ不十分であった一九五〇年代の前半に、日本がアジア諸国に対する経済協力に乗り出すことになった理由を問う。なぜ国内に住宅や雇用の問題を抱えていた日本が、アジア諸国に経済協力をしなくてはいけなかったのか。それは、第二次世界大戦の敗戦に伴う戦後賠償の義務だけから説明できるものかどうか。

第9章「日本に援助庁がないのはなぜか」では、援助を送り出す日本側の体制を問題にする。一九八〇年代に世界屈指のODA大国となった日本に対する国内外の批判の一つは、援助行政における一元化の欠如である。一九五〇年代からその必要性が叫ばれていた一元化は、なぜ実現しなかったのか。それは単純に、既存の省庁の抵抗によって説明できるものか。この章では、一元化できなかったことのマイナスではなく、プラスに注目することで開発援助行政というテーマに新しい視点を提示する。

第10章「『日本モデル』はなぜ打ち出されなかったのか」では、開発現象の捉え方の中に個別と普遍の対立軸を見出す。開発は時間と空間に制約された営みであって、その体験は必然的に個別的なものである。しかし、開発「理論」は時空を超えて一般的であろうとする。戦後の焼野原から立ち上がろうとしていた日本という現場で大来佐武郎や安芸皎一という二人の開発実践者に注目し、日本の開発経験がモデルとして定式化されなかった理由を掘り下げる。

終章「開発の未来学――アイディアに力を」では、開発の研究をさらに活力ある分野に仕立て、盛り上げていくための見通しを述べる。アイディアが生きるかどうかは、アイディアの良さそのものもさることながら、それを受け入れる社会の土壌に鍵があることを指摘する。

開発について調べ、考えることは実に面白い。しかし、その面白さを知るためには、いったんどぶんと飛び込んで、その世界に浸ってみなくてはならない。本書には、その手引きとなる一〇のパズルを用意した。気に入ったパズルから入ってみよう。直ちに面白さの魔力につかまってしまうに違いない。そして、しばらくそこに浸っているうちに、広い世界を展望できる見晴らしのよい高台に立っている自分にふと気づくことだろう。

野蛮から生存の開発論——越境する援助のデザイン

目次

序　章　野蛮／文明から生存へ

野蛮と文明の二項対立を越えて

開発や発展の概念は、各国・地域のそれに対応する言葉を介して広く世界に流通している。だが、人がこの言葉に込める意味は時代や場所によってまちまちだ。発展が何を指すのかは、それを類似概念と置き換えてみると少しは明確になる。進歩、文明、近代（化）、工業（化）、欧米（化）。これらの概念は停滞、野蛮、伝統、農業、非欧米といった対概念とセットになることでメッセージ性の強さを獲得してきた。

文明は野蛮があってこそ自らを文明と呼ぶことができた。これと同じように、発展・開発も低開発や貧困があるから、その意味がくっきりと明確化する。開発をする側とされる側とは、このように互いを必要としながら変化してきた。二つの対概念が共進化をとげる傾向は、第二次世界大戦後にアジアやアフリカ諸国が独立して以降、いっそう強まった。主に狩猟採集という生業をイメージさせ、国家制度や分業の未発達状態を指す「野蛮」や「未開」の概念は、第二次世界大戦後になって「低開発（under-developed）」や「後進（backward）」「第三世界（third world）」に置き換わることで介入の対象へと変貌した。

ここで立ち止まって考えておきたいのは、第二次世界大戦以降になると「文明が野蛮を必要とする」という一方向的な力関係が少なくとも表面的には解消され、先進国が途上国を「援助する」という構造に変化したことの意味である。途上国に先進国が解決の手を差し伸べる国際援助の登場によって、それまでの「野蛮と文明」に端を発する対概念はいっそう密な、しかし分かりにくい関係をつくることになった。

野蛮―文明の図式から、低開発―開発の図式への移行をもう少し詳しく見てみよう。そこには開発という社会変化を支配できるという統治者の側の自信のようなものが横たわっている。遺伝や生物学的条件、あるいは地理的条件や生態環境が発展の程度や方向を決定しないことは今では常識になった。「野蛮」であることを半ば宿命として受け入れなくてはならなかった一九世紀までの時代とは異なり、二〇世紀以降は人々の意思とそれを実現する技術や制度の力が重視されるようになる。

先進国の技術と資本をもってすれば、アジアやアフリカの途上国は野蛮から抜け出し、文明化できると考えられた。だが途上国をそのままの地位において留めておくことも先進国にとっては秘かに有益であった。遅れた地域は、原料供給国としてだけでなく、進んだ地域の産物を売りつける市場としても便利だったからである。機械化と大量生産によって生産物を絶えず作り続けなくてはならない先進工業国は、余剰物質を送り込む市場を必要とする。新たな市場として途上国は、その意味でも先進国に必要な存在なのであった。こうした微妙な関係をもつ野蛮と文明の構図は、野蛮が低開発に置き換わった第二次世界大戦後も本質的には変わらなかった。

ところが、いまや二つの対立軸は一つに融解し「生存」と呼ぶべき共通の課題群を生み出しつつある。開発と低開発という二項対立的枠組みでは、変わりゆく現代世界を語れなくなってきた。中国やインドなど、かつて南に分類されていた国々と日本を含む北の先進諸国との相互依存はあらゆる側面で深まった。共存は民族や国家といった人間界の問題であるが、「生存」はそこに自然との関係という、さらに大きな問題を被せてくる。金融や通貨をめぐる危機は燃料や農作物価格を通じてたちまち世界各地の土地利用に影響を拡散し、自由に国境を越えるテロ組織の脅威からはニューヨークやパリといった先進国の都市でさえ逃れることができない。テロ組織の用いる武器の多くは先進国製である。エボラ出血熱やエイズといった感染症は先進国と途上国とを区別しない。そして気候変動や大規模災害といった地球規模課題の顕在化は、かつての野蛮

／文明、南／北という二項対立的な境界を決定的に消滅させた。

この変化はかつての北と南、先進国と途上国が問題を共有したという次元にとどまらない。ラオスやカンボジアといった東南アジアの後発国に対する最大の援助供与国は、もはや日本やアメリカではなく、中国である。ブラジルやタイなど、かつての被援助国は次々と「新興援助国」として名乗りを上げ、国境を越えて問題解決する側の立場に回っている。人間の生存条件はより一体的なグローバル経済と環境の下で推移しており、かつての「野蛮（低開発）」＝他者を、自分たちとは別物として措定する発想は過去のものとなった。現代世界では、生存に向かう問題解決を南北の垣根を超えて地球規模で構想しなくてはならない[1]。

世界の現実がこのように変化しているとはいえ、私たちはいまだに「途上国」という分類を使い続け、援助するもの／されるもの、という二項対立的な枠組みから抜け切れないでいる。それは援助する側にいることの心地良さによるのかもしれない。二項対立的な発想から抜け出す手っ取り早い方法は、先進国と呼ばれる国々が途上国だった時代にたどった道を振り返ることである。ここに日本の出番がある。日本こそ途上国から先進国へと転じた代表選手であるからだ。

岩倉使節団のフィールドワーク

日本人にとっては、江戸時代までは中国、明治期以降は欧米、特にイギリスやプロシアという追いかけるべき文明のモデルがあった[2]。そのため開発をめぐる問いは、いつの時代も、いかにして先発の文明国に追いつくかという焦りにも似た切実な響きをもっていた。

欧米文明が最も眩しく映ったのは、開国して間もない時期から明治時代の初めにかけてのことであろう。生活の近代化＝欧米化を当時の日本では「開化」と呼んだ。黒船来航の圧力に抗いきれずに開国を強いられて、広い世界に触れることになった日本人は、欧米の物的な力に圧倒され、自分たちよりも「格上」の文明

図序−1　横浜港を出発する岩倉使節団一行
（山口蓬春画『岩倉大使欧米派遣』，明治神宮外苑聖徳記念館蔵）

があることをはっきりと悟った。

しかし、近代化が至上命題であった時代だからといって、日本人の誰もが同じように開発を定義していたわけではないし、皆が欧米文明を肯定的に捉えていたわけでもない(3)。

国力、富、統治の質を基準にした生活水準を他の国や人々と比較して、自分たちの足りない部分を伸ばそうとする考え方は、まず欧米列強と直接交渉しなくてはならなかった政府の役人たちに広がった。積極的に「伸ばそう」と考えていたというよりは、欧米への対抗意識に促されたというのが実態に近いのだろう。いずれにせよ、「文明国」にふさわしい装いを整えて、列強との間に結ばれた不平等条約改正の条件を整えることは、日本の指導者らの大きな動機づけであった。

一八七一（明治四）年一一月に横浜港を出発し、岩倉具視（一八二五〜一八八三）を特命全権大使とする総勢一〇七名で構成された岩倉使節団の二年近くに及ぶ欧米歴訪は、時のリーダーたちに今後の発展の方向性について確かな指針を与えた。使節団の平均年齢は三〇歳代。実に若々しいメンバーからなる、日本初の長期海外フィールドワークであった。

ここで見逃せないのは、使節団が鉄道やエレベーターといった欧米の先端技術にあこがれて、その模倣を単純に求めていたわけではないことである。それは、たとえば使節団がロンドンで目の当たりにする貧富の格差、死者を出すほどひどい煙害、犯罪の横行といった文明の矛盾をきちんと捉えて、旅行内容の詳細な報告『米欧回覧実記』に記載していることからも分かる。

岩倉使節団の着眼に特に感心するのは、彼らが欧米の文物や技術に目を奪われながらも、それらを生み出した社会的土壌を見極めようとしていた点である。『実記』の著者である久米邦武（一八三九〜一九三一）は、アメリカが西部に広がる荒野を開拓し、次々と都会に変えていった原動力を「物力」と呼んでいる。目に見えない文明の根っこを鋭く捉える視点である。この「物力」は、自然の恵みを富に変える転換力と言い換えてもよい。それは人口の量と質であり、人々の精神を開発へと向かわせるエネルギーである。

使節団一行はこうした問題関心から、教育の役割や人種の機能などに関心を拡張していく。監獄からチョコレート工場に至る文明国の隅々まで見学して回った岩倉使節団は、強国のきらびやかな装いに驚嘆しながらも、ベルギーやデンマークといった小国の立ち居振る舞いを冷静に観察し、列強に対峙しようとしていた日本の立場をそこに重ねあわせていた。文明国の仲間入りをすることもさることながら、それ以前に国としての独立をいかに維持できるかが彼らの関心事だったからである。

文明のランキング

日本人の開発に対する考え方に大きな影響を与えたのは、外国の知識にいち早く触れることのできた、学者や知識人である。日本が近代化への歩みを始めたときの代表的な論客は福沢諭吉（一八三五〜一九〇一）であった。福沢は『文明論之概略』の中で、文明でも野蛮でもない日本の微妙な位置を「半開」と呼んだ。福沢は日本が目標とすべき文明の域に到達している欧米と、「野蛮」の位置にあるアフリカやオーストラリアの中間に、トルコや日本を含めた「半開」のアジア諸国を位置づける。この区別は世界普遍であり、野蛮の誹りを受ける国々も、この定義に甘んじていると福沢は言う。

福沢による「半開」の定義はこうだ。古めかしい日本語だが、リズムがあるので原文のまま声に出して読んでみたい（福沢 1995：27）。

農業の道大いに開けて衣食具わらざるにあらず、家を建て都邑《とゆう》を設け、その外形は現に一国なれども、その内実を探れば不足するもの甚だ多し。文学盛んなれども実学を勤る者少なく、人間交際に就いては、猜疑嫉妬の心深しといえども、事物の理を談ずるときは、疑を発して不審を質《ただ》すの勇なし。模擬の細工は巧みなれども、新たに物を造るの工夫に乏しく、旧を脩《おさめ》るを知て旧を改るを知らず。人間の交際に規則なきにあらざれども、習慣に圧倒せられて規則の体を成さず。これを半開と名《なづ》く。いまだ文明に達せざるなり。

旧い習慣に圧倒されて新しいことに踏み出すのが苦手な日本人への自己批判は、現代の私たちが聞いても耳が痛い。こうして福沢は、野蛮と文明を一本の線の上に配列したうえで大事なことを言う。それは、文明の定義は相対的なものであって、その中に閉じこもっている限りにおいては自分の文明は最上位のものと考える傾向がある、という点である。しかし、ひとたび殻の外に出てみれば、文明国が半開国よりも優れていることは認めざるをえなくなる、と福沢は考えた。野蛮から半開をへて文明へ。ここに文明を格づけする新たな進歩の物差しが生まれた。これは、後の後進国や低開発国から中進国、先進国へとつらなる序列観の源流になった[4]。

二〇世紀に入ると文明のランキングはいっそう精緻なものになる。一九一五年に『気候と文明』を著したアメリカの地理学者E・ハンチントン（E. Huntington：1876–1947）の議論は、従来の粗い発展段階論に地理学の知見を総合して厳密化したものである。ハンチントンのやり方はこうだ。まず、世界各国から選ばれた五〇名以上の知識人にアンケートを実施し、進取の気性や発明力、教育水準など文明の基盤となる精神の在り方を基準にして、文明を一〇〇点満点で採点評価してもらう。そして結果を、気候条件を書き込んだ地図に重ねあわせて、気候と文明の進度との相関関係を分析する。

ハンチントンの結論は、季節に応じた温度変化の刺激が多い地域は進取の気性や仕事への向き合い方など、生活向上へのエネルギーが強く、文明の水準が高くなる、というものであった。暑すぎず、寒すぎない気候が人間の知恵と工夫を喚起する丁度よい刺激になっているというわけだ。

新渡戸稲造（一八六二～一九三三）ら著名な日本人を含む世界の知識人から集められた採点結果の平均は、イギリスとアメリカ東部地域がそれぞれ満点、フランスの諸地域は九〇点台、メキシコが五四点で日本は八三点となった。

ハンチントンは文明を点数化することの限界を認めたうえで、東アジア地域について次のような興味深い観察をする（Huntington 1915：168, 筆者訳）。

中国人と日本人に見られる、自らを他の人種よりも高位に置く傾向は自然のことである。驚くべきは、もっともな理由で自らの歴史に誇り高きこの人々が、自分たちを世界の頂点に位置づけていない、ということである。彼らは、欧州と北米とがいくつかの面で自分たちを超えていることを認めているのだ。

「自分たちは文明の最先端にいない」という認めざるをえない現実は、日本の指導者らにある種のコンプレックスを植えつけた。それはやがて中国や他のアジア諸国を自分たちより格下の「野蛮」と見なす態度の源泉になっていった。

夏目漱石の「開化」論

異国の人々を野蛮人と称する伝統は世界中で見られた。しかし、近代に入ってからの文明・発展観は、可動性を前提としている点が特徴である。つまり、野蛮や未開の地位はかつてのように固定されているものではなく、むしろ開発という働きかけによって文明や発展に近づく可能性をもった範疇として立ち現れるのである。今日よりも明日の暮らしが良くなるという期待に立脚した開発／発展観が一般に普及するようになるのは日本では明治以降である。それは「個人」に焦点を置く立身出世物語が流行ったことにも関係しているに違いない。努力によって文明の番付を上げていくことはできる。この進歩観こそ、近代以降の開発を特徴づける精神的基盤であった。

他方で、欧米文化の内実に深い理解をもちながら、日本をそれに倣わせることに疑問をもつ知識人もいた。その代表格は夏目漱石（一八六七～一九一六）である。漱石はイギリス留学中にまとめた『文学論ノート』の中で、文明国における自殺の多さを指摘し、文明化に内在する精神の彷徨《さまよ》いに光を当てていた（夏目 1976）。そして帰国後の評論「現代日本の開化」の中で「開化」の意味を問い、後発国である日本人の悩みを、その時代を生きた漱石ならではの等身大の目線から捉えたのであった（夏目 1998）。

漱石は「開化」を「人間活力の発現の径路である」として、それが二つの相矛盾する活動から成り立っていると考えた。一つは、活力を積極的に消耗して快楽を得ようとする方向性、もう一つは逆に、そうした活力を制限・節約しようとする方向性である。この洞察は現代にも当てはまる。労力と時間を節減すべく様々な交通手段を発達させた国で、会員制のフィットネスジムで汗をかいたり、娯楽目的でわざわざ遠くに出かけたりする人が多いのは、まさに活力を放出したい欲望が強いからであろう。

そもそも開化の性質が外国由来のものであるということが、どこか日本の開化を空虚なものにしている、と漱石は考えた。現代日本の開化は皮相上滑りの開化であり、日本人は「涙を呑んで上滑りに滑っていかなければならない」との結論には、明治期の急速な欧米化の中で生きた知識人の悩みと不安が巧みに表現されている(5)。

冒険ダン吉と開発の原風景

日清・日露の両戦争に勝利した日本は欧米列強をあっと驚かせた。その日本で欧米列強を意識して「一等国」「持たざる国」といったスローガンが昭和の時代に入ってからも流行していたことは「開発コンプレックス」を拭い去ることがなかなか容易でないことの現れである。このコンプレックスは欧米に対する劣等感だけではなく、南洋と呼ばれたアジア太平洋諸地域の人々に対する屈折した優越感として現れることになる。

一九三三（昭和八）年から雑誌『少年倶楽部』に連載され、『のらくろ』と並んで子供たちの大人気を博した島田啓三著『冒険ダン吉』（島田 1967）は、当時の一般的な日本人が南の国の人々に対してもっていた優越イメージをとても素朴な形で描きだしている。

この漫画は日本人の少年「ダン吉」が小舟で昼寝をしている間に、未開の原住民の暮らす島に流れ着き、その島の住民たちと展開するハチャメチャな交流を描いた冒険物語である。その底流に流れているのは、体こそ小さいが知恵では負けない日本人の少年が、まだ開発を知らない島を「開いていく」というモチーフである。

ダン吉は、彼が「蛮公」と呼ぶ原住民の島に日本語を教える小学校をつくり、病院や郵便局をつくり、鉄道を引き、貨幣を流通させるなどして島を開発しながら、島民と友情を育み、最後には島民に惜しまれながら日本に帰国する。子供向けの素朴な描写であるからこそ、海外旅行の機会もなかった当時の日本人が「開発」の中身をどう理解していたのかがまっすぐに伝わってくる。

図序－2の二枚のクリップを見てみよう。ダン吉にとっては識別できない「黒んぼう」はダン吉流のマイ

図序−２　『少年倶楽部』に連載された『冒険ダン吉』

原住民を褒めるダン吉（左側）と「白んぼう」を懲らしめるダン吉（右側）。
島田啓三（1967）『冒険ダン吉漫画全集』講談社，61頁および108頁。

ナンバー制に則って一人一人番号をふられ、一号、二号などと呼ばれる。左の絵には、島に競争の意識をもち込み、優秀（＝有用）な原住民を表彰して褒め、彼らのやる気を引き出す場面が描かれている。島で腕時計をしているのはダン吉だけである点も見逃せない。勝手気ままに暮らしていた島に時間の概念を取り入れることで原住民を規律化し、開発のペースを作っていったダン吉は原住民たちを統治するだけでなく、右の絵にあるように、ときには「白んぼう」の海賊を懲らしめ、原住民たちを助ける情け深い存在でもある。

当時の国際社会における日本の立ち位置と、ダン吉の島での行動は日本の国際社会における在り方とは二重写しになっている。そして、ここには途上国を助ける存在としての日本、いわば「援助者としての日本」の原型を見て取ることができる。

『ダン吉』の描かれた背景には、どのような開発観があったのだろうか。『ダン吉』の中では、開発とはもともと何もないところに「文明」をもたらす行為として描かれている。

日本国内で「開かれる」べき地域、未開の遠隔地と見られていた場所は、現在の北海道にあたる「蝦夷」である。黒田謙一『日本植民思想史』(1942) によれば、「蝦夷」とは「皇威に服せぬもの、日本の風土に化していない国」として解されていた。国家の枠組みの外にある、こうした地域を取り込んでいく際に使われた開業や開国という言葉は、まさに今日でいう開発に近い概念として西洋から訳語として導入され、徳川幕府の頃から主に蝦夷を対象に用いられていた[6]。

一八九五 (明治二八) 年の台湾領有を皮切りに、植民地宗主国となった日本は、いよいよ海外の土地に開発をもち込む立場になる。開国の対象は明治に入る頃には蝦夷に限定されなくなり、台湾や朝鮮、樺太や南洋の国々に移っていった。『ダン吉』は、こうした時代の波に乗って絶大な人気を博した。『ダン吉』の中でも「島を開く」という言葉が盛んに出てくる。

ところでダン吉の開発活動は、すべてが想定通りに運んだわけではなかった。「ウーン、ぼく一代の大失敗だ」とダン吉が頭を抱えたのは、沈没船から引き揚げた品の中にあった野菜の種を植えて「バナナやヤシの実ばかり食べて、自然にボーッと大きくなった島の連中」に農業を教えたときのことである。現地の人に野菜の食べ方を教えるのをすっかり忘れていたダン吉が彼らを訪ねてみると、すでに遅し。スイカは中身が捨てられて日傘にかわり、かぼちゃはくりぬかれて子供の風呂に化けていた。

ダン吉の意図に反して、「蛮公たち」は「野菜」を加工し、最も有用なはずの果肉を捨てて、ダン吉にとっては意味のない皮の部分を生活に役立てていたのである。彼らに野菜は不足していなかった。だから、独自の工夫をこらしてスイカを別の方法で役立てた。

こうした想定外のサプライズをどう捉えるかが、開発現象を理解するための核心である。というのも開発を仕掛ける側は、こうしたサプライズを記録してこなかったので、開発はあたかもスムーズに進んできたかのような印象を与えるからだ。

国家の主導する開発がスムーズに進まない理由の一つは、前のダン吉の例にあるように、人々が必要としていない開発をもち込まれたときである。意に沿わない開発を前に、人々は抵抗したり、協力を拒んだりする。それが徴兵や徴税といった、生活全般への縛りに拡張していくとき、人々の抵抗はもっと大規模にそして多くの場合、水面下で展開する。こうした開発を受け止める側の人々は何の記録も書き残さない場合がほとんどなので開発の歴史は仕掛ける側の都合で上書きされてきた。

野蛮を選ぶ人々

「ゾミア」と呼ばれ、東はベトナム、西はビルマ（現ミャンマー）まで広がる東南アジアの丘陵地帯に暮らす人々は、まさに国家の開発を嫌い、そこから国家の手の届かない山地へ逃げ出した人々であった。弱者の視点で開発を描いてきたジェームズ・スコットは著書『ゾミア』を通じて徴兵や徴税という国家の押しつけを嫌った人々が、自らの生存を守るために国家の手の届きにくい山に生活の拠点を移した歴史に注目する。あえて文字を捨て、焼畑移動耕作を営むなど自ら進んで「野蛮人」になることを選んだゾミアに暮らす人々の歴史を再構築することは、すなわち国家とは何かを問うことにもなるからである（スコット 2013）。

一つの場所で農耕をし、文字をもち、階層化された秩序をもつことが進んだ文明の象徴であるとすれば、移動を繰り返して狩猟を行い、文字をもたず、特定の人に権威を集中させせない平等な社会を形成している山の民は、まさしく野蛮の象徴であろう。文明的な躾を受けていない無国家空間に暮らす人々を、教育やインフラ支援を通じて国家の枠に取り込んでいくことこそ「開発」そのものであると、平地に暮らす人々は考えてきた。道路や灌漑の整備、学校や保健所の新設といった見た目を重視する外形的な評価に囚われている人にとっては、そうした開発から逃げ出すなど全くの想定外として映るのであろう。

だが、視点を変えて、実は山の民が国家の秩序を押しつけられるのを嫌い、自由を求めて「野蛮」な生活を生存戦略として選んでいたとすれば、歴史の解釈は全く異なったものになる。山の民は「開発以前《プレ》」なのではなく、むしろ「開発以後《ポスト》」ということになるからだ。

スコットが「戦略」の例にあげるのは彼が「逃避型農業（escape agriculture）」と名づけた、外部者に収奪されにくい作物の存在である。移動と分裂に適した焼畑耕作が国家による捕捉を困難にするのはもちろん、よそ者の襲撃で焼かれたり、収奪されやすい地上農作物に比べて、地中で生育する根菜類やイモの類は収奪が困難である。山地民がこうした地中作物を好むのは偶然ではなく、過去における収奪の苦い経験に由来するとスコットは考える。

山の民がもっている特徴の数々は、文明に乗り遅れた人々の特徴なのではない。むしろ国家の一員になるのではない代替的な生き方を選んだ人々による、国家の先を行く戦略なのだとスコットは言う。

この見方からすれば、野蛮と文明は一つの線上の段階を示すのではなく、むしろ互いが互いを形成し合う、別次元の世界ということになる。グローバル化が世界を覆い尽くしている現在、かつてのゾミアのような国家の開発から逃れられる場所はほとんど存在しない。グローバル社会のただ中で相互依存を深めている私たちは、自分の居場所が途上国と呼ばれる場所であっても、先進国であっても、自らの生存条件をより良いものにするために国家の主導する「開発」を受け入れなくてはいけないのである。

いま日本で開発を考える

さて『冒険ダン吉』の活躍に胸を躍らせた戦前の子供たちは、働き盛りの年齢になって終戦を迎える。占領下に置かれた日本は再びアメリカの物力に圧倒され、その生活スタイルに強くあこがれる。農村生活の向上を目指す生活改善や４H（head, heart, hands, health）運動を通じて、アメリカを意識した効率的で、健康な生活方法が導入されるのも戦後のことであった。一九五〇年代の日本の復興は世界をあっと言わせた。一九五〇年の段階で男女共に五〇歳代後半だった平均余命は一九六〇年になると女性で七〇歳、男性で六五歳と、わずか一〇年の間に二〇年前後も伸長させることに成功したのである。

ところが、急速な経済成長は日本の各地で歪みを露呈する。水質汚濁や大気汚染が公害として問題になる一九六〇年代から、一本調子の経済発展への疑いはいよいよ顕著になった。豊かさを謳歌したかに見えたアメリカやヨーロッパも、人種差別や経済格差の拡大、犯罪の増加や治安の悪化など、陰の部分を見せ始めた。日本が目指すべき開発／発展のモデルは、科学の進歩に合わせてその姿をはっきりとさせるどころが、逆にぼやけてきた。物的な豊かさよりも、安心や安定に価値を置く人も増えた。

現在、開発をめぐる議論は、アジアやアフリカの貧しい国々と、そうした国々を支援する立場にある先進各国の援助機関や国際機関において行われている。冷戦が終結し、中国が台頭する新しい世界情勢の中で、日本という場所から開発を問う意味はどこにあるのだろうか。

開発援助を天職と志し、国連や援助機関への就職を希望する若者の多くが、英米の大学院に進学し、そこで開発を学んでいる。筆者の知るだけでもロンドンやワシントンD.C.、ボストンやニューヨークなどでは日本人留学生や現地在住の実務家らを中心とする開発に関する勉強会が長く続いている。良いことである。だが、欧米での学びが足下にある日本の経験という軸をもたないものであるとすれば、その足腰は頼りない。日本は、過去の開発経験の宝庫であるだけでなく、文字通り「開発以後《ポスト》」を先導する国でもある。少子高齢化の渦中にあって、開発どころか諸資源の放棄が目立って増大している国である。

現場が国内であるか海外であるかを問わず、今の日本では「開発」の波はもはや引き潮のようである。地域おこしや「再生」といった言葉の方がウケがよい。しかし、目指すべきモデルが見えにくい現在であればこそ、過去を振り返り開発のたどった道を総括する意味が増す。それこそ変動する世界の中で、日本が未来に向かう道しるべになるからである。

主語が誰になろうとも、開発は時代の空気を吸い込みながら、自らの目標を定めて自己更新していく。好むと好まざるとにかかわらず、これからも開発の潮流は満ち引きを繰り返していくであろう。その中で開発を学ぶ者にはしっかりとした思想的足場をもち、世界の動きを敏感に感じ取り、ここぞという課題を自分の力で調べ、そこから抽出されるアイディアを対外発信できる知的スタミナを備えていたい。

開発研究を直ちに「政府はこうすべき、NGOはああすべき」という行動論に還元するのは危うい。いっけん勇ましい議論には具体的に「誰がやるべきか」という現実論が欠けていることが多いだけではない。規範や役割論に囚われると視野が限定され、全体像が見失われるからである。視野の偏った「解決策」は、仮に実行されたとしても、いっそう厄介な問題を反復させてしまう。現象の本質を照らし出すには、実務の世界から一歩距離を置いた批判的な視点が不可欠である。批判的な視点が提示できる人の数はそう多くなくてもよいが、少ない分、真に迫る力強さをもたなくてはならない。

これは、開発現象の底流を読み解くことに知的関心をそそられ、人間社会の生存条件を少しでも良いものにしたいと願う人々、ごく少数かもしれないがここぞという場面で決定的な役割を果たしていくであろう、この人々のために書いた本である。

注

(1)「生存」というキーワードで従来の二項対立的な概念を超克しようとする試みを体系的に行う研究も出てきている。たとえば杉原薫らの研究は、伝統的な二項対立を克服するどころか、これまで植民地化されるなどして従属的な立場にあった熱帯地域の復権を訴える(杉原 2012)。そこでは「生存圏」の概念を導入することで、化石燃料と工業化に依存し発展の袋小路にさしかかっている温帯とは異なる、新たな発展の可能性を秘めた「熱帯パラダイム」が模索されていて興味深い。

(2) たとえば飛鳥井(1985)などが読みやすい。

（3） 欧米をモデルとした近代化に対する疑念や抵抗の系譜については、福田編（1965）、新田（1994）、川田ほか（1998）などを参照。

（4） 文明の進歩を下支えした理論は産業革命からしばらく経ってから育まれ、たちまち人口に膾炙した。ダーウィンの進化論の影響を受けたハーバート・スペンサー（Herbert Spencer : 1820–1903）は、生物だけではなく人間社会にも自然淘汰と進化の段階があると考えた。その構想は社会進化論として各分野に波及する。そして交通が発達し、世界各地を旅する人の数が増えてくると、抽象論にとどまらない実態観察に則した文明の序列化が行われるようになる。福沢の半開（half-civilized）の概念も、こうした欧米での議論を咀嚼したうえでのアイディアであると考えてよい（渡邉 2013）。

（5） 文明の進度をめぐる自問自答は、日本が急激に欧米の文物・制度をもとうとしたために、かえって歪みを目立たせ、自らのアイデンティティを問う機会を提供したともいえよう。

（6） 江戸時代の日本の開発思想については、中沢・森（1994）が参考になる。

参考文献

飛鳥井雅道（1985）『文明開化』岩波書店。

川田順造ほか編（1998）『岩波講座　開発と文化　第一巻　いまなぜ「開発と文化」なのか』岩波書店。

久米邦武（1977）『特命全権大使欧米回覧実記』第一巻〜第五巻、岩波書店。

黒田謙一（1942）『日本植民思想史』弘文堂書房。

島田啓三（1967）『冒険ダン吉』講談社。

シューマッハー、エルンスト（1986）（小島慶三・酒井懋訳）『スモール・イズ・ビューティフル』講談社。（原著 Schumacher, E. F. 1973. *Small is Beautiful : A Study of Economics as if People Mattered*, London: Blond and Briggs.）

杉原薫（2012）「熱帯生存圏の歴史的射程」杉原薫・脇村孝平・藤田幸一・田辺明生編『歴史のなかの熱帯生存圏――温帯パラダイムを超えて』京都大学出版会、一〜二八頁。

スコット、ジェームズ（2013）（佐藤仁監訳）『ゾミア――脱国家の世界史』みすず書房。

中沢護人・森数男（1994）『日本の開明思想』紀伊國屋書店。

夏目漱石（1998）「現代日本の開化」『夏目漱石』晶文社、七～四六頁。

――――（1976）『文学論ノート』岩波書店。

新田義弘編（1994）『近代／反近代』岩波書店。

福沢諭吉（1995）『文明論之概略』岩波書店。

福田恆存編（1965）『反近代の思想』筑摩書房。

渡邉憲正（2013）「明治期日本の〝文明と野蛮〟理解」『関東学院大学「経済系」』第二五七集、二二～四四頁。

Huntington, E. 1915. *Civilization and Climate*. New Haven: Yale University Press.（間崎万里訳〔1938〕『気候と文明』岩波書店。）

第Ⅰ部　開発・援助の知的技術

第1章　生活の質をどう評価するか

開発援助において根本的な課題の一つは、介入に先立って開発の対象となるべき人々の生活の質をどのように定義し、測定できるようにするかである。ところが「開発とは何か」という大問題は、規範的で扱いにくいためか、不問に付されることが多かった。生活水準の測定も、統計データの入手のしやすい所得や健康に関する指標で代用される傾向がある。この章では生活の質を評価するという課題に正面から取り組んできたアマルティア・センの議論を手がかりに、「生活の質」の変化を見定めるためのヒントを探る。

1　暮らしぶりの良さを比べる

一九二〇年にドイツで出版され、後に各国語に翻訳されて世界中で読者を集めた『パパラギ』（ショイルマン 2009）は、欧米文明を初めて目の当たりにしたサモアの酋長の文明観察という新鮮な設定で描かれている。その中で酋長の発する声は、モノや貨幣といった欧米文明における「発展」の象徴がかえって人間を貧しくしているという素朴な洞察であふれている。たとえばこんな件《くだり》がある。

私はたった一つだけ、ヨーロッパでもお金を取られない、誰にでも好きなだけできることを見つけた。――空気を吸うこと。だがしかし、それも実際には忘れられているだけだと思う。私がこんなことを話しているのを、ヨーロッパ人に聞かれでもしたら、息をするのにもすぐに丸い金属と重たい紙が必要になるだろう。なぜなら、あらゆるヨーロッパ人が四六時中、新しくお金を取る理由を探しているのだから（ショイルマン 2009 : 40）。

その後一〇〇年の時間が経過し、文字通り二酸化炭素の排出にまで価格をつけるようになった私たちは、南海の酋長の予言を絵空事として笑い飛ばすことができなくなった。世界は市場を介して経済の一体化を強め、多様な生活様式を「それぞれ違って、それぞれ良い」と悠長に称えることさえ許さない。「奥地」とされる場所ほど、自然保護や保健衛生の向上、教育援助などの対象となり、次々と都市の主導する開発の論理に引きずりこまれていく。

途上国で素朴な暮らしを営む人々に、先進国で失われた豊かさを見出すことは旅行者なら誰しも経験することである。それでも私たち日本人の方が貧しい途上国の人々よりも総じて「生活の質が高い」といえるのは、国や地方自治体、NPOなど多様な結びつきに支えられ、生存を脅かされるリスクが多少なりとも低減されているからである。近年の日本では、働きながらも貧困化してしまう「ワーキングプア」と呼ばれる人々も増えてきたが、そうした人々でさえ最低限の生活を政府に保障されている点で、多くの途上国の貧民とは比較にならないほど恵まれている。

たしかに途上国の農村部では家族や親族といった血縁組織が、平均的な日本の家族以上に日々の暮らしの支えとなっている場合が多い。しかし、経済が多角化してくると、家族を唯一の単位にして経済を発展させることは難しくなる。自由主義をとる近代国家は、企業や学校、地方自治体や中央政府などと様々な関係の網の目を張り巡らせ、極端な落ちこぼれが出ないような社会制度を構築してきた。

ここでは議論の出発点として、発展途上国への開発援助の在り方を念頭に「生活の質」の意味内容を検討し、その評価方法を考える。文化に応じて暮らしぶりの異なる人々を、あるいは同じ文化圏の中で多様な暮らしを営んでいる人々の生活の質を比較するのは容易な作業ではない。しかし、ますます一体化の深まるグローバル化した現代世界では、限られた資源の投下先をめぐり国や文化圏をまたいで優先順位を決めなくてはならない。生活の質の評価は、その作業の準備として欠くことができない。

2　生活水準観のうつりかわり

世界における多様な人々の暮らしを「生活水準（standard of living）」という概念を用いて一定の物差しで比較したり、評価したりする試みが世界規模で行われるようになったのは、第二次世界大戦中から末期にかけてであろう。その先駆者の一人であるコーリン・クラーク（Colin Clark : 1905–1989）は、一九四〇年にこの分野の研究としては初めて大量の統計資料をもとにして『経済進歩の諸条件』（Clark 1940）を発表し、いわゆる低開発地域の「低開発」たるイメージを数量的に裏づけることに貢献した（Arndt 1987）[1]。

第二次世界大戦終結直後にできた国連憲章第五五条は、国連の目標の一つとして加盟諸国の「いっそう高い生活水準」を達成させることを謳った。一九四九年一月の年頭教書ではアメリカのトルーマン大統領が発展途上国の生活レベルを向上させるために「ポイント・フォア（Point Four）」と呼ばれる新たな対外援助計画の構想を発表した。当時の文脈における「生活水準」の中身とは、欧米諸国で実現された物質的な条件であると考えてよい。各国における統計の整備に伴って生活水準の構成要件が「国民一人当たりのＧＤＰ（国内総生産）」に収斂・標準化されていくのもこの頃である（Coyle 2014）。

ただし、経済成長が貧困や社会問題の万能薬とされた一九五〇年から六〇年代の時期においても、すべての人が成長そのものに価値を置いていたわけではなかった。成長が望ましいのは、それが人々の選択肢を拡大するからである、と主張する有力な経済学者も当時から存在した。たとえば、開発経済学のパイオニアの一人であるアーサー・ルイス（Arthur Lewis：1915-1991）は経済成長の究極目的に関して「経済成長の利点は、富の増加が喜びを増加させることではなく、それが人々の選択の幅を増大させることである」と述べている（Lewis 1955：421）。ところが、その後の開発経験は、経済成長と一般大衆の生活の質が必ずしも連動していないことを示すことになった。

東アジア地域を除いて、途上国における経済成長が期待されたほど達成できていないことが分かると、経済成長を至上命題とする開発論への批判が強まった。特にパイを拡大すれば、やがてその恩恵は貧しい人にも及ぶという「トリックル・ダウン」仮説への反論が相次いだ。その背景には所得格差の拡大と環境問題の顕在化があった。こうした流れを受けて、一九六〇年代から七〇年代にかけては、従来の開発が見直される時代となった。ユネスコなどによって「もう一つの開発」が提唱されたのをはじめ、欧米の発展モデルを途上国にそのままもち込むことの弊害とそれに対する代案が模索された。

経済学批判の急先鋒、エルンスト・シューマッハー（Ernst Friedrich Schumacher：1911-1977）による「適正技術論」や南方熊楠研究などで足跡を残した社会学者、鶴見和子（一九一八〜二〇〇六）の「内発的発展論」は、こうした外発的な開発に対する代替案である（シューマッハー 1986：鶴見 1990）。先進諸国が主だった市場を支配してしまっている世界経済の構造そのものに低開発の原因をもとめる従属論が活発化したのも、この時期である（Frank 1966）。

こうして、開発における手段と目的のつながりを問い直す気運が高まり、パイの拡大という段階を踏むのではなく「貧困の撲滅」という本来の開発課題に直接手を下すべきであるとするベイシックニーズ論が盛んに議論されるようになる[2]。このベイシックニーズは成長よりも雇用と所得の再分配を優先し、貧困の除去を第一の目的とするものとして特に注目を集めた（絵所 1991：155）。

一九六〇年代、七〇年代の開発論の中心にいたイギリスの経済学者ダドリー・シアーズ（Dudley Seers : 1920-1983）は「発展の意味」と題した論文の中で開発論を転換させる必要性を次のように強調している。

貧困はどうなったのか、失業はどうなったのか、不平等はどうなったのか。もし、これら三つの側面が改善されているのならば、その国は確かに発展の時期にあると断言できる。しかし、こうした核心的な問題が一つでも、二つでも深刻になっているのであれば、仮に一人当たりのＧＮＰが二倍になったとしても、それを発展と呼ぶのはおかしい（Seers 1969 : 3-4）。

シアーズはこのように「発展」の証とされてきた経済成長と所得の向上が、それ自体として価値をもたないことを指摘したのである。

だが、シアーズら開発経済学の先駆者たちの議論は、所得向上に代わる開発のゴールをどのように定義できるのかという点になると、頓挫してしまう傾向にあった。開発の究極目的に関する議論は脇に置かれ、開発論の焦点は途上国の統治構造へと移っていく。

一九八〇年代には小さな政府を求める新自由主義的政策が席巻し、世界銀行や国際通貨基金は構造調整プログラムという大手術を途上国に求めた。ユニセフ（国連児童基金）は「人間の顔をもった構造調整（Adjustment with Human Face）」と題した報告書を一九八七年に発行し、経済構造改革の陰で保健や教育分野が置き去りにされた点を国際社会に問題提起する（UNICEF 1987）。

このように、国家や成長といったマクロな関心から「人間」そのものへとらせんを描くように向かっていった開発思想の系譜は、アジア出身者として最初のノーベル経済学賞受賞者となったアマルティア・セン（Amartya Sen : 1933-）の登場によって一つのピークを迎えることになる。

3　アマルティア・センの新しさ

効用最大化のドグマを超えて

センの議論を紹介する前に、センに至る生活水準の考え方を手短におさらいしておこう。

人々の暮らしぶりを学問的に評価し、比較することに強い関心を抱いてきた厚生経済学の諸前提に従えば、合理的な個人は自分の効用（主に消費から得られる満足度）を高める行為と、そうでないものを区別する能力をもち、効用のみを最大化することを目的に種々の選択を行う。そして、人々の財やサービスをめぐる選択は市場での価格に反映され、最も効率の良い価格設定とそれに伴う財の分配が行われる。新古典派の経済学者によれば、このような効用の最大化を満たす最も効果的な制度は、参加者が自らの欲望と予算制約に応じて自由な取引を展開できる市場経済である。本人の認識する効用レベルは本人にしか分からないし、本人が判断するのが最も望ましいという考え方が基礎にあるからである。この立場に立てば、市場の未発達な地域に市場経済システムを拡大していくことが効率的な資源配分の制度的基礎であり「発展」の意味するところになる。

「所得の増加」は人々の効用を増大させるだけではなく、それ以外の望ましい価値も自動的に伴うと考える経済学者も多い。たとえば、近代厚生経済学の父と称されるアーサー・セシル・ピグー（Arthur Cecil Pigou：1877–1959）は、経済的な厚生を「貨幣の尺度で計測可能な社会厚生の一部」と定義しながらも、所得の増加と他の望ましい生活の要素は二律背反の関係にはないことを根拠に、所得の増加をもって全般的な厚生の増加と見なした（Pigou 1952）。ＧＤＰの増大が、環境や健康に関する条件を半ば自動的に改善するという主張は、現在も多数の経済学者が支持している。

もちろん、ＧＤＰが人々の福祉を反映した完全な指標でないことは、多くの経済学者らが自覚しているところである。そしてＧＤＰの指標としての欠陥を補うために、様々な努力が営まれてきた[3]。しかし、そこで問題とされるのは統計技術的な側面であって、その根本にある「暮らしぶり」の捉え方ではなかった。「効用最大化」のドグマを超えるには、経済学の外側からの批判を待たねばならなかった。

ロールズと基本財

厚生主義によれば、社会の構成員のすべてがＡという状態よりもＢという状態を望むならば、無条件にＢという状態の方が望ましいという決定になり、Ｂという状態がどのような要件をもった状態であるかは判断の基準には含まれない。

このように効用に立脚する厚生主義に対して、強力な反駁を行ったのが政治哲学者ジョン・ロールズ（John Rawls：1921-2002）の『正義論』だった（Rawls 1971）。ロールズは、私たちの問うべき問題が功利主義者たちの間でかねてから議論されてきた「効用の個人間比較の可能性」ではないと説く。そして、効用の最大化がそもそも社会の目標としてふさわしいかどうかという点こそを問うべきと考えた。

この問いに対するロールズの答えは否である。効用に依拠することの問題点として、ロールズは社会的に望ましくない二つの種類の嗜好（tastes）をあげている。一方は攻撃的嗜好であり、他方は贅沢嗜好である。前者は、他人の自由を著しく制約するような行動を喜びとする嗜好であり、ロールズはこれを他の効用と同じように扱うのは不当であると指摘する。後者は、自分の満足のためにより多くの贅沢を求める嗜好であり、ロールズによると、この嗜好をもった人を満足させるために資源を配分することは公正さを重んじるロールズ流の正義の原則に反する。

効用に代わる福祉水準の評価軸としてロールズが提案するのは「基本財（primary goods）」という概念で

ある。彼は、人の生きる目的は実に多様であるから、望ましいゴールを定義してその達成度の評価を試みるよりも、望ましいゴールを達成するに当たって普遍的に役立つ手段の保有状態で福祉のレベルを考えることを提案する。その「手段」が彼の言う基本財であり、具体的には所得、権力、自由、自尊心を育みうる社会的基盤などである。

ロールズはこの基本財指標を用いて、対象とする社会で最も不遇な人を観察し、その人の基本財が増加しているような場合は、その社会の状態は全体的に改善していると考える。言い換えると、その社会における最も不遇な人の状態が改善しているのであれば、それよりも恵まれているはずの他の人の境遇も改善していると推論して構わないという論理である。[4] ロールズの考える望ましい社会政策とは、最も不遇な人が最大の便益を享受するようなそれを指すのである。

ロールズの登場により、学問の世界における生活の質に対する考え方は大きく変化した。「効用」以外の情報を人々の福祉の要件として、評価の観点に取りいれる可能性が開かれたからである。人々の選好の充足度のみで社会の状態を評価するのではなく、何らかの基準に照らした、暮らしぶりの良さを客観的に吟味してみようという姿勢が生まれたのである。別の見方をすれば、個人の効用を超えた次元に議論の地平を拡張することで、ある人の自分の生活水準に対する自己評価と、外部者による評価が食い違う可能性が生じてきたとも言える。

センとケイパビリティ

一方、ロールズの現役時代にともにハーバード大学で哲学を教えていたセンは、功利主義とロールズの両方を批判の対象にしながら、自らの提唱するケイパビリティ論に焦点を絞っていく。センいわく、功利主義的アプローチの問題は、第一に、人の福祉レベルを評価するときに、その人が心理的・感情的にどのような状態にあるか、という観点に視野を限っていること、第二に、結果のみを重視しそこに至るまでの自由の側面を無視していること、である（Sen 1992）。

センにとっての生活水準とは、その人に何ができて何ができないのかという選択肢の広がりで評価すべきであり、効用のみで評価するのは間違いである。センは人々がすでに達成している状態の有り様（doings and beings）を機能（functionings）と呼び、潜在的に達成可能な種々の機能の広がりをケイパビリティ（capability）と名づけて、生き方の幅を捉えようとした。センは、このケイパビリティこそ生活水準を最も正しく反映した評価の次元であり、開発の目的にふさわしいものであると考えた（Sen 1989）。

ケイパビリティの説明として、センは自転車を例に用いる。自転車という財は、「人を輸送する」という特徴をもち、適切に運転されたときにその特徴が発揮される。乗り手がこの特徴を発揮して自転車を乗り回している状態がセンの言う機能である。効用は、機能が達成された後に発生する。一連の過程において重要なのが財の特徴を機能に変換する能力（たとえば、健康であること、自転車の乗り方を知っていることなど）であり、これらの条件がケイパビリティの幅を決定する（Sen 1982）。

センは功利主義だけでなくロールズをも批判して次のように言う。人は同じレベルの基本財を保持していても、同じ機能の達成は保証されない。基本財を機能へと実現させる能力が人によって、あるいはその人のおかれている社会環境によって異なるからである。同じ所得の人がいても、基礎的な教育や医療を受けられるかどうかは、アクセスできる学校や医療施設があるかどうかに依存するし、同じカロリーを摂取していても、その人の労働量、体の大きさ、性別、年齢、健康状態などにより「栄養を満たす」という機能が達成されているかどうかは変わってくる。

つまり、貧者や社会的弱者が生まれるのは必ずしも財の不足にだけ起因しているわけではなく、財を望ましい価値に転換する能力が個人的・社会的条件に制約されていることに原因を求めることもできるのだ。

このように、ケイパビリティの拡大は行為主体の能力を拡張する以外に、その能力が発揮できるような環境を整備することでも実現される。たとえば、「伝染病を避ける」というケイパビリティを確保するには、各個人に対する啓蒙や予防ワクチンの普及が当該者だけでなく、その地域全体で行われる必要があり、そのようなサービスを提供しうる公共部門からの働きかけが重要な役割を果たす。

だとすれば、生活水準を消費財や基本財の保有状態だけで判定するのは妥当ではない(5)。センによれば人々の生活の質は、有用な財の保有量の過不足だけではなく、それらの財を機能に転換させる能力も合わせて評価されるべきなのである。

七〇年代に登場したベイシックニーズ・アプローチに対するセンの批判も、財を「転換する能力」に焦点を当てる。所得の枠組みを超えて人間の基本的な生存能力に注目する点でベイシックニーズ論はケイパビリティ・アプローチと類似している。ただし、両者の間には次のような重要な相違点がある(Sen 1982)。

第一に、ベイシックニーズは、あくまでも財によって定義されるが、ケイパビリティは財の利用能力も含めて定義される。ここでセンは開発研究の大家ポール・ストリーテン(Paul Streeten : 1917–2019)を引用してベイシックニーズを「ある一定の結果を得るために必須とされる財やサービスのこと」(Streeten 1981 : 25)と性格づけている。財の保有に力点を置くベイシックニーズ論と、「人がなしうること」=自由に着目するセンとは、議論の出発点が明らかに異なっているのが分かる。

第二に、あるニーズが「基本的《ベイシック》」であるかどうかはその社会における一般的な通念による相対的なものであるため、財の中身にこだわると異なる文化に属する生活の質を比較できなくなってしまう。だが、ケイパビリティ・アプローチは財の次元を超えて、それが可能にしてくれる自由の次元に焦点を当てるので、異なる文化の相互比較が可能になる。

第三に、ベイシックニーズは人間として「最低限」手にするべき財を、与えられる立場から規定するが、ケイパビリティ・アプローチは、人が主体的に環境に働きかけて選択の可能性の幅を広げていくという能動的な側面をもっていることである。「ニーズ」という言葉は、その人に何をしてあげられるか、ニーズをどう満たせるか、という当事者から見ると受動的な問題の定義であるのに対し、ケイパビリティ・アプローチでは、その人に何ができて、何ができないか、という人間の主体な位置づけが可能になる。

ケイパビリティの測定

さて、センはこのケイパビリティをいかなる方法で評価しようというのだろうか。人間のケイパビリティを直接的に評価することはできない、とセンは認める（Sen 1996）。しかし結果として達成された機能からケイパビリティを推し量ることはできるし、それは所得よりも測定が容易で妥当な指標になるというのがセンの主張だ。

たとえば平均余命を用いることである。平均余命は、たしかに生活の質のごく一部を反映した断片的な指標にすぎないが、その算出には、死亡率、病気、飢餓などの福祉に関わる重要な要素が含まれることから、かえって「所得」よりも直接的な生活水準の指標になると考えられる（Sen 1989）(6)。

「発展」を人間のケイパビリティの拡大と定義するセンは、GDPと平均余命のデータを比較しながら、両者の相関が普遍的ではないことを指摘し、成長と発展を区別する必要性を説く（Sen 1983a）。成長は所得の増大を基礎にした、人間の選択肢を拡大するための「手段」にすぎず、成長が本来、達成すべき生活の質の向上を指す「発展」とは別物と見なすべきだからである。そして、GDPの増加が、他の条件を所与とした場合に人々の生活条件を向上させる一般的傾向をもつとしても、生活条件に影響するその他の要因を無視して発展の概念を構築することはできない、とセンは考えた（Sen 1989）。

このようなセンの議論は財の保有や供給に執着したベイシックニーズ論を超えて、人の潜在性や能力に注目した「人間開発（human development）」概念の発展・普及に影響していった。たとえばそれは一九九〇年に国連開発計画が作成した「人間開発指標」の概念的基礎を提供しただけでなく、開発の対象を国家ではなく、一人ひとりの人間に向ける「人間の安全保障」という考え方の理論的支柱となった（UNDP 1990 : Ogata and Sen 2003）。

センの議論を要約しよう。センによれば開発とは、人々のケイパビリティを拡大することである。所得に代表される財やサービスの存在そのものは手段にすぎず、発展がもたらされているかどうかは、それらの財を活用して、人々がどのような行為（doings）や状態（beings）を実現しうるかで決まる。人が置かれている個人的・社会的条件は多様であるから、手段の評価に固執すると、手段を目的に転換する能力の有無を見過ごしてしまう。つまり、財の保有状態や財を利用して得られる効用ではなく、それらの財が人に何を可能にしてくれるか、という人間の自由に焦点を合わせるのである。財という自己実現の手段でもなく、効用という心理的帰結でもない、自由の領域に焦点を合わせたところにセン理論の斬新さがある。

人々が享受する生活の質は、その人が選びとった選択の結果だけをもって評価されるべきではない。選ぶことができた（でも選ばなかった）選択肢を含めて評価して、初めて自由の全体像が見えてくる。そして、この選択肢を広げる力、すなわちケイパビリティを拡大することがセンにとってのあるべき開発なのである。

共同体としてのまとまりや規範を重んじるインドという国で生まれたセンが、西欧近代的な個人主義の価値観を議論の支柱に据えていった過程には、興味をそそるものがある。共同体という人間生活の重要側面を分析枠組みから捨象していったことが、結果としてセンの弱点になっていったのではないか。

4　ケイパビリティ・アプローチの批判的検討

ここでセンが提示したケイパビリティの概念を「共同生活を営む人間」という観点から批判的に検討していくことにする。まず効用や所得ではなく、ケイパビリティを発展の評価基準として設定することを認めたとしよう。そのうえでケイパビリティが拡大しているのかどうかをどのように判断できるだろうか。

課題は少なくとも二つある。第一はケイパビリティの集計（様々なケイパビリティをどのように合算するか）をめぐる課題であり、第二は評価の主体をめぐる課題である。後に見るように、この二つの課題は密接に関連している。

ケイパビリティの集計――個人レベル

ケイパビリティの集計にはいくつかのレベルを想定することができる。第一のレベルは、個人のレベルであり、第二のレベルは、個人が社会生活を営んでいる多様な共同体のレベルである。

まず、個人レベルの問題について考えてみる。センが想定しているケイパビリティのもち主は、自転車の例にもあるように、ほとんどが「個人」であり、しかも個人のある一つの能力が説明の対象になっている。しかし、個人は通常、あらゆる種類のケイパビリティをもち、その中から選択して機能を実現する。したがって、諸能力間の相互関係が明らかにされないと、総合的に見てその個人のケイパビリティが拡大しているのか、そうでないのかの判定が難しい。

この問題に関連してセンは次のように述べている。ケイパビリティの大きさはただ単に選択肢の数ではなく、意味をもった選択肢のみを考慮すべきである（Sen 1987 ; Sen 1993）、と。たとえば普通の人にとって選べる洗剤の種類が二〇種類から五〇種類に増えたことと、ケイパビリティの拡大は関係がないということである。

しかし「意味をもった」重要な選択肢が一方で得られ、別の重要な選択肢が同時に失われたとき、これらを合算する方法は明らかではない。たとえば木を伐採することによって生活を成り立たせている人は、そこからもたらされる収入で子供に教育を受けさせる、あるいは栄養を満たす、地域の営みに参加する、などの重要なケイパビリティを生み出しているかもしれない。しかし、森が稀少になっている地域での過剰な伐採は環境劣化を生じ、やがて伐採者自らの将来の選択の幅を制約することになりかねない。

この問題をセンは、あらゆるケイパビリティの中で彼の言う「基礎的ケイパビリティ」を重視することで克服しようとする。すなわち「栄養を満たせる」とか「病気を避けることができる」「読み書きができる」など、その人がどのような地域に生活しようとも必要になる機能を実現させる能力に特化するのだ[7]。センによれば「地域社会に主体的に参加する」とか「自尊心を得る」といった複雑なケイパビリティも生活条件の改善に伴って重要度を増してくるが、当面問題になるのは、特に貧しい人々の基礎的なケイパビリティに関わる領域であって、その拡大性は比較的はっきりと知覚できるはず、というのである。

ケイパビリティの集計を難しくする要因の一つは、どの能力を「基礎的」であると定めればよいかが自明ではないことであろう。イギリスの哲学者のバーナード・ウィリアムス（Bernard Williams：1929–2003）は、特定のケイパビリティを「基礎的」と見なす根拠として、それらが相互に促進可能である必要性を示唆している（Williams 1987）。なるほど、健康であれば教育機会を生かせるようになり、教育機会を生かせれば雇用につながる、という具合に相乗効果が期待できる。しかし、健康であっても教育を受けることを選ぶかどうかは本人次第であるし、他の能力との相乗効果も、必然的に生まれるわけではない。

たしかに相互に促進される能力の必要性は、社会が近代化し、複雑化していくにつれて増幅している。たとえばインターネットなどの情報手段から遮断されている人が、他の様々な機会を逸する可能性はこれからますます増えていくだろう。だが、現段階でインターネットにアクセスできることを「基礎的」といえるかどうかは議論が分かれる。たとえば図書館で調べる、新聞やテレビを見る、友達に聞くなど、インターネット以外に情報を得る手段は多く残されているし、途上国の農村ではインターネットはもちろん、パソコンすらないのがむしろ常態である。

そこで、筆者は相乗効果ではなく、相互に共倒れしてしまうリスクを基礎条件として考えてみることを提案したい。共倒れとは、生活を成り立たせている要素がどれか一つでも欠落すると、他の要素もなし崩し的に機能しなくなることである。ケイパビリティの中で、どれか一つでも損なわれると、他のケイパビリティも合わせて共倒れになる可能性が強いものを「基礎的」と考えてみるのである。たとえば体が不自由な人は仕事に就きにくいため所得が低く抑えられてしまうだけでなく、同じ機能（たとえば、動き回る）を達成するのに更なるコスト（たとえば車椅子が必要）がかかる。健康が基礎的であるのは、それが損なわれると他の重要な機能まで強く制約されてしまうからである。

この発想は、ケイパビリティの指標を作っていくうえでも役に立つ。人間開発の程度を測る総合指標を定めるのではなく、一つでも一定基準に満たない指標がある場合には「貧困」と見なせるようになるからである。裕福な人が健康を害しても、それを貧困と呼ばないのは、裕福な人であればお金で生活を支え、その他の基本的な自由が著しく制約されたり、生存が脅かされたりするのを防ぐことができるからである。いずれにせよ、個人レベルの集計では、生活の質を構成している諸要素の相対的な重みづけが中心的な課題になる。

ケイパビリティの集計——共同体レベル

では、共同体レベルの集計はどうか。ある地域や社会集団についてケイパビリティ・アプローチを用いて、生活水準の評価をしようとするとき、個々人のケイパビリティはいかにして足し合わされるべきだろうか。

森の例を再び用いれば、所得を生み出すという個人の機能を森林伐採によって発現する人が多数いた場合に、そのような行為は一方で、お互いが森から得ているあらゆる便益の獲得を妨害することにもなる。つまり、複数のケイパビリティの間のトレード・オフが生じた場合に「誰の」ケイパビリティをどのような時間軸で評価し、優先させるか（もしくは制約するか）という問題が残ってしまうのである。

共同体レベルでケイパビリティを考える場合には、単に個人単位の集計（たとえば、識字率などの個人情報の集計）に限るのではなく、その個人が属する共同体に固有の機能・能力も考慮に入れる必要がある。フィールドワークの経験がある人ならば誰しも感じることであろうが、途上国における人々の選択肢の広がりは、その人々が生活している共同体のまとまりや外部と交渉する力にも規定されている。特に農村地域における生活条件は共同体の資源運用能力、政府との交渉能力など個人のレベルを超えた集合的な能力が個々人の生活の質に深く関わっている。水や森林といった生活資源へのアクセスが地縁共同体を単位としているという事実だけでなく、個々の選択肢の意義が共同体の秩序や文化に影響されているとすれば、こうした社会的側面はケイパビリティを判定する際に考慮すべきであるが、センはこの点に触れていない。

もちろん、これら共同体を特徴づける諸条件は、最後は個々人のケイパビリティに反映されるので評価のポイントの選び方に注意をすれば、共同体レベルでの集計は問題にする必要がないかもしれない。しかし、特定のケイパビリティを何らかの政策によって拡大しようという場合には、集合的なケイパビリティと個人のケイパビリティのどちらに、どのように働きかけるかといった対象単位ごとの考慮は欠かせない。結果として一部の個人と共同体の利益に対立が生じる場合にどちらを優先するかという問題も起こりうる。たとえば、人口過密の村の共有林を土地なし層の人々ための農地として開墾してしまうべきかどうか、あるいは地域外への電力供給に伴う自治体への収入の見返りに一部の人がダムの建設予定地から立ち退かなければならないような場合がこれである。

水場の設営とケイパビリティ

より具体的な文脈でケイパビリティの集計問題を考えてみよう。ここで、ある架空の援助の現場を想定してみる。ある日、この村にやってきた援助団体が毎日遠くの川まで徒歩で洗濯に向かわなければならない女性たちのために、手動ポンプのついた水場を居住地の側に設営した(8)。新しい水場のおかげで洗濯にかかる時間は大幅に短縮され、余った時間で地域の女性たちは内職や他の活動もできるようになるに違いないと援助団体は見込んだ。

さて、以前に比べると格段に近くて便利な場所に設営された洗濯場は、そこに住む女性たちのケイパビリティを拡大したといえるだろうか。この判定には、少なくとも次のような評価が必要である。

まず、ケイパビリティ拡大の基準から検討しよう。はじめに、新しい洗濯場が設営されることで、何か他の重要な選択肢が失われていないかが問題になる。この「選択肢」とは現在選択されているとは限らない、潜在的な選択肢まで含めて判断する。つまり、この新しい選択肢が実質的にこれまでの選択肢の幅を広げるものだとすれば、その選択肢は選ばれるか否かにかかわらず「選択肢がある」ということに価値が見出されなければならない。

たとえば、新しい洗濯場の確保と同時に、これまで利用されていた川がダムの開発で埋め立てられて利用できなくなった場合は、新しい選択肢はもともと存在した選択肢に「取って代わった」だけであって選択肢が新たに追加されたことにはならない(9)。ある変化が「選択肢の増大につながった」と評価するためには、選んだ選択肢が間違っていると分かったときに、元の選択肢に戻ることができるという自由が確保されていなくてはならない。

第二のチェックポイントは、他の重要な機能との抵触の問題である。つまり、第一のチェックポイントで見たような、以前あった選択肢の完全な消滅ではなく、選択肢は残されているものの、他の重要な機能と抵触してしまうような選択肢の追加は、ケイパビリティの純粋な拡大とは見なさないということである。

たとえば、新しい洗濯場が現在も需要のある養鶏場をつぶして造られていたり、共有林を伐採して設営されたりする場合である。また、川で洗濯しなくなったことが女性同士で息抜きのできる社交の場を奪い、インフォーマルな情報交換の機能に抵触する場合などもこれに当たる。男性が女性の行動について絶対的な決定権をもっているような地域では、新たな洗濯場の設営による女性の労働時間の短縮が、逆に女性に新たな労働を強いる要因になる場合も考えられよう。このような抵触が見あたらない場合、洗濯場の設営はケイパビリティの拡大をもたらしうることになる。一方で、以前営まれていた何らかの機能と抵触する場合は、どちらの機能を重く見るか、諸機能間の優先順位をつけなくてはならない。ここで、新しい選択肢の優先順位が高ければ、それはケイパビリティの実質的拡大と呼べることになる。

このように、ケイパビリティの集計には選択肢相互のつながりと優先順位の問題があり、第一に無数のケイパビリティの中でどれを重要なものとして評価対象に入れるか、第二にそれらをいかに足し合わせて総合的な評価の基準にするか、第三にトレード・オフが生じた場合にどの（そして誰の）ケイパビリティを優先的に考慮すべきか、という検討課題がある。

これらの課題に人々の居住地域の変化といった空間軸、現在世代と将来世代のどちらを優先するかといった時間軸を重ねると、集計はよりいっそう厄介なものとなろう。優先順位を決めるにはケイパビリティの計測が必要になるが、その計測をするためには優先順位を明確にしなければならないというトートロジーも起こりうるからである。

いずれにせよ、基礎的なケイパビリティ間の序列を明らかにし共同体レベルのケイパビリティを考慮していくことが、今後議論をさらに進展させるための前提になる。個々人のケイパビリティを積み上げるだけが「集計」ではない。村や地域社会といった共同体が保有する慣習や文化は、いわば個々人のケイパビリティがすでに集計された状態を表していると考えられるからである。

評価の主体と「よそ者」の役割

個人か、個人の属する共同体か。所得か健康か。視点の取り方は、生活の質を評価する主体の価値判断が大きく関わる。特に評価対象になる内部者と、それを外から眺めている評価者との間では状態の評価にズレが生じることがある。この場合、開発の方向性をめぐる一連の評価・決定作業に携わるのは、開発の対象となる地域の人に限られるべきなのか、それとも「よそ者」、つまり外部の人間も担うべき一定の役割をもつと考えるべきだろうか。

一九九〇年代から「参加型」の開発事業の必要性が盛んに叫ばれるようになったのは、都会に暮らす行政のエリートが開発の方向性を独占的に決めてきたことへの反動であった。これまで発展途上国で開発の方向性を決めてきたのはターゲットになる地域住民ではなく、異なる文化的背景をもった外部の人間、すなわち中央政府の役人や援助団体のエリートなどの「よそ者」であった。だが、よそ者にも内部者の限界を補完するような役割があるのではないだろうか。

この点を掘り下げるためにあえて単純に、評価者の視点を開発の対象となる地域住民と、援助団体に代表される「よそ者」とに分類して、それぞれの利点と問題点を整理してみる。

まず、内部者が評価を行う利点とは、開発を受け入れる側の立場から、計画の実施がもたらす生活次元での変化に最も敏感で、受け入れやすい変化の形態について現実的な提言を行いうる立場にあることである。自らの地域集団の向かう方向性について決定を行う道義的な権利を有するのも、この人々である。逆に、内部者にすべてを委ねることの問題点は、水の存在を知らずに泳ぐ魚のように、当事者だからといって必ずしも自らの状態を客観的に評価できるとは限らないこと、また歴史的な束縛や既得権益のしがらみから、現状変更への動機づけが不十分な場合があることである。この意味では、よそ者も積極的な役割を果たす余地があるといえる。

ただし、広い視野から状況の評価ができる点で外部の人間が優れていたとしても、状況の意味づけはあくまで、その状況を経験している当事者らが行うべきものである。状況の評価がどうあれ、最終的な決定の帰結を負うのも彼らであることを考えれば、当事者らの目から見た選択肢の広がりに、外部者に付与する以上の重みを与えるのは当然であろう。ケイパビリティ・アプローチを適用するには、その文化に内包されている様々な価値の中で何が促進すべき価値であるかを識別する必要がある。そして、この作業はやはり、その文化を生きる人自らが中心になって進めなくてはならないだろう。

だからと言って、外部の人間の役割が完全に否定されるわけではない。開発をもち込む側は、常に開発をもち込まれる側との合意の幅の中でそのときどきのゴールを追求するのが望ましい[10]。

やはり重要な「文化」

もちろん「内部者」の中身も多様であって、誰の価値を重視するかという問題が再び生じる可能性はある。しかし、自国文化や地域の文化に対する自覚は、他の文化との接触や交流を通じて起こることが多く、そのプロセスにおいて、当該文化のより個性的な要素が認知されていくことも各地の歴史が私たちに教えてくれることである[11]。

たとえば、女性の積極的な社会参加を奨励する国々が増えていけば、他の国でも差別的な慣習に基づく女性の取り扱いや地位を内省的に検討する環境が生じるであろうし、女性にも自らの可能性を広い視野から考える機会が生まれよう。この問題を考える際に特に重要なのは「一つの文化」として括られがちな集団の内部にも多様な文化や価値観が存在し、外から見ると変化に乏しく停滞しているように映る文化でも、躍動的な変化を遂げる余地を内に秘めている可能性は十分にあるという点である（Nussbaum and Sen 1989）。

したがって私たちはまず、文化の規範的な判断をよそ者（外部）の立場から下す前に、対象とする地域の価値体系の枠内で、その文化の内側から批判をしてみる可能性を重んじたい。外部世界への迎合や適応だけを奨励するのではなく、その文化のより深層的な部分について、当該文化の担い手自らが熟考し、ふさわしい発展の在り方を内発的に模索していく機会が欠かせない、と考えるからである。外部者にはこの「機会」を提供するという大切な仕事がある。

文化や社会の固有性に配慮することが重要なのは、それがケイパビリティの序列化に役立つからだけではない。将来のケイパビリティの広がりが、その拡大プロセスそのものに依存しているからである。たとえば、明らかに有益な新技術の導入を頑なに拒んだメキシコの伝統社会に関する研究は、栄養価の高いトウモロコシの導入が失敗に終わった理由を「味」が地元住民に好まれなかったことに求めた（Foster 1971）。「栄養を満たす」という機能は効果的に達成できても、その機能発現の前提となる地域固有の味覚という次元が事業計画の中で無視されていたからである。

たしかにケイパビリティ・アプローチの特徴とは、文化に応じて多様に用いられる財のレベルではなく、どの文化でも達成が望ましいような機能の次元に着目することによって、絶対的な必要性のレベルで議論が進めやすくなることであった。しかし、財ではなく機能の次元に特化することの危険性をメキシコの事例は教えてくれる。「栄養を満たす」という機能は、文化を問わず絶対的に必要ではあるが、その満たし方、たとえば主食は米なのか、芋なのか、小麦なのかは文化によって多様である。地域の文化に不適合な機能の充足を「援助」の名のもとに押しつけることは、かえってケイパビリティの縮小につながりかねない。ケイパビリティの拡大ルートは多様に開かれていることが多く、その中で地域に固有の文化に適合するものを選択していかなければ、援助は根づかずに資源は無駄になる。この点からもケイパビリティの意味づけと、それを満たすプロセスがそれぞれの社会でどのように働いているかをくみ取る必要性は明らかである。

結局のところ、ある特定のケイパビリティの評価は、そのほかのケイパビリティとの関連で評価できるものであって、単独で評価できるものではない。そして、どのケイパビリティを「基礎的なもの」として勘定に入れるかは、その社会において各々の選択肢がどう意味づけされているかという次元の問題であり、この部分に考察を加えなければ、ケイパビリティの実質的な伸縮は議論できない。評価対象に含むべきケイパビリティを選別する基準は地域の特性に根ざした生活条件や、各々の選択肢に意味を付与している文化的固有要因にも依存しているのである。

5 操作化への課題

本章は、開発援助の効果を考えるうえで避けて通れない人々の「生活の質」の評価についての問題提起からはじまり、その手がかりとしてセンの提示したケイパビリティの概念を検討した。そしてケイパビリティを操作化するにあたって二つの大きな問題、すなわち集計の問題と主体の問題を指摘した。最後に、ケイパビリティ論を実践するにあたって二つの検討事項を考えてみたい。

「削られる選択肢」への着目

最初の検討事項は、評価の視点をケイパビリティの「増大（拡大）」ではなく、「減少（縮小）」に向けてみるとどうなるか、という点である。ある開発プロジェクトが対象となる人々（特に貧困層）の重要な選択肢をどれほど拡大するかを問うのではなく、どれほど減少させてしまうか（あるいは、奪ってしまうか）という視角を取り入れるのである。人が生きる工夫を積み重ねる中で機会の最大化よりも、リスクの最小化に注力してきた事実は、農村社会研究などで明らかにされている。農民の多くは作物の生産量を増やすことよりも、税の取り立ての後にどれだけの作物を手許に残すことができるかに汲々としてきた（Scott 1976）。選択肢の拡大は、前に述べたように、純粋な形で起こることはむしろ稀で、すでにあるものに「取って代わる」性格をもっている。ゆえに開発事業の推進にあたっては、不確実な将来の選択肢の拡大を目指すよりも、変化に対して最も脆弱な人々の現在ある選択肢を維持・保証するという目立たない側面の重要性を看過してはならない。

「増大」ではなく「減少」へ注目することは、指標づくりの点からも有効である。なぜなら、ケイパビリティの拡大が未知なる潜在性の評価という困難な問題を常に抱えているのに対し、評価の対象を減少度に向ければ、現在達成されている、あるいは達成しうる選択肢に着目すればよく、評価の対象範囲を絞ることができるからである。そして、現状に対する深い考察の結果、現在の諸機能が十分に満たされているのであれば、必ずしも新たな資源を外からもち込む必要はない。

住民参加への着目

二つ目の検討事項は、ケイパビリティそのものを測定しようとするのではなく、自発的な住民参加の程度を村落レベルでの発展の指標として取り入れてみることである。どのような開発も生活環境の変化を伴うものであるが、失われる選択肢の本質的な重要度は、開発を受け入れる人々の主体的な参加の度合いで推し量ることもできるだろう。日頃から馴れ親しんだ豊かな自然の価値は、それがなくなってみてはじめて分かるものだろう。だが、人間には類似の体験をした人から学ぶ力が備わっている。参加のプロセスには、こうした学びが伴う点を見逃してはならない。言い換えれば住民参加の結果ではなく、参加のプロセスそのものがその土地にもたらされる開発の妥当性を評価するシグナルになる。

ただし「住民参加」と称される一連の開発活動が、支援を最も必要とする人々ではなく、地域のエリートのみの参加を伴っていることがあることも注意すべきである（Tendler 1982）。「住民参加」が一部の社会階層に偏っていたり、男性ばかりが参加している状況では、立場の弱い人々が参加しやすい場を設定するなど別の工夫が必要になる。

もちろん、参加の程度それ自体は結果の成功を保証しない。しかし、参加のプロセスは開発の果実を与えようとする場合とは異なり、参加者に働きかけの対象を「選ぶ」機会や、そもそもどのような選択肢があるかを議論する機会を提供する。こうすることが、参加する側から見た優先順位を選択に反映させ、開発活動の持続性を高めると考えられるのである。

生活の全体像を見る

「生活水準」とは本来、人々の多様な暮らしぶりを反映した概念であり、その構成要件や評価方法をめぐって、すべての評価主体が完全に合意することはむしろ稀であるし、民主的な社会では、そうした状態が自然ですらある。だからこそ開発の方向性も、常に二つ以上の評価軸のぶつかりあいの中の熟議を介して内容を深めることで、受け入れにくい結果でも少しは受け入れやすくなる。センのケイパビリティ・アプローチは、人々の置かれている多様な生活形態を包摂し、それを一つの枠組みで評価できるようにする有望な軸である。[12]

ケイパビリティの概念は、分析の単位や情報基盤を個人レベルから解放し、共同体のレベルを含めること、そしてケイパビリティの発現経路としての文化的固有性への配慮を加えることでさらに洗練され、その実践的意義を増すに違いない。

途上国の辺境地域にまで押し寄せている市場経済化とライフスタイルの欧米化志向は一部の人々の生活水準を確実に向上させてきた一方で、変化への適応能力に劣る人々を取り残してきた。そうした人々にとっての「開発」とは、新たな消費欲の押しつけであり、早急に所得を向上させるための手段（たとえば、売春や児童労働、無計画な資源利用など）への強制になりかねない[13]。これらの犠牲は、やがて達成されるはずの公正な経済発展の副産物として止むをえないものだろうか。人の生活を左右する選択肢のメニューは、経済が大きくなるにつれてその地域の外で設定されるようになる。こうした自律性の喪失は、国家が発展していくために避けられないことだろうか。所得を超えた、暮らしぶりの「良さ」を判断するための新しい基準と、それに基づく行動プランがぜひとも必要だ。

格差の拡大や環境問題など、経済成長のもたらした諸々の歪みを目の当たりにして、開発とは何か、発展とは何かを問い直す機運が世界各地で生まれてきている。戦後の焼け野原から見事な復興をとげ、経済成長の過程で激烈な公害も経験した日本は、発展を渇望する後発途上国の人々にどのような後姿を見せていくのか。生活の質の評価が、現状評価としてだけでなく、今後の発展の方向や援助の根拠を提供しているのだとすれば、そのふさわしい構成要件について議論する作業は、量的な成長を追い求める時代が過去のものとなった日本でこそ、重要になってきている。

注

（1）もちろん、このような指標の標準化は一般的な傾向ではあったものの、「生活水準」の概念そのものを問いただすような先見的な業績も存在していたことを指摘しておきたい。たとえば、Davis（1945）, Pipping（1953）。

（2）先進諸国で主に盛り上がりを見せたベイシックニーズ論に対して、一部の途上国からは、援助の総額を減らす口実であると批判されたことは忘れてはならない。

(3) これらの努力には「シャドープライス」と呼ばれる女性の家内労働など、市場価値に換算されていない労働の評価などが含まれる。しかし、市場価格による適正な労働の評価と、それが人々の実生活にどのような意味をもつかは別問題であろう。

(4) なおロールズは「最も不遇な人」について明確な定義を与えてはいない。

(5) センによるこの批判は、ロールズの議論をむしろ補完するものではないかと筆者は考えている。ロールズも後に述べているように、財の転換力が著しく多様である領域がセンの指摘するごとくあらかじめ判明しているのであれば、それを補正するような政策を打つことによってロールズのいう正義にかなった社会に近づくことになるからだ (Rawls 1993)。

(6) センは、ニューヨークのハーレムに住む黒人がバングラデシュの農民よりも実質的に高い平均所得を得ているにもかかわらず、六五歳まで生存する可能性を比べた場合に両者の立場が逆転する例をあげて、この場合の貧困の指標として所得があまり意味をもたないことを説いている (Sen 1993)。

(7) デサイはセンの議論をさらに深め、すべての人に保障されるべき基本的な潜在能力を次のように整理している。①生命を維持する能力、②生物的な再生産（子孫を残す）の能力、③健康を保つ能力、④社会的な交流をする能力、⑤知識をもち、思想と表現の自由を行使する（コミュニケーションをする）能力、である (Desai 1995)。

(8) この設営プロセスに地域住民がどのように関わっていたか（たとえば、住民が設営作業に参加したかどうか）という問題は本来、検討すべき点であるが、ここではプロジェクトの結果のみを議論の対象にすることにする。

(9) 発展のプロセスが生活様式の選択幅の拡大よりも代替的性格を帯びていることは、他にグラボウスキが指摘している (Grabowski 1989)。

(10) チェンバースは、医者と患者にたとえてこの問題を説明している。つまり、医者は患者が治療を拒んだ場合に、それでも、その人の命を救うために治療をすべきかどうか (Chambers 1983)。この難問に対して明確な答えはない。しかし、医者の処方箋を実施するか否かが患者にかかっている以上、処方箋は患者の理解できるものでなければならない。ところが開発の現場においては「患者」の問診をほとんどせずに治療方法が決められてきた。

(11) 人々が自らの習慣に対してどのような意味づけや評価をするかは、それらの習慣がどのように機能しているかを自らが観察する機会に恵まれている度合いに依存している（Goodenough 1963）。
(12) この他の軸には、たとえば「人権」や「環境の持続可能性」などが考えられる。
(13) 「商品を買わない」という選択肢が残されている以上、購買機会の拡大は実質的な選択肢の拡大である、とする見方は次のような理由であまりに短絡的である。①市場にアクセスが生まれ、店に商品が並ぶことと、人々がそれらの商品を買えることは別である。②商品の購入は、商品の物理的な有用性とは別に社会的な圧力で促される側面を無視できない。たとえば、タイの農村では電気の普及に合わせて冷蔵庫の普及が進んでいるが、中身が空であったり、水だけしか入っていないことが多い。こうした地域には「家に電気製品がないと恥ずかしい」といった社会的圧力が存在していると思われる。

参考文献

絵所秀紀（1991）『開発経済学――形成と展開』法政大学出版局。
シューマッハー、エルンスト（1986）（小島慶三・酒井懋訳）『スモール・イズ・ビューティフル』講談社。（原著 Schumacher, E. F. 1973. *Small is Beautiful : A Study of Economics as if People Mattered*, London : Blond and Briggs.）
ショイルマン、エーリッヒ（2009）（岡崎照男訳）『パパラギ』ソフトバンククリエイティブ。
鶴見和子（1990）『内発的発展論』東京大学出版会。

Arndt, H. W. 1987. *Economic Development : The History of an Idea*, Chicago : The University of Chicago Press.
Chambers, R. 1983. *Rural Development : Putting the Last First*, New York : Longman.（穂積智夫・甲斐田万智子監訳〔1995〕『第三世界の農村開発』明石書店。）
Clark, C. 1940. *The Conditions of Economic Progress*, London : Macmillan.
Coyle, D. 2014. *GDP : A Brief but Affectionate History*. Princeton : Princeton University Press.

Davis, J. S. 1945. "Standards and Content of Living," *American Economic Review*, Vol. 35, No. 1, pp. 1–15.

Desai, M. 1995. "Poverty and Capability : Towards an Empirically Implementable Measure," in Desai, M. *Poverty, Famine and Economic Development : The Selected Essays of Meghnad Desai Volume II*, Brook-field : Edward Edgar.

Foster, G. M. 1971. *Traditional Societies and Technological Change* (2nd ed.), New York : Harper & Row Publishers.

Frank, G. 1966. "The Development of Underdevelopment," *Monthly Review*, Vol. 18, No. 4, pp. 17–31.

Goodenough, W. 1963. *Cooperation in Change : An Anthropological Approach to Community Development*, New York : Russell Sage Foundation.

Grabowski, R. 1989. "Development as Displacement : A Critique and Alternative," *Journal of Developing Areas*, Vol. 23, pp. 505–518.

Lewis, A. 1955. *The Theory of Economic Growth*, Homewood : Richard Irwin, Inc.

Nussbaum, M. C. and A. Sen. 1989. "Internal Criticism and Indian Rationalist Traditions," in Krausz, M. ed. *Relativism : Interpretation and Confrontation*, Notre Dame : University of Notre Dame, pp. 299–325.

Ogata, S. and A. Sen. 2003. *Human Security Now*, New York : United Nations.

Pigou, A. C. 1952. *The Economics of Welfare* 4th ed., London : Macmillan.

Pipping, H. E. 1953. *Standard of Living : The Concept and its Place in Economics*, Helsingfors : Societas Scientiarum Fennica.

Rawls, J. 1993. *Political Liberalism*, Baltimore : The Johns Hopkins University Press.

———1971. *A Theory of Justice*, Cambridge : Harvard University Press.（川本隆史ほか訳〔2010〕『正義論』紀伊國屋書店。）

Scott, J. 1976. *The Moral Economy of the Peasants*, New Haven : Yale University Press.（高橋彰訳〔1999〕『モーラル・エコノミー——東南アジアの農民叛乱と生存維持』勁草書房。）

Seers, D. 1969. "The Meaning of Development," *International Development Review*, Vol. 11, No. 4, pp. 3–4.

Sen, A. 1996. "Political Economy of Targeting," in van de Wall, D. and K. Nead eds. *Public Spending and the Poor : Theory and Evidence*, Baltimore : Johns Hopkins University Press.

———1993. "Economics of Life and Death," *Scientific American* (May), pp. 40–47.

———1992. *Inequality Reexamined*, New York : Russell Sage.（池本幸生・野上裕生・佐藤仁訳〔1999〕『不平等の再検討——潜在能力と自由』岩波書店。）

———1989. "Development as Capability Expansion," *Journal of Development Planning*, Vol. 19, pp. 41–58.

———1988. "The Concept of Development," in Chenery, H. and T. N. Srinivasan eds. *The Handbook of Development Economics* (Vol. 1), New York: Elsevier Science Pub. Co. pp. 10–26.

———1987. *The Standard of Living*, Cambridge : Cambridge University Press.

———1983a. "Development : Which Way Now?" *Economic Journal*, Vol. 93, pp. 745–762.

———1983b. "Poor, Relatively Speaking," *Oxford Economic Papers*, Vol. 35, pp. 153–169.

———1982. "Equality of What?" in Sen, A. K. *Choice, Welfare and Measurement*, Cambridge : MIT Press, pp. 353–369.

Sen, A. and B. Williams. eds. 1982. *Utilitarianism and Beyond*, Cambridge : Cambridge University Press.

Streeten, P. 1981. *First Thing First : Meeting Basic Human Needs in Developing Countries*, New York : Oxford University Press.

Tendler, J. 1982. *Turning Private Voluntary Organizations into Development Agencies : Questions for Evaluations*, US-AID Evaluation Paper 12.

UNDP. 1990. *Human Development Report*, New York : Oxford University Press.

Williams, B. 1987. "The Standard of Living : Interests and Capabilities," in Geoffrey Hawthorn ed. *The Standard of Living*, Cambridge : Cambridge University Press, pp. 94–102.

第2章　貧しい人々は何をもっているのか

開発援助の最終的な目標の一つは、生活の質が極端に劣っている貧困者の数を削減することにある。しかし、そもそも貧困をどのように捉えて、支援の対象として見定めるべきだろうか。長い間、貧困とは栄養や所得といった、人が暮らしていくために不可欠なニーズの欠乏であると考えられてきた。不足への着目は、貧困軽減のための介入を特定の方向に誘導する。本章では、不足ではなく、貧しい人々がもっているものに着目してみることで見えてくる可能性を展望する。

1　「貧困」への問い

貧民の子供を有益たらしめる方法

『ガリバー旅行記』の著者として有名なジョナサン・スウィフト（Jonathan Swift：1667-1745）の作品に、注目すべき風刺文「控え目な提案（A Modest Proposal）」がある。その一節を紹介しよう。

私はすでに乞食の子供ひとりの養育費は衣服もいれて年額約二シリングだと計算した。よく肥えた子供の屍体に一〇シリング出ししぶる紳士はよもやあるまいと私は信ずる。前述の如く、ある特別な友人が来ているときとか、家族のものと食事するときなど、子供一体で、すばらしく栄養に富んだ肉料理が四品もできるからだ。かくして、その紳士は、心やさしき地主となり、小作人の評判はよくなるし、（乞食の）母親には八シリングの純益が入るし、次に子供がうまれるまでは心おきなく仕事に励むことができるだろう（スウィフト 1968：85）。

この著作の正式なタイトルは「アイルランドの貧民の子供たちが両親および国の負担となることを防ぎ、国家社会の有益なる存在たらしめるための控え目な提案」である。一八世紀初頭に書かれたこの文章は、当時のアイルランドの貧困状況を生々しく伝えるだけでなく、貧困にかかわる一連の問題を一挙に「解決」する秘策として、一歳になった乞食の子供の肉体を食用に販売させるという背筋が寒くなるような提案を、論理的、説得的、そして恐ろしいほど冷静な筆致で説いたものだ。

スウィフトの議論を現実離れした風刺に過ぎないと片づけることもできる。しかし、今日の貧困研究に示唆を得るつもりで読み直してみると二つの点に気づく。

第一に、スウィフトは貧しさの「もたざる」側面に注目するのではなく、貧しい人々のもつ資源に着目している。それだけでない。貧民がすでにもっているもの（この場合は、子供の肉体）の価値を外に引き出し、それを可視化することによって「地主がやさしくなる」という二次的な効果まで想定している。

第二に、彼は貧しい人々のもちモノと別のモノ（この場合は、現金）との「交換」を通じた市場経済との結合に貧困脱却の契機を見ている。特に、裕福な層の需要を満たす資源を貧しい人々がもち合わせているという暗黙の筋書きが、スウィフトの提案に独特の説得力を与えているのである[1]。

貧しい人々にどのような資源を見るか（見ないか）、そして、彼らと貧しくない人々との結びつきをどのように見るのか。この二つの問いに対する答えが、様々な専門分野に散逸している貧困研究を整理し、貧困軽減策に新鮮な見通しをつける切り口になる。

貧しさと資源

貧しい人々に見る「何か」を総称して「資源」と呼ぼう。ここで言う「資源」とは、土地や家畜といったモノそれ自体ではない。資源とは、人々の生活を基礎づける人的・知的、および天然・物的な条件の総合体を指す（佐藤 2011）。そして、ここから派生して「貧困」を、生活の質の向上に役立つ諸資源の発動が妨げられている状態として考えてみる。

前章で見たように、貧困は消費に直接結びつく財や所得の不足を基準に定義されることが多かった。家屋がみすぼらしい、食料が足りないといった生活必需品の「不足」に基づく貧困状態の描写は、こうした発想に立脚している。他方で「資源」に着目すると、不足している財の供給をより根本で規定している構造的要因が見えてくる。たとえば、近くに豊かな森があっても林産物を採取する知識がなかったり、販売する権利がなければ、森の富を自分に役立てることができない。要するに特定の財を、その人にとって有用なものに変換させる知識や技術、制度に不具合があると、いくら必需品を流し込んでも貧困は一時的にしか解消されない。

着目する層の違いが結果の違いに結びつくことを比喩的に表現した次のことわざを御存知の読者もいるだろう。「魚をあげなさい。その人は一日食べられる。釣り方を教えなさい。その人は一生食べられる」。しかし、この言説が成り立つためには、釣り具という道具をもっていることが前提であるし、魚が資源となるためには漁業権や技能、獲った魚の販売ルートなど、多様な条件が整っていなくてはならない。

このように「貧困」がいかなる意味において問題になるかは、資源の問い方によって変わってくる。「もたざる人々」としての貧困を「財の移転」で埋め合わせようとする発想は、実は長く批判にさらされてきた。たとえば一八世紀のイギリスの救貧法をめぐってトーマス・マルサス（Thomas R. Malthus : 1766–1834）は「約三〇〇万ポンドが毎年貧民のために徴収されているのに、この人々の貧困が少しも減らないとは驚くべきことである」（マルサス 1962：62）と述べて、所得の再分配が一時的に行われても食糧生産が限られている以上、貧困の構造は変わらないとした。マルサスは、財の表面的な移動だけでは本質的な貧困解決にならないことを指摘したのである。

ここで気づくのは、貧しい人々を「もたざる人々」として位置づけるという前提それ自体は、マルサスの問題提起以来二〇〇年以上の間ほとんど変化していないことである。結局のところ「貧困研究は衣食住にかかわる生活必需品の欠乏状態とこの欠乏状態がもたらす精神的、肉体的な荒廃の状態、いわゆる貧困という社会現象を、社会的、経済的、文化的状況との関連において明らかにしようとする研究」であり続けてきたのだった（阿部 1997：95，傍点筆者）。

本章では、貧困を従来とは別の視点から問うてみたい。これまでのように「どの資源が足りないか」「なぜ足りないか」を問うのではなく、彼らはどのような資源を「もっているのか」、そしてその活用を妨げているものは何か、を問う。

2　眼差しの系譜

貧困の社会化

本題に入る前に、少し歴史を振り返ろう。というのも、何をもって「貧困」とするかは時代や土地の文脈に応じて変化してきたからである。貧困の問題化とそれに対する対策をめぐる議論が最も長い期間にわたって記録されているのはイギリスであろう。救貧法をはじめとする社会福祉政策が早い時期から存在したイギリスでは、貧困を個人の怠慢に起因させる一七～一八世紀の考え方から、二〇世紀初頭になって構造的・社会的な貧困原因を重視する考え方へと転換した（Davis 1980）。

この転換は大きな意義をもっていた。すなわち一九世紀末のイギリスでは、それまでの「天は自ら助くる者を助く」という自由主義的な貧困観から「天は自ら助くる者を必ずしも助けず」という新自由主義的貧困への思潮的転換が起こっていたのである（毛利 1990：127）。ここで見られるのは、特定の人々が貧困状態に陥ってしまう原因をなんらかの意味での「個人的欠陥」に起因させるのではなく、物価の上昇や雇用機会の縮小といった個々人の力の及ばない領域に起因させるという、貧困定義の「社会化」であった。

このような議論の系譜をもつ先進諸国における貧困研究は、主に社会学者らによる都市の貧困研究という分野で充実を見る。反社会的分子を抑止するという為政者の利害関心を考えると、貧困が農村部ではなく都市部を中心に問題化したのは自然のことであった[2]。そして、こうした政治的合意を含む貧困問題、いまや個人の能力を超越した理由で生じている貧困が、公共政策の対象課題として認定されるに至るのもまた自然の流れであった。

では、その多くが植民地であったアジア・アフリカ諸国の貧困はどう認識されてきたのか。イギリスで発達した貧困に関する議論が当時のアジア・アフリカ諸国の「原住民」政策にどう反映されたのかについては、今後の研究を待たなくてはならない[3]。しかし、この段階で一つ指摘ができるのは、旧植民地国であった第三世界の貧困を論じるにあたっては、二〇世紀の中頃くらいまで「社会問題」として貧困を論じる風土が育たず、むしろ人種、気候、不慮の出来事（伝統社会に残る悪しき慣習や疾病など）に貧困原因を求める考え方が支配的だったことである（Myrdal 1979）。

このように途上国の貧困分析では、個人の能力を超越した条件に半ば「運命づけられた」諸要因が人々を貧しくしていると考えられていた。だから、先進国であれば期待できるような社会改良がうまく働かないというわけである。貧しい人々は物的な資産という観点から「もたざる者」であるだけでなく、読み書きも不自由で知識に乏しく、道徳的にも退廃した人々であると見下す態度は、世界各地で古くから存在した。

途上国版の新自由主義的な思潮転回が訪れたのは、一九六〇年代に多くの旧植民地が独立を果たし、世界銀行や国連機関を中心とする援助機関が「技術援助」によって社会改良の可能性を謳うようになってからであろう。イギリスの著名な開発学者であるロバート・チェンバース（Robert Chambers：1932– ）が鋭く指摘するように、この転回は人種や気候、不慮の出来事に貧困原因を求める可能性を科学的に検証する機会を政治的な理由で葬りさることになった（チェンバース 1995：87）[4]。そして、貧しい人々の性質そのものに何らかの欠陥や責任を見出すタイプの議論は、歩調を合わせるかのように、少なくとも公の場面からほとんど姿を消した[5]。

ここで注意したいのは貧困の原因がピタリと解明できることと、社会がそれに反応することとは次元が異なるということだ。極度な困窮の例として飢饉の場合を見てみると、社会による反応の違いが鮮やかに読み取れる。前章で取り上げたアマルティア・センらは、一九四三年のベンガル大飢饉以来、インドで飢饉が生じていない理由を分析し、政治活動が自由に許されているメディアや野党の存在の重要性を指摘した。民主的な国家では、飢饉が起こりそうな地域があるとメディアと野党が一斉に政治的圧力を高め、政府に対してしかるべき対策をとるよう促すのである。他方で中国では、平均余命や識字率などの指標でインドを凌駕しているにもかかわらず、メディアの統制が飢饉予防機能を抑え込んでしまい、一九五八年からの数年間で死者三〇〇〇万人ともいわれる大飢饉を防ぐことができなかった（Drèze and Sen 1989）。民主的な風土と貧困の予防とは、社会の反応力を介して深く関係しているのである。

二〇〇〇年代に入ってから日本や国連が提唱した「人間の安全保障」という考え方は、貧困がもはやモノの不足では捉えきれなくなったという意識をはっきりと反映したものだった[6]。人間の安全保障で重視されているのは、支援を届けるという側面よりも、生活の質を極端に落とさないための保護策を講じるという側面である。それは、貧しい人々に内在する条件（雇用状況、教育背景、健康状態、住環境など）から、そうした人々を取り囲む外在的状況へと着眼点がシフトしていることを示す。ただし、前章で見たように、人間の安全保障は指標化が難しく、特に現場に近づくほど所得やモノに回帰した指標に頼らざるをえない。平均余命や識字率といったマクロ統計は、現場においては測りにくいだけでなく、すぐに使い道があるわけではないからである。

相対論と絶対論

人が貧しいかどうかは、その人が「何をもっているのか、いないのか」という基準で判定するのが一つのやり方だ。そこには大きく二つの考え方がある。モノが何であれ、その保有状態を他人との比較において評価する相対的なアプローチと、他人の状況からは独立して評価する絶対的なアプローチである。

たとえば「貧困とは一日一ドル以下で暮らす人のことである」という定義は、絶対論に立つ。当該地域に暮らす他の人がどのような状態にあろうと一ドル以下で暮らしている人は貧困だと定義するのである。貧困の基準は所得でも構わないし、カロリー摂取量でも構わない。

一方で相対論に立つ人々は「一日一ドル以下で暮らす人々」が貧しいかどうかは、その人の暮らす地域における他の人々の暮らしぶりによる、という。つまり、他の人々の多くが一ドル以下で暮らしているのであれば、単純に「一ドル以下」という基準だけで貧困を定義することはできないという主張である。

貧困を一つの変数で集計的に見ることの困難さは、とりわけ人類学や社会学の伝統の中で提起されてきた。マレーシア農村での長期間にわたるフィールドワークを行ったジェームズ・スコット（James Scott：1936-）は、貧困の特徴づける文化的な要素の重要性を次のように表現する。

貧困はカロリー摂取や所得を遥かに超える問題である。これは切迫した飢餓に直面しているわけではない

（私の調査地の）セダカにとりわけ当てはまる。この村の貧者にとって貧困とは、共同体におけるささやかな立場を脅かすものに他ならない。どのような農村社会にも、生きていくために最低限必要な文化的体面（cultural decency）がある。それによって、その地域社会でのまっとうな市民がどう定義されているかが分かる。最低限の文化的体面には、結婚や葬式などで欠くことのできない儀礼、贈り物や引き立てに対する返礼、両親や子供、親類や隣人らに対して果たすべき最低限の義理が含まれる（Scott 1985：236-237，筆者訳）。

かつて相対論と絶対論のいずれが貧困定義としてふさわしいのか、著名な社会学者ピーター・タウンゼント（Peter Townsend：1928-2009）と、アマルティア・センの間で論争があった（Sen 1983；Townsend 1985；Sen 1985）。

タウンゼントは、生活を構成する衣食住の基本的な要素も含めて何が「絶対的なニーズ」であるのかを相対的にしか判断できない以上、貧困とは相対的に特徴づけられるものだと主張する。「生活のための必需品は固定されていない」と考えれば、生活様式の変化に伴って貧困の定義も変化するはずである。タウンゼントの指摘の中で特に重要なのは、貧困はその実態に即して客観的に定義されるのではなく、貧困問題に介入する人々と貧者との相対的な関係に応じて、つまり貧しい人々に向けられる視線によってその定義が変化するという点である（Townsend 1985）。

タウンゼントの言うように人々の貧困観は、貧しい人々の置かれている状況の悲惨さそのものよりも、それに向けられる眼差しによって変化してきた。貧困の定義は、救貧事業を行う側の視野と能力、貧しい人々の政治的な力、そして民主主義の浸透度などを関数として変化してきた。社会政策や援助に関わる人々が、対象となる貧困を定義できるようになると、貧困そのものが外からの視線で作り出されるということになる。(7)

これに対してセンは、もし貧困を極端な相対主義の下に定義してしまうと社会の一定層は「常に」貧困層ということになり、貧困をなくすことが論理的に不可能になると批判した。たしかに、人々の生活を構成する財、権利、資源などが文脈に応じて変化するという意味で、貧困は「相対的」である。だが、それらの手段を獲得できる能力は「絶対的な核心（absolute core）」として定義できるというのがセンの考えだ。ここでのセンの貢献は、絶対論の優位性を論証したことではなく、貧困の絶対的な側面と相対的な側面の相互関係を整理したことにある。

絶対論によれば、貧困とは人間としての尊厳が損なわれる絶対的な水準以下に貶められている状態であり、他の人々との相対的な位置関係には影響されない。しかも、貧困を豊かな人々には直接関係のない切り離された現象として扱うことは政治的に無難でもある。影響力のある豊かな人々に何ら犠牲を求めないで済むからである。

これに対して相対論は、貧困を社会的に位置づけ、その状態を常に他の人々との位置関係において定義しようとする。このような定義をめぐる問題は、単なる学問論争にとどまらない。問題の定義こそが政策の方向性や、優先順位を定める基礎になるからである。

セン＝タウンゼント論争は、貧困を学問するうえで必要不可欠な比較の軸をどこにとるのか、着目の層をどこに設定するのが適切なのか、などの側面で考察を前進させる機会をつくった。

絶対論も相対論も貧困を「もっていない」状態として外在的な視点から規定しようとする。絶対論も、相対論も結局は何らかの援助を前提としている限りにおいて純粋な学問論争ではない。つまり、これらの議論は「誰が援助の対象としてふさわしいのか」という政策的示唆を含んでいるのである。

しかし、足りないものばかりを見ようとすると、貧しい人々がもっているものを活用して貧困から脱却するという発想にはならない。貧困の定義をめぐる絶対論と相対論の論争は「もっていないこと」の意味づけをめぐる、限定された土俵での論争なのであった。

3　貧困化のメカニズム

センの権原アプローチ

そもそも貧困はどのような理由によって生じてくるのか。アマルティア・センは『貧困と飢饉』の中で、モノそのものではなく、モノを支配する諸々の力を権原（entitlement）と呼び、その概念から貧困化のメカニズムを解明しようとした。つまりモノではなく、権原の喪失こそ貧困化の原因であると考えたのである。センは「権原」を、私的所有権制度を前提に諸々の合法的ルートを経て取得しうる交換可能な財の組み合わせ、と定義する（セン 2000）[8]。

分析の焦点が財から権原に深まったとはいえ、人々の「不足」に注目するという点に変わりはない。それでもセンが貧困研究を大きく前に進めたと評価できるのは貧しい人々の必要とする財が十分に出回っているにもかかわらず、貧困が解消されない理由が解明されたからである。たとえばセンは飢饉の分析を通じて、食料がそこにないことと、人々が食べものを手にできないこととの違いに着目し、食料の存在そのものは特定の人々が食べるものを手にできる条件の一つに過ぎないとの新しい見通しを提示した（セン 2000）。

飢饉という特殊な、しかし決定的に重要な場面でセンが明らかにしようとしたのは、全体的な食料供給量ではなく、「誰がどのようにして食料への権原を喪失するのか」という問いであった。このような脱集計化を進めるためには、所得階層だけでなく、職業集団、民族集団、性別や年齢といった人々の異質性に着目しなくてはならない。センは財や所得への着目から、それを生かす人々の多様性へと視点を移すことで貧困研究を深化させただけでなく、貧困対策をより研ぎ澄まされたものにしてくれたのである[9]。

権原アプローチの課題

センの権原アプローチにはどのような限界があるだろうか。筆者なりにまとめると問題点は二つある。一つは受益者の属する社会組織の内部にある多様性に対する鈍感さ、もう一つは経済学者アルバート・ハーシュマン（Albert Hirschman：1915-2012）が「目隠しの手」と呼んだ、意図せざる創造性に対して許容度が低いことである（Hirschman 1967）。

たしかにセンは「脱集計化」を行うことで、これまで分析単位として取り出されることの少なかった女性や障害者といった弱者に光を当てることに成功した。しかし、それらは、量的な分析対象としての均質さをもった集団として特徴づけられており、社会集団内部の競合や学習、相互扶助といった動的な可能性に考察が及ぶことはほとんどなかった（この点については第5章で取り上げる）。

二つ目の問題点は、一点目に関連している。特定の財や権原が「ない」という認識は、どのような創意工夫を引き出すか、という点が『貧困と飢饉』では検討されていない。たしかに財の賦存量と交換権原を分析することで、ある人の置かれている経済状態を評価し、なぜそうなったのかを説明することはできそうだ。ただし、それが有効なのはデータの基になる具体的な行為が観察できたあとの事後的な説明においてである。経済状態の変化は賦存条件の変化だけでなく、そのときにはなかったもの、あるいは「ない」と認識されていた潜在力が新たに引き出されることによっても生じる。

この点をさらに掘り下げるには、人間が「ない」と見なす状態から、実は「ある」と見なす状態に転換する際のメカニズムをつぶさに観察しなくてはならない。そのときのキーワードは「資源」である。

4　無いものから、在るものへ

何に資源を見るか

目の前に大きな湖が見えたとしよう。そこを単に巨大な水溜りとしてしか見ない人も多かろう。しかし、中には、その位置を見て、潜在的な電力の源と見る人もいる。あるいは、観光資源としての可能性を思い描く人もいるかもしれない。こうした人々は、水を見ながらも、水の先にある可能性を見ていることになる（De Soto 2000）。モノの先にある可能性を捉えようとする人々の工夫に資源化の秘密がある。このように「資源」の下地には、そこに「見えないもの」を見出して、「その先に在るもの」へとつなごうとする創造的な心の働きがある。自然の中に可能性を見出す力は、文明社会を発展させる原動力の核心であったに違いない。

今ほど移動の自由がなかった時代の開発とは、身の回りの自然に眠っている可能性を引き出そうとする直接的な資源化を指していた。天然資源獲得の努力は、やがて国境を越え、国際紛争の大きな原因になった。この過程でいつしか国が資源論を語る主体となり、資源は国力の裏づけとなる「原料」に矮小化されていく。しかし、天然資源と原料とでは概念上の大きな違いがある。原料とは自然に対する人間の働きかけによって、いわば「ろ過」された後のモノを指すが、資源とは「ろ過」される以前の、労働の対象として見出された自然の一部である。つまり、資源はモノそれ自体を表す概念ではない。

経済発展とは、このようにモノそれ自体の性質を超えて、それが果たしうる機能の広がりを頭に思い描くところからはじまる。その意味で、資源研究の大家であるエリック・ジンマーマン（Erich Zimmermann：1888-1961）が七〇年以上前に示した「資源とは事物または物質に当てはまるのではなく、事物または物質の果たしうる機能、あるいはそれが貢献しうる働き」という定義は実に的を射ている（ジンマーマン 1985：13）。

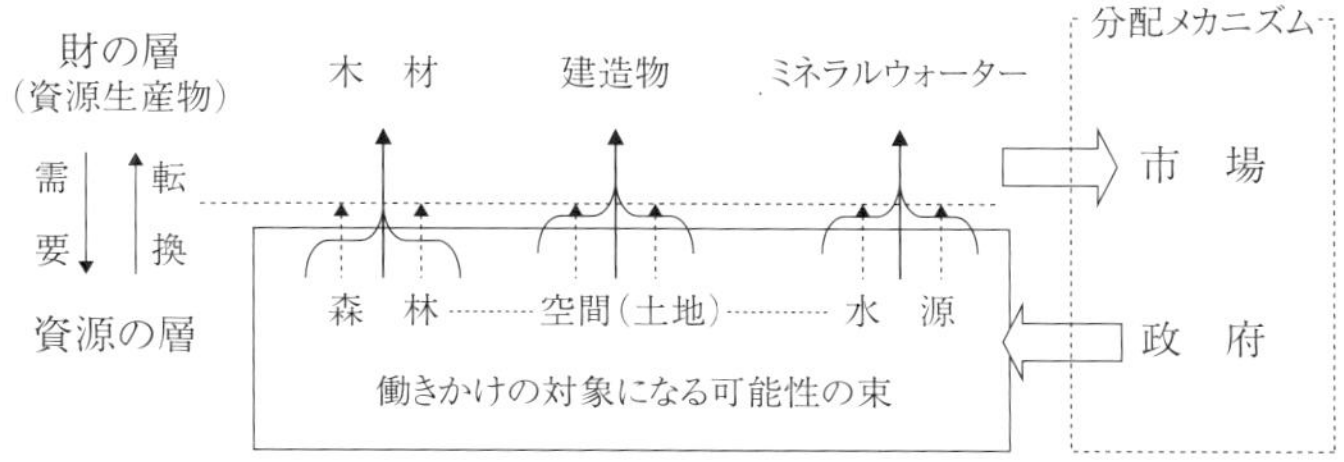

図2−1　財の層と資源の層

出典：筆者作成。

ここで「資源を見る」ということが、どのような特性をもつ活動なのかを図式的に考えてみたい。すでに述べたように、資源の価値は、素材それ自体にあるのではなく、人々の工夫によって初めて捉えることのできる潜在的価値にある。それは、人々に効用や自由をもたらす潜在的価値である。たとえば鉱山がそこにあるというだけでは、人々を満足させる「資源」にはならない。資源は資源生産物である財に変換される必要があり、それはしばしば素材の変形や他の素材との結合を前提とする。ただし、土地という資源がその上に立つ建造物の「利用」という形でその価値を実現させる例にあるように（図2−1）、資源生産物は必ずしも資源の素材面を変形させたものとはかぎらない。様々にありうる土地空間の用途の中で、そこに建物を建てるという目的が選ばれるとき、他にありうる目的は捨象されていく（図2−1の点線矢印）。

貧困との関係でいえば、財（人間に直接的な効用をもたらすモノ）の層は市場と貨幣で支配されている世界であるのに対して、その大部分が自然の領域にある資源の層には、まだ十分に市場が及んでいない。それゆえに、経済力や私的財産に乏しい貧困層にとって、決定的に重要な生活の糧が、この層から提供されるのである。

そもそも資源とは、そこにあるものを見出そうとする態度に下支えされた概念である。これは、まずないものを見出して、外から付け足そうとする古典的な「援助」とは大きく異なる志向性である。政策的な含意も、経済成長を通じて財・サービスの量を増やすという方向性よりは「いまある資源を活かす」とか、その「資源の活用を脅かしている諸条件を取り除く」という方向に進む。これに対して、各種の財は資源のもつ様々な可能性から特定の用途を想定して加工されたものであり、目的の幅が限定されている点において資源とは本質的に異なる性質をもつ。

図2－1に示されているように、財の層だけに着目すると、商品として流通する木材、建造物、ミネラルウォーターの相互関係性は構築しにくいかもしれない。しかし、観察のレベルを特定の文脈に落として「資源」の層を見てみると、木材の元になる森林は、建物を建てることもできる土地にあり、その土地はミネラルウォーターの水源としても機能しているかもしれない、というように他の可能性との関係が見えやすくなる。資源の層まで視点を下ろすことで諸資源の横の「つながり」を同じ視座の下で位置づけられるようになり、問題に通底する共通部分への着目が促されるからである。

財と資源の再分配

格差是正のための再分配という観点からも資源に着目する意義は大きい。資源が資本となり、財や富に変換されるしくみが出来上がったあとで、それらを貧しい人々に再配分することがいかに困難であるかを歴史は示している。豊かな人々の財を取り上げて貧しい人々に再分配する試みが大規模に成功した例は歴史上きわめて稀であった[10]。

なぜ成功してこなかったのか。その理由の一つは、資源の層から遊離した「財の層」に、私たちの視点が集中してしまっていたためではなかろうか。財の層における分配の支配的なメカニズムは市場である。だが、市場に任せても購買力の小さな人々に再分配は起こらない。それは市場経済が著しく発達しているアメリカで、いまだに貧困と格差の問題を解決できていないことからもはっきりと読み取れる。

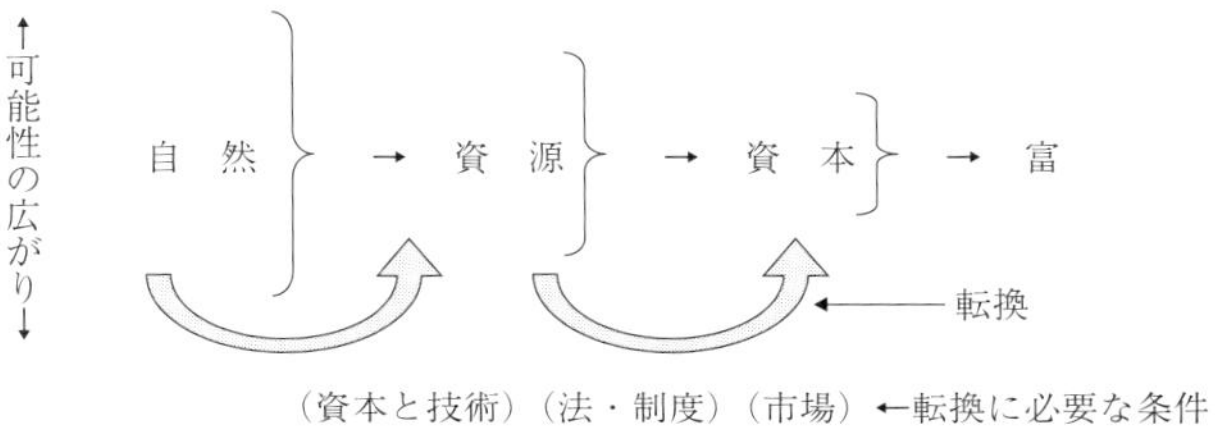

図２－２　自然から富への転換過程

出典：筆者作成。

これに対して資源の層では、市場よりも政府の介入が大きな役割を演じる。土地の区画化や所有権の設定、環境保護やエネルギー資源の採掘などの領域は、市場に任されているわけではなく、公共部門の介入が効いている。もちろん、政府は市場の動向から完全に独立しているわけではない。しかし、そこには特定の支持母体への利益分配など、価格メカニズムでは説明できない政治的ロジックが介在している（アッシャー 2006）。

経済学では生産要素を資本、労働、土地の三つに定めて、これらを「資源」と総称する。ところが、この資源概念は経済生産の側面に偏っているうえに、資源の組み合わせが市場価格に従属するものとして狭く扱われている。

現実には生産とは直接関係ないものの人々の生活に役立つ資源は存在するし、価格に従属しない人々による能動的な資源の結合も考えられる。天然自然は資源の最も大きな構成要素であるが、それが資源のすべてではない。たとえば、「安全」という価値は生産と直接は関係しないが、人々がルールや技術を介して働きかけ、維持しようとする対象である。人々の生活は「生産」の側面にすべて還元できないし、「蓄積」できるものでもない。いわゆる発展途上国の農村地域では、直接に薪、薬、建材などとして利用され、資本とはならずに直接的な消費の対象になる資源もある。こうした資源は生活の安心や安定に資するものであって、もっぱら富の増大を目的に利用されているわけではない。

自然の利用が人間にもたらす可能性の広がりと各々の段階から次の段階への変換に必要な条件を合わせて図示すれば、図２－２のようになる。人は自然に働きかけて天然資源を生み出し、資源の一部は生産活動に資本として投入されて富の源となる。もっとも、変換の順序は「左から右へ」が常というわけではない。富や資本といった目的がまず最初にイメージされて、特定の自然を「資源に変える」よう促す場合もあろう。つまり、何がどう資源化されるかは、目的の設定によって変化するのである。

エルナンド・デソトの試み

「不足」ではなく、そこに「在るもの」への着想とそれが資本に転化する過程に注目したペルーの経済学者エルナンド・デソト（Hernando de Soto：1941– ）の議論を紹介しながら、本章で述べてきたことを改めて振り返ってみたい。

デソトは、著書『ミステリー・オブ・キャピタル（資本の謎）』で、貧しい途上国には一般に信じられているのとは逆に多くの財産や資源があり、それらの総計は先進国から提供されてきた援助の九三倍の額に相当すると指摘する（de Soto 2000）。しかし、デソトによれば、それらの資源は資本に転化されていない、いわば「死んでいる資本（dead capital）」なのである。死んでいる資本を「生かす」ための仕掛けが私的所有権であると彼は主張する。個別にはモノにすぎない家や土地は、所有権制度の下に登録され、金融市場における操作の対象として固定化されることで、融資の際の担保にすることができるし、より大きな経済の一部になることができる。つまり、所有権を介してモノが資本に変換されるわけだ。途上国で資本主義の発達が遅れ、貧困が蔓延しているのは、先進国で当たり前に機能しているこのプロセスが欠落しているから、というのがデソトの説である。

南の貧しい途上国と、北の豊かな先進国の違いがどこから生まれるのかを歴史的に検証したデソトは、両者の違いの根幹を私的所有権制度の有無に見出した。資本主義の発達した先進国では所有権の制度が発達しているが、遅れている国々では所有権制度が未発達であるというのである。

デソトは、所有権を、見えない何かを可視化してくれる表象手段と見た。人はそこにあると分かっているけれども、それが見えないためにうまく管理できないものに取り囲まれている。たとえば「時間」の感覚は悠久の時代から誰しもがもってきたであろうが、時計の発明で初めて厳密な管理の対象になった。時計の発明は、時刻表に基づく鉄道の安全運行を可能にし、物流システムを事故の少ない効率的なものにするのに役立った。このように文字や技術を介して見えない自然や文化の側面を可視化し、操作化できるようにしてきたことが資本主義的な発達の奥義であるとデソトは考えたのだ。

この考え方は「無い」ことに注目してきた従来のアプローチを修正するうえで大きな効果をもつ。途上国にも土地や家屋といった資産そのものは多く存在する。問題はそれが資本主義経済の一部として十分に生かされていないことである。多くの途上国における「家」は雨風を凌ぐための直接的、物理的な資産（asset）としての機能しかもっていない。ところが欧米諸国ではそれが融資の際の担保になるなど、外部世界との結合を媒介する機能をもち、経済のモメンタムを作り出す「資本」として機能している。デソトの試算によると、途上国で不法に占拠されている不動産の貨幣価値の総計は九・三兆ドルに上るという。これは過去三〇年間に世界銀行が途上国に融資してきた累計総額の四六倍に相当する（de Soto 2000 : 36）。貧しい途上国の足元に眠っているこれらの資産の活用に目を向けよ、というのがデソトの主張である。

肝心なことは欧米で発達した所有権制度がもともと資本を生み出すことを目的に整備されたわけでなく、財産の保護を目的に作られてきたことであった。ところが、財産の保護は、労働の痕跡をモノに刻み込む効果をもっただけでなく、結果として財産の「操作」を可能にし、他の様々な財産を生産活動に資する形で組み合わせていく可能性を開花させた。これは、交換と分業を基本的な推進力とする経済発展の促進に役立つ条件であった。欧米で生じたこの資本化のプロセスは、所有権制度の意図せざる副産物にすぎなかったゆえに、その重要さが忘れられてしまったのである。

人は、モノから物質的なエネルギーを引き出す技術には注目してきたが、モノから資本を生み出す制度的メカニズムについては看過してきた。デソトの議論の魅力は、そこにあるものを活用し、つないでいくという制度のもつ自律的な力に着目したところにある。

彼の説には種々の反論も出されているが、その詳細を検討するのはここでの趣旨ではない。ここではモノそれ自体の機能を超えた経済効果を発揮させる前提に、デソトが所有権の固定化を見たという点だけ確認しておきたい。

5　開発研究はどこを見るべきか

人々の「不足」に目を向けるのではなく、人々がもっているもの、潜在的な能力に目を向けることが、どのような政策的な違いを生み出しうるかを見てきた。第4章で見るようにアダム・スミスは経済的繁栄のメカニズムを、交換を媒介として遠く離れた見知らぬ人に自分の世話をさせる分業の仕組みに見た。そこに見られた分析に向かう態度は従前にはなかった新制度の提案をしようとするのではなく、すでに機能していた制度の再評価に力点を置いていた。デソトの主張する所有権の設定によって貧困がどの程度まで軽減できるかは議論の分かれるところであるが、欧米諸国で当たり前に機能しているもの、それゆえに、あえて議論の対象になってこなかったものに光を当てようとした着想は面白い。

過去数百年の時間の中で、貧困はそう「運命づけられた人々」としての定義から、貧者の人格や出自ではなく、必需品などの「もちモノ」に貧困を見る定義へと変化し、やがて分配の多様性を構造的な要因から説明するアプローチへと展開してきた。特に、センによる財の保有から財の活用への着目点の移動は大きな前進ではあった。そして近年注目されているのは、貧しい人々がもっているものを、他の人々がもっている何かと結びつけて生産的な「動き」を作り出そうとするアプローチである[11]。

貧困をめぐる諸学は、それぞれが重視する「結合」の側面の違いを表している。経済学は市場を通じた人々の結合を重んじるゆえに、市場への参加資格となる所得を貧困の基準とする。他方で、人類学は文化を通じた人々の結合を重要視するので、地域社会への参与がままならない人々を貧困に分類する。政治学的な研究では、参政権を含む基本的な権利を通じた行政との結合を重んじるかもしれない。

いずれにせよ、問題の本質は貧しいとされる人々を「貧しくない人々や領域」と接続する方法である。細分化を好む学問は分析カテゴリー相互の「つなぎ」を見極めるのが苦手である。政治学や経済学といった個別科学に任せきるのではなく、開発研究という固有の分野が必要なのは、まさに人間が置かれている複雑な状況を一体的に捉える必要性からである。「開発」がその語義通り、封を開いていく（develop）行為であるとすれば、潜在性の顕在化という原点に戻って貧困問題を問い直さなくてはならない。その最初の出発点は、無いものではなく、そこに在るものを見極めるところにある。

注

（1）多くの途上国で貧民の内臓が一つの市場を形成している事実は指摘されて久しい。特に腎臓の片方を提供することで貧困から抜け出すことのできた事例は数多く報告されている（Bakdash and Scheper-Hughes 2006）。スウィフトの風刺は残念ながら全くの妄想というわけではなくなった。

（2）一七世紀初頭のイギリスにおけるエリザベス救貧法は、その前の世紀に始まった農村部における第一次囲い込み運動の帰結として生じた大量の浮浪貧民に対する対策であった（杉村 1998）。

（3）日本では新渡戸稲造や矢内原忠雄といった殖民政策学の専門家が植民地の原住民に対してどのような態度で臨ん

でいたのかについては整理が進んでいる（小熊 2000）。だが、日本でも国内の貧困問題と海外のそれとの比較が行われていたわけではない。

（4）ジャレッド・ダイヤモンドによる一連の地理決定論的な文明発展論は、こうした動きに対する修正主義的議論として位置づけることができよう（Diamond 1999）。

（5）興味深いことに、近年の貧困にかかわる研究者の中で「人々が貧しいのは怠けているから」と主張する人はほとんどいない。しかし、欧米の貧困研究では貧困を「怠惰」や「浮浪（vagrancy）」と結びつける伝統があった（Davis 1980）。こうした考え方は、途上国の現場ではいまだに耳にする。たとえば、筆者が一九九〇年代後半にタイの奥地でフィールドワークをしていたときに、村の中の富の格差を問題にして「なぜ貧しい人々がいるのか」と村人に問うたときも「彼らは怠け者だから」という答えが最も一般的であった。

（6）ターゲティングとは、成長の果実が貧困層に届いていないという批判や、投入した援助がエリート層の中間搾取にあっているという批判に応える形で、貧困層だけに援助の便益が届くように狙いを定めることである。皮肉なことに、ターゲティングの研究が明らかにしたのはターゲティングの難しさであったように思われる。たとえば佐藤（1996）、絵所・山崎編（1998）を見よ。

（7）ゴールドマンは『緑の帝国』の中でラオスの事例を取り上げ、それまで明確に存在しなかった貧困の概念を世界銀行が作り出したと主張している（Gordon 2005）。

（8）人がモノを得るメカニズムは四つに類型化できるとセンは言う（セン 2000）。①交易に基づく権原、②生産に基づく権原、③自己労働の権原、④相続・移転の権原、である。これらの権原関係に基づいて人は自分の「もちモノ」を主張し、正当化しようとする。

（9）『貧困と飢饉』の出版以降、センが市場での取引対象になる財の分析から離れて「移転」の困難な個人のケイパビリティに議論を集めていった過程は注目してよい（セン 1999）。

（10）第二次世界大戦直後に占領軍の強制で行った日本の農地改革などはその例外であろう。

（11）たとえば貧しい人々自らが主体的に金融ツールを用いて貸し手と持続的な関係をつくり、貧困から脱却しようとする実態は近年ようやく解明されてきた（モーダックほか 2011）。この過程で貧しい人々がもちうるものとして大きな役割を果たすと分かったのは「信頼」である。

参考文献

青山和佳（2009）「他者の生き方を書く――貧困研究と人類学」下村恭民・小林誉明編『貧困問題とは何であるか』勁草書房、一七七～二二〇頁。

アッシャー、ウィリアム（2006）（佐藤仁監訳）『政府はなぜ資源を無駄にするのか――発展途上国の資源政治学』東京大学出版会。（原著 Ascher, William. 1999. *Why Governments Waste Natural Resources : Policy Failures in Developing Countries*, Baltimore : Johns Hopkins University Press.）

阿部實（1997）「英国における貧困研究と貧困調査史――貧困の調査研究と所得保障政策の成立と展開」『日本社会事業大学研究紀要』四四、九五～一〇七頁。

絵所秀紀・山崎幸治編（1998）『開発と貧困――貧困の経済分析に向けて』アジア経済研究所。

小熊英二（2000）「〝植民政策学〟と開発援助」稲賀繁美編『異文化理解の倫理にむけて』名古屋大学出版会、一七一～一九一頁。

佐藤寛（1996）『援助研究入門』アジア経済研究所。

佐藤仁（2011）『「持たざる国」の資源論――持続可能な国土をめぐるもう一つの知』東京大学出版会。

――（2008）「今、なぜ資源分配か」佐藤仁編『資源を見る眼――現場から分配論』東信堂、三～三一頁。

――（2004）「貧困と〝資源の呪い〟」井村秀文ほか編『環境と開発』日本経済評論社、二七～五〇頁。

――（2003）「ダン吉島の夢の後――発展途上国の開発と不足」青木保ほか編『アジア新世紀5　市場』岩波書店、一〇一～一一六頁。

――（1997）「開発援助における生活水準の評価――アマルティア・センの方法とその批判」『アジア研究』四三（三）、一～三二頁。

ジンマーマン、エリック（1985）（石光亨訳）『資源サイエンス』三嶺書房。（原著 Zimmermann, Eric. 1951. *World Resources and Industries*, New York : Harper & Brothers.）

スウィフト、ジョナサン（1968）（山本和平訳）「アイルランドの貧民の子供たちが両親及び国の負担となることを防ぎ、国家社会の有益なる存在たらしめるための控え目な提案」『書物合戦・ドレイピア書簡ほか3編』現代思潮社、八五～九六頁。（原著 Hebert Davis, ed. 1935. *Drapier's Letters*, Oxford : Oxford University Press.）
杉村宏（1998）『現代の貧困と公的扶助』放送大学。
セン、アマルティア（2000）（黒崎卓・山崎幸治訳）『貧困と飢饉』岩波書店。（原著 Sen, A. 1981. *Poverty and Famines : An Essay on Entitlement and Deprivation*, New York : Oxford University Press.）
———（1999）（池本幸生・野上裕生・佐藤仁訳）『不平等の再検討——潜在能力と自由』岩波書店。（原著 Sen, A. 1992. *Inequality Reexamined*, Oxford : Clarendon Press.）
チェンバース・R（1995）（穂積智夫・甲斐田万智子監訳）『第三世界の農村開発』明石書店。（原著 Chambers, R. 1983. *Rural Development : Putting the Last First*, London : Longman.）
マルサス、トーマス（1962）（高野岩三郎・大内兵衛訳）『人口の原理』岩波書店。（原著 Malthus, T. 1798（1992）. *An Essay on the Principle of Population*, Cambridge : Cambridge Texts in the History of Political Thought, Cambridge University Press.）
毛利健三（1990）『イギリス福祉国家の研究』東京大学出版会。
モーダック、ジョナサンほか（2011）（野上裕生監訳）『最底辺のポートフォリオ——一日2ドルで暮らすということ』みすず書房。

Bakdash, T. and N. Scheper-Hughes. 2006. "Is it Ethical for Patients with Renal Disease to Purchase Kidneys from the World's Poor?" *PLoS Medicine*, Vol. 3, Issue 10, pp. 1699–1702.
Davis, S. 1980. "The Concept of Poverty in the Encyclopedia Britannica from 1810 to 1975," *Labor History*, Vol. 21, No. 1, pp. 91–101.
de Soto, H. 2000. *The Mystery of Capital : Why Capitalism Triumphs in the West and Fails Everywhere Else*, New York : Basic Books.

Diamond, J. 1999. *Guns, Germs and Steel : The Fates of Human Societies*, New York : W.W. Norton & Company.（倉骨彰訳〔2012〕『銃、病原菌、鉄』草思社。）

Drèze, J. and A. K. Sen. 1989. *Hunger and Public Action*, Oxford : Clarendon Press.

Escobar, A. 1995. *Encountering Development : The Making and Unmaking of the Third World*, Princeton : Princeton University Press.

Goldman, M. 2005. *Imperial Nature : the World Bank and Struggle for Social Justice in the Age of Globalization*, New Haven : Yale University Press.（山口富子訳〔2008〕『緑の帝国――世界銀行とグリーン・ネオリベラリズム』京都大学出版会。）

Hirschman, A. 1967. *Development Projects Observed*, Washington, D. C. : Brookings Institution.（麻田四郎・所哲也訳〔1973〕『開発計画の診断』巌松堂出版。）

Myrdral, G. 1979. "Underdevelopment and the Evolutionary Imperative," *Third World Quarterly*, Vol. 1, No. 1, pp. 24–42.

Prahalad, C. K. 2004. *The Fortune at the Bottom of the Pyramid : Eradicating Poverty Through Profits*, Warton School Publishing.（スカイライトコンサルティング訳〔2010〕『ネクスト・マーケット』英治出版。）

Scott, J. 1985. *Weapons of the Weak : Everyday Forms of Peasant Resistance*, New Haven : Yale University Press.

Sen, A. K. 1985. "Sociological Approach to the Measurement of Poverty : A Reply to Professor Peter Townsend," *Oxford Economic Papers*, Vol. 37, pp. 669–676.

————1983. "Poor, Relatively Speaking," *Oxford Economic Papers*, Vol. 35, pp. 153–169.

Townsend, P. 1985. "Sociological Approach to the Measurement of Poverty : A Rejoinder to Professor Amartya Sen," *Oxford Economic Papers*, Vol. 37, pp. 659–668.

第3章　たった一つの村を調べて何になるのか

開発や援助にかかわる現象を調べる方法は、政府が発表する数値を解釈し、大量の調査票を統計処理することだけではない。問題が先鋭に表出している現場に足を踏み入れ、当事者に聞き取りをしたり、歴史を文書から跡づけたりする事例研究という方法がある。対象に深く入り込む事例研究では、どうしても調査対象のサンプルが限られてくる。それゆえに、事例研究の客観性や一般性が問題視されてきた。深い研究であるからこそ分かる事実を正面から拾いあげて、学問をする方法はないものだろうか。

1　ある論文コンテストで

「君が調べた村のことはよく分かった。しかし、その話は、それ以外の地域に当てはまるのだろうか」。これは筆者が学生時代に初めて自分の目で途上国の現場を見て、論文をまとめたときに直面した批判だ。東北タイでの村落レベルの森林管理に関する現地調査をもとに雑誌『国際協力研究』誌上での論文コンテストに応募したときのことであった。

審査委員による選評は筆者の論文を含む二論文がなぜ最優秀賞に届かないか、という点を以下のように指摘する(1)。

一等の片山、佐藤両論文については、ともに優れた論文であるが、テーマそのものの汎用性、他の国・案件への適用度・示唆度、あるいは将来への参考度がどのくらいかという議論が一つあり、それから書かれている内容について、その研究成果としての完成度と、論文の体裁としての完成度というもう一つの議論があった。(中略)佐藤論文については、タイの事例は、コミュニティーつまり村落共同体が非常に発展しているところにおいて初めて両立するものであり、やはりこの開発問題がそのまま他の開発途上国に通用するかどうか……(後略)

当時は意識できなかったが、今改めて読み返してみると、この選評には国際開発の業界に暗黙に横たわる一般通念が見事に示されている。主催者である国際協力事業団(当時)の実務家を主たる審査委員にしていたという理由も関係しているのだろうが、「この開発問題がそのまま他の開発途上国に通用するか」という箇所には、一つの場所で見出されたモデルを他の場所に適用しようとする発想が如実に反映されている。

ここは開き直って、「今までよく知られていなかった調査対象地域のことが分かれば、それで十分ではないか」と突っぱねるのも一つの手だ。あるいは、一つの経験を他の国や地域にもち出そうとする発想を問題視することもできる。改めていうまでもなく、数字で全体が分かったような気になっても、現場を生きる人々のリアリティに迫るような知見を何一つ提示できていない研究はままあるからだ。

しかし、個別地域に密着したというだけで満足していては事例研究で得られた知見の意義をその場限りに限定してしまうことになる。少数の考察対象を深く調べることの「その場を超えた」一般的な意義づけをするには、どうすればよいのか。たった一つの村を調べることにも、何か学問的な意味を見出すことはできるのだろうか。

「実験」ができるのであれば、観察したい変数のみを自由にして、それ以外の条件を人工的に統一できるので、変数の振る舞いを独立に捉えることができる。経済学や工学では、社会実験が行われることもあるが、人々の生活の内面に踏み込む人類学や社会学的な研究では費用や倫理面の制約から汎用的な方法とはなっていない。だからこそ、文化人類学や農村社会学では、少数事例を掘り下げることこそが主たる方法になってきた。少数事例を取り上げる学問的意義は、これら質的調査に依拠する分野全体にかかわる大きな問題であると考えてよい。

多数の標本を用いた、いわゆるラージN（Large-N）研究の場合は、実験のように厳密に条件を統一することこそできないものの、無作為に選ばれた多くのサンプルを扱うことで考察対象の偏りが減り、統計理論の上では母集団の姿に近づくことが可能になる。ラージN研究の典型は、「社会調査」とよばれる大規模アンケートや電話調査である。こちらも費用面の制約が大きく、調査対象者の読み書き能力が不十分な地域での調査となると手間は計り知れない(2)。

これに対して少ない数のサンプルを綿密に扱うスモールN（Small-N）研究では、一つないしは二つの村を選んで、当該社会に入り込み、当事者の視点を重んじた記述と分析を行う。共同体の構造や人々の振る舞いについて参与観察をする文化人類学的研究、国際会議の交渉過程について少数のキーアクターを選んでインタビュー調査を行う政治学的研究、史料に基づき過去の事象を再構成する歴史学的研究などが代表例である(3)。この方法は、調査対象地の現地語の精通を基本要件とするが、何よりも調査対象者との信頼関係が前提となる。そのために、長期間の調査時間がかかるという難点がある。特に特定の事例に深く入るために時間を要するので、すばやい判断を求める実践志向の調査には適さないことが多い。

このように、それぞれの調査方法には一長一短があるが、知見の一般性という観点では、少ないサンプルを扱う事例研究が最も劣っているというのは、もはや常識になっているようだ。しかし、現実問題として、開発の現場では種々の制約から事例研究という方法しかとれないことも多い。開発の現場で事例研究という方法がもつ意義を、もう少し掘り下げてみる必要がありそうだ。

2　開発の現場と「事例」

たとえば、途上国の都市のスラム地区における闇経済や不法活動の実態、土地の所有権をめぐる微妙な問題を研究テーマに選んだとしよう。この場合、量的指標だけからは読み取れない要素が多いので、事例研究で狭く深く切り込むしかない。過去の国家機密や権力行使のメカニズム、格差や不平等を告発する基礎になるような研究でも画一的な大規模調査は難しい。さらに、社会運動の展開メカニズムに関する研究など、状況が刻々と変化しているような場合、時間の経過に伴って情報が減少・劣化する場合（たとえば、年配者に対する戦争体験調査）には急いで作業にとりかからなければデータそのものが消えてなくなってしまう。そうした場合には、少数の事例を取り上げて、情報提供者に密着した方法に頼るしかないだろう[4]。

人類学者の多くは一年以上の期間にわたって調査対象地域で現地の人々と生活をともにしながら、人々の振る舞いの根底にある意味の体系を記述しようとする。限られた地理的範囲とはいえ、まだ記録されていない人間文化の本質を見出そうとする人類学者の記述は、単に伝統社会に暮らす人々の記録としての貢献だけではなく、近代化の行き詰まりを経験しつつある先進諸国への示唆という点でも普遍的な教訓を含む場合が多い。

ただし、人類学者らの行う個別記述の一般化は、記述されたものを読む読者が自分の経験や知識と照らし合わせて行うのが通常であり、一般化のメカニズムが調査のデザインに明示的に組み込まれているわけではない。そして研究者が単身で行うフィールドワークでは調査の質がその個人の観察力と記述力に依存しているために、別の調査者が同じ地域で追調査をしても全く同じ結果が得られるとは限らない。この点だけを見ると、フィールドワークの成果の信頼性（再現可能性）は高いとはいえないことになる。そうかといって、すべての調査対象地で「深い理解」への到達を目指そうとするのはコストがかかりすぎる。

ここで重要になるのが「事例」の定義であろう。事例は一つの家族から一つの国家に至るまで、様々な空間的広がりをもちうる。同時に、事例はどの時間で区切るかによっても変わる。たとえば「日本」という事例対象地域の中で、どの時代を見るか、どの時期に注目するかによって事例としての特徴は変わってくる。同じ「日本の研究」であっても、明治維新の研究であれば、必然的に一八六八年前後が焦点となるだろうし、戦後アメリカの対日占領政策の研究であれば、一九四五年から一九五二年が中心的な時間区分になるだろう。このように、空間と時間の区切り方が「事例」の範囲を決めるうえで重要な要件となる。そして、この範囲に自覚的であることがこれから述べる「一般化」の問題と深くかかわってくる。

3　一般化とは何ぞや

背景知識の重要性

「個性を重んじる」という理由から、事例研究は、法則を打ち立てようとする諸科学とは無縁であるかのように捉えられることが多かった。つまり、事例研究を、特に一般的な命題の検証や導出を目的としない「事例報告」と同義で用いるケースが多かった。しかし、筆者の言う「事例研究」とは、限られた考察対象から他の事例に対しても有用であるような知見を獲得させてくれる方法を指す。したがって、事例報告と事例研究とははっきりと異なるものと考えたい。

『広辞苑』（第六版）で「一般化」という言葉を引いてみると「特殊なものを捨て共通のものを残すことによって一般的なもの（概念・法則）を作ること」と出てくる。「特殊なものを捨てる」というのが通常理解されているところの「一般化」であろう。これに対して事例研究は、事例の範囲を意識した個別性や特殊性を重んじ、どのような意味において「特殊」であるかを説明できるところに強みをもつ。そこで得られる類型やパターンから他の事例に対するメッセージを発信するのである。文脈から遊離した一般性ではなく、最終的には個別の状況を理解する際の参照点となるような一般的教訓の抽出が事例研究の一つの目的になる。

そこで事例研究における一般化のメカニズムについて考えてみよう。事例研究における一般化とは対象となる特定の事例が生起した文脈にそって、その領域を規定している基本的な変数を取り出し、それを類型化してモデルとして示すことである。そして、その特徴が他の事例にも共通して見られることが示されれば、その類型の一般性が従前より一段高いレベルで確かめられたことになる。(5)

少数事例からの一般化という営みは、実は日常的に行われている。身長一五〇センチの人と一八〇センチの人がいて、それぞれの性別を推測しなくてはならないとき、他の情報が何もない場合、私たちは高い確率で前者を女性、後者を男性と言い当てることができるだろう。もちろん、この推測が外れている可能性もあるが、正しく言い当てている可能性の方が高い。ところで、この場合にサンプルは二例（一五〇センチの人と一八〇センチの人）であると考えてよいだろうか。そうではない。ここでは、すでに頭の中にインプットされている日本人の男性や女性の「一般的な身長」についての常識、つまり背景知識が参照されている。人は目の前にある現象を、頭の中にあるすでに知っている知識と対話させながら、理解しようとする力をもつ。ゆえに「すでに何を知っているか」は、「まだ知らないこと」を推し量るうえで決定的に重要になるのだ。

もう一つ例を考えてみよう。数学の授業内容を受講生がどの程度理解しているかを知りたい教師がいたとする。十分な時間とコストをかけられるのであれば、全員に同じ試験をして理解度を試すことができる。しかし、そうしたコストをかけられないときは、最も授業の理解度が低いと考えられる人を数名ピックアップし、その人々にインタビューしながら理解度を確認する方法がある。(6)そして、彼らが十分理解できているのであれば、他の人は理解していると推測してさほどの間違いはないはずだ。

ここで採られた方法は、部分（受講者の数名）から全体（すべての受講者）への論理的な一般化である。他方、彼らの理解が不十分であると分かった場合には、他の人々の理解度こそ推量できなくても、分からない理由をさらなる聞き取りから掘り下げて全体に対して何か有益な示唆を得ることができる。つまり、考察対象になるサンプルは「部分」でしかないが、その多面的な観察から得られる情報は授業全体の質を上げるために役立つというわけだ。

以上の例から、背景知識が暗黙のサンプルとして参照され、そこから目前の事例が全体に敷衍される例は日常生活ですでに活用されていることが分かるだろう。右に取り上げたのは、とても単純な例であり、開発の問題はもっと大きくて複雑である。しかも、どの問題を扱うにしても初学者の背景知識は非常に限定されているし、その背景知識だけを頼りに「事例」を選定し、むやみに一般化するのは危険ですらある。その意味で、事例研究とは背景知識と一般化の範囲の両方に配慮しなくてはならない難度の高い方法であるといえる。「フィールドに行く前に先行研究を勉強しておきなさい」という指導は、まさに座学でできる背景知識の豊富化を見据えた適確な助言なのである。

質的な一般化とは

実証研究の「良さ」を判定する基準として用いられるのが「信頼性（reliability）」と「妥当性（validity）」である。信頼性とは、再現可能性のことであり、別の人が同じ方法で追試を行った場合に同じ結果が導かれるかどうか、という観点である。これは、実験の困難な社会科学研究では担保の難しい基準であるが、多くのラージN研究では、それを統計的に可能にしようとする。

これに対して、測るべき対象をきちんと測ることができているかどうか、という基準を「妥当性」と呼ぶ。

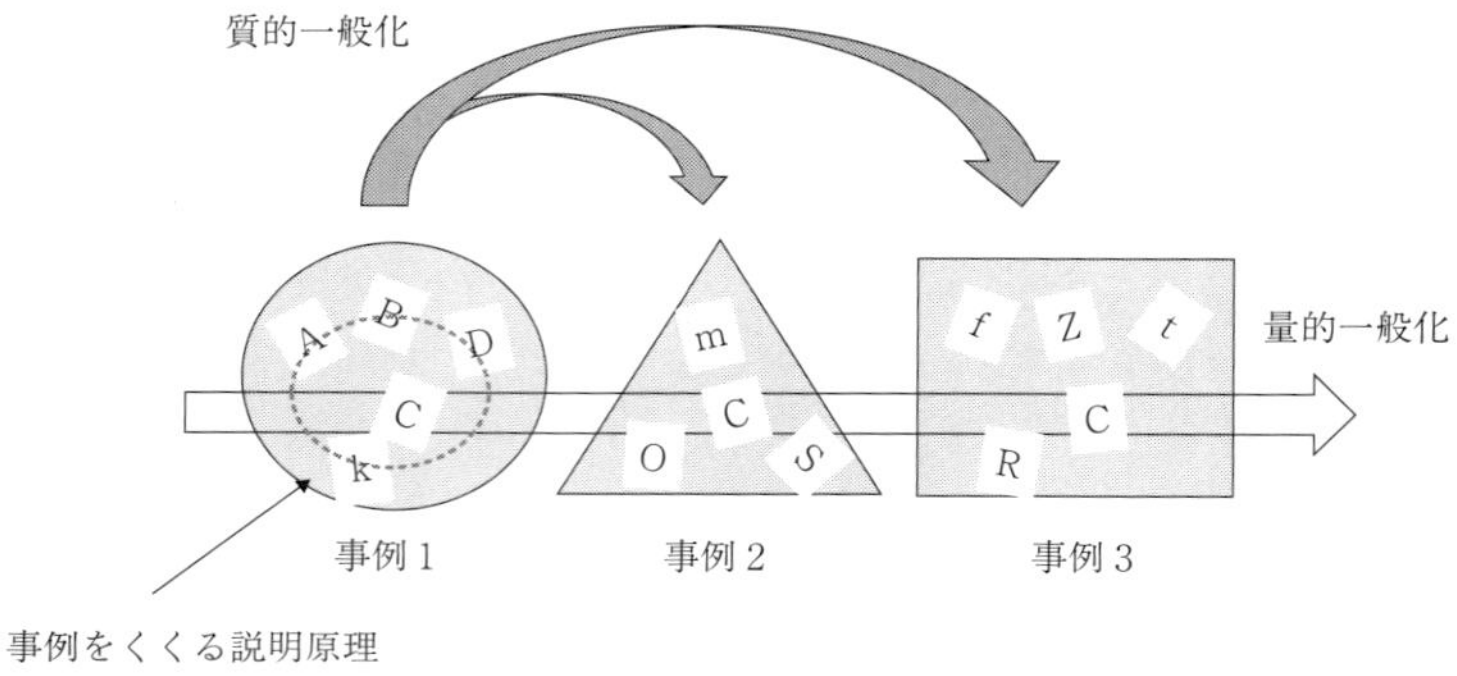

図３－１　質的一般化と量的一般化

出典：筆者作成。

たとえば「生活水準」を測ろうとするとき、市場経済があまり浸透しておらず現金のやりとりが少ない地域で「所得」を指標にするのは間違いであろう。自給自足的な経済が重みを占めるような地域では、たとえば土地保有や世帯内の労働可能人員などの方がより妥当性の高い指標であるかもしれない。

サンプルの数は少なくても、事例研究が大規模サーベイよりも「妥当性が高い」といえる場合があるのは、このように観察変数として何を取り出すべきかを、測ろうとする概念に密着しながら現場の文脈に合わせて意味づけ、絞り込むことができるからである。(7) そして、同じ変数の確からしさを多様な角度から検証できるからである。このように、事例研究における観察対象は数少ないかもしれないが、少数のサンプルを捉える観察面の数は逆に増やすことができる。

以上をまとめた図３－１を詳しく見てみよう。事例１～３はそれぞれ事例のくくりである。そこにはアルファベットの大文字や小文字からなる、観察可能な変数が含まれている。それらには他の事例に共通する変数もあれば、そうでない変数もある。

まず、量的な一般化では、事例の数を増やしていくことで統計的な偏りを減らし、母集団の真の姿に近づいていこうとする。その場合、サンプルの数を増やすためには、すべての事例で同じ意味をもつ変数をそろえなくてはならない。図３－１では、変数Ｃがこれに該当する。また、異なる意味や価値をもつ変数は、同列に扱えるように換算されてなくてはならない。よって、考察変数は一般化を進めるためにそれが埋め込まれていた文脈から切り離される。そして同じ条件の下で同じ現象が確認されるかどうかを指す「信頼性（再現可能性）」は事例数を横に伸ばしていくことで確保されていく（図３－１中で右へ延びる矢印）。

これに対して質的一般化では、必ずしも各事例に共通する変数の取り出しやすさを基準とはせず、むしろ場所なら場所、共同体なら共同体の文脈に則して考察に値する変数（この場合の「変数」は数字でなくてもよい）を含んだ事例を選ぶ作業から入る。図３－１の中で、事例１がそのようにして選ばれた事例であると考えてみよう。

次に行う作業は、事例を構成する諸変数の関係を特徴づけることである。図３－１の事例１にある点線の輪は、様々な変数の相互関係を意味づけ、一つのまとまりをもった類型が見出されたことを表している。最後に、その類型から導かれた説明原理が事例２や事例３に適合するか（事例２や事例３の事象を説明できるかどうか）を検証する。説明の当てはまる事例が増えていくようであれば、事例１から得られた知見の一般性は高いということになる。

このように質的な一般化では、考察単位のまとまりや、そこから得られる知見の射程範囲といった「事例のくくり」がまるごと重視される。そして、そこで描き出される基本的な類型が、他の事例の理解に示唆をもつ程度に応じて、事例の一般性が判定される。[8] こうした「類型の抽出」が重視されるのは、事例研究の目的が量的な一般化とは異なり、母集団の「真の姿」を同定することにないからである。[9]

ここが大事なポイントであるが、選ばれた事例は「典型」でなくてもよい。事例がどれだけ典型的であるかよりも、その事例から導かれる知見がどれだけの範囲や深さで意味をもつかを問わなくてはならない。どのような村が国や地域全体の村を代表する典型であるかよりも、国や地域全体で「この問題」を考えるときに最も意義深い知見をもたらしてくれるような調査村であることが説明できればよいのである。この説明は簡単ではないし、それまでに調査の経験がなければ、たちどころに事例の射程を推し量ることなどできないかもしれない。だが、その難しさは真に「典型的な村」を同定しようとする難しさと同じであろう。

4　比較と類型

事例分析の特質

事例研究における一般化がどのような特徴をもっているのか、大まかに見てきた。次に検討するのは、そうした事例研究を行うときの手続きである。

事例から何らかの一般的な知見を引き出すときに、第一に行うのが「比較」である。というのも、この手続きによって、はじめて当該事例をより大きな視野から位置づけ、因果的な仮説の導出が可能になるからだ。複数の事例を比較したうえで、共通点と相違点を明確にし、そこから異なる結果が導かれた因果的回路を推論するのである。ここで因果が成り立つためには、一つの変数が変化するともう一つが変化するという相関関係の存在、原因が結果に先行するという時間順序、原因と結果の関係を支配する別の因子が不在であること、の三条件が揃っていなくてはならない。

第二は、「過程追跡（プロセス・トレイシング）」である。これは原因と結果という二つ以上の変数をつなぐ因果的なメカニズムを具体的な変数を記述しながら明らかにするための手法でもある。「○○は、○○によって生じた」「○○を惹き起こしたのは○○である」といった言説は、この手続きを経て導かれる。[10]原因と結果がそれぞれはっきりと認識されていても、両者がどのような因果的メカニズムでつながっているのかは分からないことが多い。それゆえに、両者をつなぐメカニズムは「ブラックボックス」と称されることもある。統計的な相関係数の導出だけでは、ブラックボックスの中身が分からない。統計になじまないようなデータも含めて、出来事の展開過程を丁寧に追うことによってメカニズムの解明に近づこうとするのが、過程追跡である[11]。

過程追跡によってメカニズムの輪郭が分かったところで、様々なデータに照らし合わせて検証する作業に移る。この検証に耐える力が強いほど、発見されたメカニズムの頑健性が証明される。過程追跡の対象は、複数の変数の間の因果関係をストーリーとしてつなぎ合わせる「因果論」に比べて狭く、一つか二つの限られた変数に注目するのが通常である。狭いゆえに深く過程を追うことができるのである。これに対して因果論は複数の変数の相互関係を示す全体図のようなものである。

三つ目は「類型の照合（パターン・マッチング）」である。これは事例研究から得られた知見の頑健性を、すでに定式化されている既存の理論に照らして検証する方法である。この方法によって、事例は一つであっても既成の理論の証明や批判に役立つという点で、事例の枠を超えた一般的な貢献が可能になる。

ここで、事例分析の材料となる「データ」について一言述べておく必要がある。開発研究が主な対象とする近代以降の歴史研究のデータは、「書かれたもの」を中心とする。そこには、政府が残した公文書から新聞記事、日記や手紙など、多種多様な形態がありうる。現代の問題を扱う研究者であれば、そこにインタビュー、質問票、参与観察といったレパートリーを加えることもできる。問いとデータの入手可能性に応じて、これらの形態をいかに選択し、組み合わせるかが研究戦略になる。

データの選び方は、推論の仕方以上に結論に大きく影響する。たとえば植民地期の研究をする場合、文献読解能力の制約から英語圏のみの文献を研究したとすれば、仏語圏、蘭語圏、独語圏など、その他の植民地の状況をかなりの程度まで除外することになり、植民地政策の一般論を提示するのは難しくなる。調査の期間や研究に割ける資源制約が結論に与える影響も大きい。だからと言って、すべての地域のすべての時代を網羅的に調査することはできない。そこで、研究者は、どのようにして調査の範囲を絞り、データ集めを打ち切るか、という課題に直面しなくてはならない。

このように、事例研究の価値は少数のサンプルから仮説を発想することだけにあるのではない。他の方法を有機的に組み合わせることで、「一般的な理論」のもつ妥当性を具体的条件の下で検証し、出来事の展開メカニズムを記述して、そこから広く有用な類型を導出することができる。

以下は、事例研究の弱点となりうる信頼性を高めるための具体的なアドバイスである。

①他の事例とのメタ統合、量的データとの統合を工夫し、大状況と関連づける

統計的な研究成果と事例研究による実態のギャップはしばしば有用な仮説形成の契機になる。似たような類型を導出している事例研究との比較、同じ地域を別の角度から研究している事例との比較などを行い、結論の妥当性を吟味できれば議論の信頼性が高まる。また、現場で言われていること、行われていることを報告するだけでなく、言われていないこと、行われていないことを合わせて考察する。これは事例を大状況との関係において位置づけることに役立ち、「現場」と「現場の外」を結びつけ、事例の位置づけを明確にしてくれる。

②データ獲得の方法、一般化の手続きを透明にする

どのような手続きでデータを集めたのか、用いた背景知識は何かを明示する。どのような一般現象の「事例」として、当該事象を選定したのか。どのような条件の下で観察された現象が生起したのかが説明されていないと、第三者は事例をどう生かせばよいのか分からなくなる。分析の単位は何か。あるいは、当該事例の分析からどのような一般現象の存在が推測されるか。その推測が正しいことを示すには、今後どのような調査が必要になるかを考察する。限界を示すことによって、類型の適用範囲がはっきり

し、汎用性が高くなる。

③リサーチ・クエスチョン（研究の問い）と事例の関係を明確にする

事例と研究目的がズレている論文が多い。研究の問いに答えを示すデータが事例のどの部分に見られるのかをはっきりと示す。問いとデータが一貫していると事例研究の信頼性は高くなる。信頼性の観点から、想定される最も強力な反論に対する防衛準備をしておくのも有用である。

事例分析の成功例

開発の現場に分析のメスを深く入れようとする場合に、しばしば種々の制約から事例研究という方法しかとることができない点を指摘した。この点は、そうした事例研究が優れたものになることを保証しない。そこで「事例からの一般化」という観点で、筆者が優れていると考える研究例を紹介し、そこに読みとれる一般化の手法について考えてみたい。

最初に紹介するのは、文化人類学者ジェームズ・ファーガソン（James Ferguson：1959-）の『アンティ・ポリティックスマシーン（The Anti-Politics Machine）』（Ferguson 1990）で、もう一つが経済学者アルバート・ハーシュマンによる『開発計画の診断（Development Projects Observed）』（Hirschman 1967）である。いずれの文献も開発研究の分野で広く読まれ、アメリカの大学院では教材として用いられることも多い。これらの著書を例に選んだのは、ただ単に著名だからというよりは、背景知識の性質が異なる場合でも、それぞれの状況に応じた一般化が可能であることを示したかったからである。

ファーガソンの名著『アンティ・ポリティックスマシーン』はアフリカのレソトをフィールドとして、なぜあれほど小さな国におびただしい数の援助団体が介入しているのか、そして、援助団体自ら開発プロジェクトの失敗傾向を認めているにもかかわらず、援助が継続するのはなぜかをフランスの哲学者ミシェル・

フーコー（Michel Foucault：1926–1984）の権力論に依拠しながら分析したものである。ファーガソンは、開発という介入が貧困の軽減という本来の目的を達成できていないにもかかわらず継続されるのは、それが別の効果、すなわち官僚制の強化という意図せざる、しかし政府にとっては好ましい効果をもたらしてくれるからであると主張する。要するに、政府の官僚制を入り口にして貧困に対処するのが開発援助なのではなく、貧困を糸口にして、結果として政府の力が及ぶ範囲を拡大するのが「開発」の正体であると論じた。

レソトという国は、歴史的に見ると交易も盛んで、いわゆる農業中心の貧しい途上国には属さないはずである。にもかかわらず、援助が必要な「貧しい後進国」にされるのは、援助介入を行う側の演出に他ならないというわけである。ファーガソンは人類学者ならではの地域密着型調査で、その証拠を丹念に集めていく。ここから、開発とは技術的な側面を強調することによって、その政治性を見えにくくする大きな機械（マシーン）である、という一つの類型が命題として打ち立てられる。

ファーガソンはレソトという小国での観察をどのように一般化しようとしたのであろうか。彼は、レソトで作用した援助と権力浸透のメカニズムを明らかにし、それを他の国々との座標軸の中で位置づけ、発見したメカニズムの特殊性と一般性を浮き立たせるという手法を採った。つまり、レソトが典型的な途上国と比べると本来あまり援助を必要とはしない「極端なケース」[12]であることを逆手にとって、逆に「典型的な開発」の姿を際立たせるという戦略である。何らかの基準による「極端な事例」の検出は、典型的な事例の検出よりも容易であることが多い。ファーガソンの研究手法は、長期にわたる現地調査を踏まえて地域に関する豊かな背景知識があったからこそ可能になった事例の一般化である。

他方で、次に見るハーシュマンの研究は、調査対象の文脈に対する背景知識が乏しい場合であっても、いくつかの基本命題が頭に入っていれば、目前の出来事を広い視野の中に位置づけて汎用性の高い仮説を導き出せることを示したものである。後に彼の名声を高めることになったexit-voice理論（Hirschman 1970）へと連なるナイジェリアでの観察がここでの例としてふさわしい（Hirschman 1967：128–159）。ハーシュマンの基本的な関心は組織というものが繁栄したり、衰退したりする理由を明らかにすることであった。ハーシュマンの頭には、経済的な競争はサービスの質の向上をもたらすという経済学の一般的な命題がすり込まれていた。サービスが低下すると、顧客が商品から退出（exit）し、収益が下がるというシグナルが刺激になって、それ以上の退出を防ごうとするインセンティブが企業の側に生まれる。その刺激が、企業の提供するサービスの向上につながるというのである。逆に競争がなければシグナルが機能しないので組織は衰退に向かうというわけだ。

ところがナイジェリアで彼が目にしたのは、トラックという輸送手段の競合相手がいるにもかかわらず、全くサービスを向上させることができていない鉄道の存在であった。ここで、彼は市場メカニズムによる退出（exit）の発想ではなく、抗議（voice）という政治学的な考え方を取り入れることで状況をすっきりと説明することを思いつく。営利に関心のない国営鉄道ではもともと退出のメカニズムは作動せず（客が減っても倒産しない）、抗議しかサービス向上への刺激は残っていないのに、最も抗議の声を発することができる（＝サービス向上に関心がある）人から順番に、よりよいサービスを求めてトラックに逃げてしまっているのではないかと考えたのである。つまり、通常は質の向上に導くはずの代替手段の存在が、まさに逆効果になっている新仮説を思いついたわけだ[13]。もちろん、これはあくまで「仮説」にすぎないので、後に修正される余地を残している。だが、社会科学ではこの仮説の積み重ねが学問を前進させる。

それまで用いられていなかった別の思考回路から「想起する」というプロセスには、決まった戦略や方法はない。それでも、動員できるアイディアのレパートリーを多くもっていることは必ず助けになる。既存の分野の縄張りを超えて「開発研究」という融合的なアプローチを提唱することのメリットは、まさにアイディアの水脈たるレパートリーを増やすことにある。

ハーシュマンの場合は、特定の地域に関する背景知識から事例を選び出したのではなく、経済学の背景知識から一般命題にそぐわない事例に目を留め、その現象を生起させうる要因を掘り下げていく作業を行った。その結果、導き出されたexit-voiceという類型は、経済学の枠を超えて他の様々な事例で検証されることで妥当性を高めただけでなく、どのような場合にはその類型が当てはまらないか、という限界を明確にした点でも有用なモデルとなった。

このように、効果的な事例研究を実施するには、事例の特徴を全体の中で位置づけられるような地域状況に関する深い素養か、あるいは、観察変数を選び取るうえでの理論的な背景知識の少なくともどちらかが満たされていることが望ましい。

事例研究の強み

事例研究の強みは、様々な角度から包括的に出来事の展開過程を捉えられるところにある。プロセスに関する情報は、特定の変化を引き起こそうと開発介入を立案する人にとっても有用である。変化の担い手と過程が細かく記録されていると実践的に参考になるからだ。複数の角度から検証して同じプロセスが確認できるのであれば、事例の数が一つであっても、重層的な観察を通じて導かれる類型の妥当性は強化され、問いの設定によっては学術的にも有用な成果が生まれる。他方で、角度に応じて結果にギャップが生じるのであれば、そこが新たな仮説の糸口になる。この作業の繰り返しが、事例研究の質を向上させてくれる。

ただし、この作業で見失ってならないのは、この事例はどのような一般的現象の例として立ち現れているのか、という大局的な視点である。この視点こそ、事例報告を事例研究に仕立てあげる基本的な基盤である。

科学の名の下に、実在しない「平均」や「典型」を押しつける発想は、多様な文脈に即したプロジェクトを要請する開発の現場ではむしろ弊害である。一方で、現場の多様性を汲み取るうえで有用なはずの事例研究は、その方法に十分な注意が払われることなく個別バラバラに行われるケースが多かった。実践を重んじる開発研究では、学問の世界で重視される信頼性（＝再現可能性）より、妥当性を重視して当然であり、その意味で事例研究は有利な立場にある。しかし、ここに利点があるという自覚が事例研究者の間であまりに希薄だったのではなかろうか。

事例研究と質的調査の醍醐味はなんと言っても現場に密に接しながら状況に即して調査の工夫を身軽に編み出すことにある。しかし、調査者が対象に近く位置するがゆえに、中立であることは難しくなり、常に自らの身のこなしに自己反省を迫られる。学問的コミュニティーに対してだけでなく、具体的な問題解決を求める調査対象の人々への説明責任も要求される。事例研究がこうした困難に正面から立ち向かい、鍛えられていく過程を他の方法をとる研究者と共有していく中で、開発研究全体の質的向上が見えてくるに違いない。

5　少数事例の奥深さ

筆者の好きな小説の一つにアメリカ人の小説家ソーントン・ワイルダー（Thornton Wilder : 1897-1975）による『サン・ルイス・レイの橋』がある。小説では神の存在を「調査」によって確かめようとするフニペルという神父の奮闘ぶりが描かれている。フニペルは、神の御業としか思えない吊橋の崩落で犠牲となった五人が橋を渡るまでの人生を詳細にたどり、過去に何らかの関係をもった人物からの聞き取りを事細かに記録していく。そのときのフニペルの心境を作者はこう代弁した（ワイルダー 1957 : 541）。

フニペル神父は上記の人々についての書物を書くとき、ほんの小さなことを見のがしても、それが何か重要な暗示の書き落としになりはしないか、という恐怖に駆られていたようである。(中略)彼は小さな事実を聞く度に、もし彼が配置の方法にさえ気がつけば、これは重要な事柄なのだと考えるのであった。(中略)そして、もし彼(またはもっと頭の鋭い人間)がそれを二十遍も読み返せば、これ等の無数の事実が突然むくむくと動いてある意味を示すように並び直し、そこに含まれていた秘密をさらけ出すように思った。

後進の研究者が一次資料を再解釈し、次々と新しい配置を思いつくことで、やがて「諸事実がむくむくと動き出す」可能性だけが重要なのではない。

事例研究の過程で、フニペル修道士は人間の本質に迫る思わぬ発見を重ねていく。たとえば「フニペル神父は自分の探求している事柄と深い見解を持っていた人たちからは、ほとんど何も得ることがないということを知った。(中略)その世界についてもっともよく知っている人たちが、一番少ししか喋りたがらないのであった」(五四一頁)。深い調査だからこそ湧いて出る、こうした副産物は、当初の仮説に対する答えそのものよりも一層重大な意味をもつことがある。ここに少数事例を深く調べる醍醐味がある。

一つの村を深く調べることの意味は間違いなくある。しかし、そこで調べるのは村そのものではなく、村での「出来事」、そして出来事の連なりである。一つの出来事がどのようにして次の出来事の契機となって次々と因果の経路を呼び込んでいくのか、統計的な研究は教えてくれない。ここで大切なのは「一つの村」を多くの村からえり分ける眼力である。一般化できるような知見の可能性をもった村を選ぶためには、数多くの村を知っていなくてはならないからである。その意味で、一つの村を深く調べて書くことは一〇〇の村を薄く調べて書くよりも実は難しい仕事なのである。

注

（1）委員長講評『国際協力研究』第一〇巻、一九九四年、四頁。

（2）筆者は一九九六年に実施したタイの奥地でのフィールドワークの最中に、行政による国勢調査の依頼が村長に届いた現場を見たことがある。村長が村人の個人回答分までまとめてアンケートを書き込む姿は印象的であった。村人に頒布しても回収は期待できないと考えてのことである。

（3）一九六二年のキューバ危機の際にケネディー政権の中枢でどのような意思決定が行われたかを詳細に調べ、一般性の高い類型（モデル）を示したことで古典になったグラハム・アリソンの『決定の本質（*Essence of Decision*）』（Allison 1971）は、事例研究の典型である。なお、しばしば対置される「量的調査」と「質的調査」は、ラージN対スモールNに一義的に対応するものではない。スモールN研究であっても数量的なデータを扱うものは数多く存在する。

（4）インタビューだけではなく、調査課題に照らして見たものをデータとして記録する「直接観察」という手法もある。視覚ツールなどを用いる最近の傾向は、農学をはじめとするフィールド系の自然科学者との協働のプラットフォームを築くのに役立つだけでなく、調査時間の短縮という面でも期待がもてる。多様な分野との有機的な連携の強化は、研究手法の切磋琢磨を促し、結果的に方法論の洗練に向かわせるであろう。

（5）この手法を体系化した著名な例はグラウンデッド・セオリー（Grounded Theory）である（Glaser and Strauss 1967）。この方法では諸事例と理論の対話が反復され、事象が体系的な理論で説明できると判断されるまで事例研究が繰り返される。グラウンデッド・セオリーは、事例研究が仮説を検証するだけでなく、理論形成にも役に立つことを明示した点で注目された。

（6）適切にピックアップするには、たとえばこれまで数学的な環境にどれほどさらされてきたかという学生に関する背景的な知識が役に立つ。

（7）ここでいう「観察」とは、研究の動機づけになっている理論や仮説に基づいて測定の対象になるような変数を測定したり、その振る舞いを記録することである。観察（observation）と事例（case）を混同してはならない。一つの事例に複数の観察を含ませることは可能であり、それができることが事例研究のメリットである（King, Keohane, and Verba 1994 : 52）。

（8）これは「理論的サンプリング」という方法である（フリック 2002 : 81）。このサンプリングでは、事例が、浮上しつつある理論に絶えず参照されながら、もはや新しい知見が得られなくなったと判断される「理論的飽和」に達する段階まで続けられる。ただし、理論的サンプリングが効果的に機能するためには、後に述べるような背景知識の機能が欠かせない。

（9）類型とは「ある特徴を共有している一群の事物について、その特徴を描きだして作った型」のことである。（下山 2001 : 69）。

（10）文化人類学者が重視する、意味の解釈を目指した「厚い記述」については、ここでは議論しない（Geertz 1973）。関心のある読者は、今田高俊編『社会学研究法――リアリティの捉え方』有斐閣、二〇〇〇年などを参照されたい。

（11）ところで過程追跡という方法は、まずもって追跡に値する過程（変数群）の同定から始めなくてはならない。そのためには、様々な変数の中でどの変数が因果に効いているかについてのあてをつける必要があるために、研究対象の文脈に対する背景知識が必要になる。研究対象の文脈が分からなければ、候補となる変数の数も多くなるし、そこから関連する変数を選び出すこともできなくなるからである。

（12）レソトが開発援助の対象となりがちな農業中心の自給自足的な経済でもなければ、中央集権的な開発計画になじむような、国境線に沿った経済単位をなしているわけでもないこと、などがこの判断の根拠になっている（Ferguson 1990 : 257）。

（13）このように、ある規則を背景知識にして、初めて目にする事例を推論することを帰納や演繹とは区別してアブダクション（仮説形成）と呼ぶ（吉川 1998）。事例研究の方法は、仮説検証型のサーベイ調査よりも、仮説形成の機会が開かれている点でも特筆してよい。

参考文献

今田高俊編（2000）『社会学研究法――リアリティの捉え方』有斐閣。

川喜田二郎（1967）『発想法』中央公論社。

佐藤仁（2002）「〝問題〟を切り取る視点――環境問題とフレーミングの政治学」石弘之編『環境学の技法』東京大学出版会、四一～七五頁。

――（1994）「〝開発〟と〝環境〟の二者択一パラダイムを超えて――タイにおける森林管理の事例から」『国際協力研究』第一〇巻第二号、三五～四六頁。

下山晴彦（2001）「事例研究」下山晴彦・丹野義彦共編『講座臨床心理学第2巻　臨床心理学研究』東京大学出版会、六一～八一頁。

永田淳嗣（2002）「個別現象限りの知見に終わらせない工夫――事例研究という方法の再検討」石弘之編『環境学の技法』東京大学出版会、七九～一二四頁。

能智正博（2001）「質的研究」下山晴彦・丹野義彦編『講座臨床心理学第2巻　臨床心理学研究』東京大学出版会、四一～六〇頁。

藤垣裕子（1995）「学際研究遂行の弊害と知識の統合」『研究、技術、計画』第一〇巻第一／二号、七三～八三頁。

フリック、ウヴェ（2002）（小田博志ほか訳）『質的研究入門――〈人間の科学〉のための方法論』春秋社。

前田健太郎（2013）「事例研究の発見的作用」『法学会雑誌』第五四巻第一号、四四九～四七三頁。

吉川弘之（1998）「コレクションとアブダクション」船曳健夫・小林康夫編『知のモラル』東京大学出版会、二〇九～二二八頁。

ワイルダー、ソーントン（1957）（伊藤整訳）「サン・ルイス・レイの橋」刈田元司ほか編『現代アメリカ文学全集1』荒地出版社、四二七～五一〇頁。

Allison, G. 1971. *Essence of Decision : Explaining the Cuban Missile Crisis*, New York : Harper Collins Publishers.（宮里政玄訳〔1977〕『決定の本質――キューバ・ミサイル危機の分析』中央公論社。）

Ascher, W. 1999. *Why Governments Waste Natural Resources? Policy Failures in Developing Countries*, Baltimore : The Johns Hopkins University Press.（佐藤仁訳〔2006〕『発展途上国の資源政治学――政府はなぜ資源を無駄遣い

するのか』東京大学出版会。）

Bardhan, P. ed. 1989. *Conversations Between Economists and Anthropologists : Methodological Issues in Measuring Economic Change in Rural India*, Delhi : Oxford University Press.

Chambers, R. 1983. *Rural Development : Putting the Last First*, London : Longman.（穂積智夫・甲斐田万智子監訳〔1995〕『第三世界の農村開発――貧困の解決―私たちにできること』明石書店。）

Cooper, F. and R. Packard eds. 1997. *International Development and the Social Sciences : Essays on the History and Politics*, Berkeley : University of California Press.

Ferguson, J. 1990. *The Anti-Politics Machine : "Development," Depoliticization, and Bureaucratic Power in Lesotho*, Cambridge : Cambridge University Press.（石原美奈子ほか訳〔2020〕『反政治機械――レソトにおける「開発」・脱政治化・官僚支配』水声社。）

Foster, G. 1962. *Traditional Culture and the Impact of Technological Change*, New York : Harper and Brothers Publisher.

Geertz, C. 1973. *The Interpretations of Cultures*, New York : Basic Books.（吉田禎吾ほか訳〔1987〕『文化の解釈学』岩波書店。）

Glaser, B. and A. Strauss. 1967. *The Discovery of Grounded Theory : Strategies for Qualitative Research*, Chicago : Aldine Publishing Company.（後藤隆ほか訳〔1996〕『データ対話型理論の発見――調査からいかに理論をうみだすか』新曜社。）

Hirschman, A. 1970. *Exit, Voice, and Loyalty*, Cambridge : Harvard University Press.（矢野修一訳〔2005〕『離脱・発言・忠誠』ミネルヴァ書房。）

――1967. *Development Projects Observed*, Washington, D. C. : Brookings.（麻田四郎・所哲也訳〔1973〕『開発計画の診断』巌松堂出版。）

King, G., Keohane, R., and S. Verba. 1994. *Designing Social Inquiry : Scientific Inference in Qualitative Research*, New Jersey : Princeton University Press.（真渕勝訳〔2004〕『社会科学のリサーチ・デザイン――定性的研究における科

学的推論』勁草書房。）
Lange, M. 2013. *Comparative Historical Methods*, London : Sage.
Pletsch, C. 1981. "The Three Worlds, or the Division of Social Scientific Labor, circa 1950–1975," *Comparative Studies of Society and History*, Vol. 23, No. 4, pp. 565–590.
Rogers, E. 1962. *Diffusion of Innovation*, New York : Free Press.
Scott, J. 1998. *Seeing Like a State : How certain schemes to improve the human conditions have failed*, New Haven : Yale University Press.
Thompson, M. and M. Warburton. 1985. "Uncertainty on a Himalayan Scale," *Mountain Research and Development*, Vol. 5, No. 2, pp. 115–135.
Van Evera, S. 1997. *Guide to Methods for Students of Political Science*, Ithaca : Cornell University Press.（野口和彦・渡辺紫乃訳〔2009〕『政治学のリサーチ・メソッド』勁草書房。）

第Ⅱ部　開発・援助の想定外

第4章　分業は何を生み出すのか

「犬と犬とが一本の骨を別の骨と、公正で熟慮した交換をするのをみた人などいない」。アダム・スミスはこう言って、経済発展の根本原理に人間に特有の交換性向を見出した。そして、交換の広がりを可能にするメカニズムとして分業の価値に光を当てた。しかし、その後の急速な産業化に伴う分業の行き過ぎは富だけでなく様々なリスク——労働者の搾取、南北問題、環境問題——も生み出した。分業と専門特化による経済発展の加速は、どのようなメカニズムで人間社会にのしかかる重しへと化けていくのだろうか。

1　開発と分業

なぜ分業を問うのか

開発は、立場や技能の異なる人々が力を合わせることによって成し遂げられる共同の仕事である。ここで取り上げたいパズルはこうだ。開発という計画的な大事業には、大勢の人間を関与させざるをえない。事業の規模が大きくなるほど関与する人の数は増え、そこに多様な「意図」が入り込む。独裁国家なら、こうした人々をある思想の下に洗脳し、意図を統一して動かすこともできるかもしれない。しかし、自由主義を標榜する世界でそれは無理だ。いかにすれば、そのときどきに社会が合意した望ましい方向へと開発を導くことができるのだろうか。

人類が時間をかけて編み出した答えは「分業」であった[1]。開発と近代化が本格化する以前の社会では、一人の人間は多くの種類の仕事をこなさなくてはならなかった。これに対して、近代化が進んだ社会では一人の人間はわずかな領域のことに専念している。そして、仕事の多くは次々と機械に置き換えられて消滅してきた。

分業を文明の進んだ社会の特徴として定式化したのは、経済学の父、アダム・スミス（Adam Smith：1723-1790）である。彼は『諸国民の富』の中で「未開状態の社会で一人の仕事であるものが、改良された社会ではどこでも、農業者は農業者以外の何者でもなく、製造業者は製造業者以外の何者でもない」（スミス 1966：26）という。そして農業の生産性が製造業のそれに比べて上がらないのは、様々な種類の労働が季節を通じて行われなければならないからだと考えた。スミスは言う。「紡績工はほとんど常に織物工とは別人であるが、犂で耕す人と馬鍬でならす人と種を播く人と穀物を刈り取る人は、しばしば同一人である」（同上：27）。裕福な国の農業生産性と貧しい国のそれにあまり差がないのは農業が分業に不向きなためである、とスミスは見た。

分業は人類のまことに偉大な発明であった。一人の作業では精いっぱい働いても一日一本も作れないピンを、作業ごとの部門に分割することで一〇人の工場で四万八〇〇〇本のピンがつくられるという例示から、スミスは分業の威力を世に知らしめた。そして、一人ひとりが自分の得意とする領域に特化するのは、人間に特有の交換性向に由来すると説いた。「犬と犬とが一本の骨を別の骨と、公正で熟慮した交換をするのをみた人などいない。これは自分のだ、それはおまえのだ、それをひきかえにこれをあげようと、ある動物が身振りや叫び声で別の動物に伝えるのをみた人などいない」（スミス 1966：37-38）。スミスはそう言って、双方の利益になるような交換を求める性向が、やがて他人に求められるような特技を社会的に有用なものに仕立てていくと論じた。見えざる手が、分業を担う個々の人間の欲望とは別に社会を望ましい方向に導くというのである。

スミスは分業に三つの利点を見た。それらは「技量の向上」「時間の節約」「機械発明の誘発」である。一つの狭い作業分野に特化した人間の技量は熟練し、その精度は上がっていく。また、多様な作業を同時にこなそうとする場合には一つの作業から別の作業に移るときに無駄な時間が生じるが、徹底した分業体制のもとではそうした無駄が少ない。最後に、できるだけ手間を省き、あわよくば効率を優先して怠けようとする人間の性向が、その結果として機械に労働を肩代わりさせようとする工夫を誘発する。単純作業の種類を増やすことで、非熟練労働者にとっても労働機会の裾野が広がり、やがては異なる諸階級の間に富があまねく行き渡るようになるというのが『諸国民の富』の想定したシナリオであった。スミスが富の総量よりも、それが生み出される過程の分配効果に目配りしていた点は見逃してはならない。

分業を生きる

ここで少し視点を変えて、個々の人間にとっての分業を考えてみよう。富の総量が増えるという抽象世界を論じているだけでは分からない、その中を生きる人々の具体的な経験はどのようなものだろうか。分業体制の中を生きる人にとって「働くこと」とは、労働者として分業体制の一部を担うことに他ならなかった。システムとして見れば効率的な分業体制も、それを構成する人間にとっては不合理で、理不尽なシステムになることもある。

チャーリー・チャップリン主演の映画『モダン・タイムズ』(一九三六)では、一日に何時間も同じ動作を反復しなくてはならない末端労働者の男が、機械に支配された生活から、人間性を獲得していく過程がユーモアたっぷりに描かれている。舞台となる工場では機械が人間のリズムに合わせて動くのではなく、人間が機械の速度に自らを合わせて動かなくてはならない。チャップリンは、こうした産業文明＝経済発展が近未

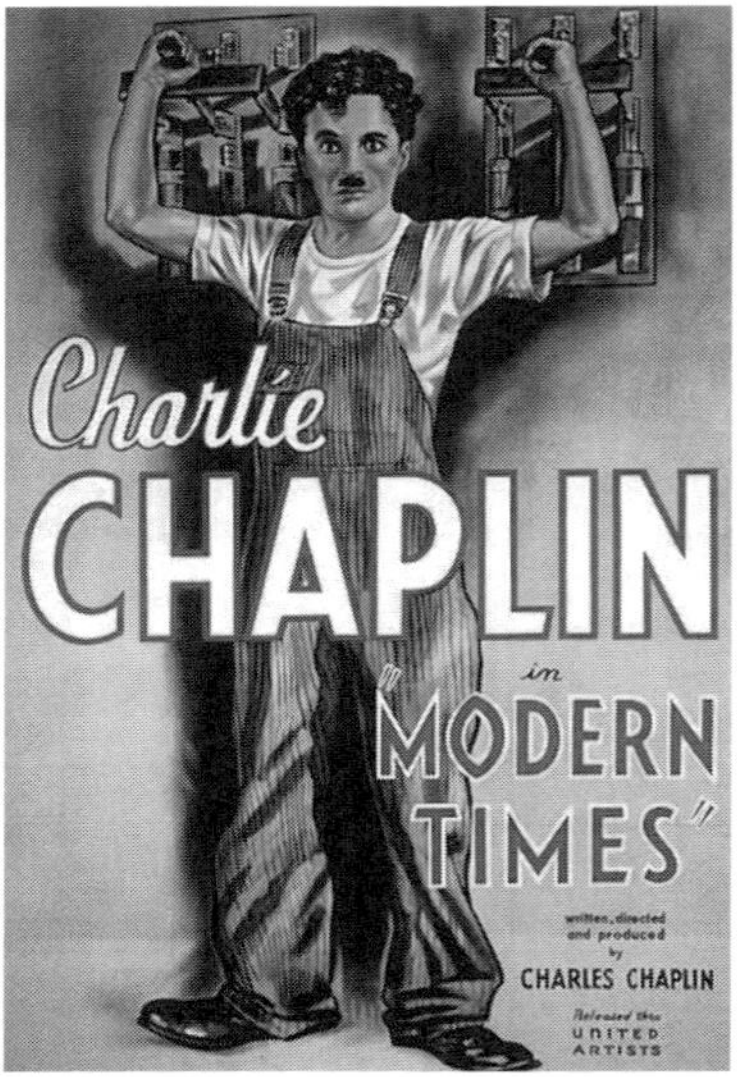

図4－1　チャップリン主演『モダン・タイムズ』のポスター

来に生み出す歪んだ人間像を風刺的に描き出そうとした。

分業は、決して産業革命に固有の産物ではなかった。宋の時代（九六〇～一二七九）の蔡京という貴族の台所で饅頭に特化した部門からやってきた料理番の話がある。蔡京の厨房から移り住んできたのだから、さぞかし腕が立つだろうと考えた雇い主が、得意の饅頭を作れと命じたところ、こともあろうか断られた。饅頭を担当する包子厨の中がさらに分業化されていて、「自分は毎日ネギだけを切っていた」というオチである（宮崎 1995：26–27）。

分業は直ちに近代化と経済発展に結びつくわけではない。分業は、機械化と輸送技術の発達によって市場が拡張して初めて本格的な経済発展の推進力になる。その意味では、発展の機運が生じ、一般大衆の生活水準が劇的に変化したのは、一八世紀半ばからヨーロッパで始まった産業革命以降と考えてよい。

機械の影響は絶大であった。図4－2はアメリカ・ミシガン州にあるデトロイト美術館に飾られている巨大な壁画「デトロイトの産業」である。作者は壁画を得意とするメキシコ人の壁画画家ディエゴ・リベラ（Diego Rivera：1886–1957）で、フォード社による自動車生産の工程を、工場内部の労働者の肉感が伝わるごとく描き出したものである。ここにはフォード社が初めて生産様式として導入したアッセンブリラインと呼ばれる、流れ作業場の組み合わせからなる近代的な工場の姿があり、そこで重視されたのは何よりもスピー

図４－２　ディエゴ・リベラ作「デトロイトの産業」

ドであった。フォード自身は決して労働者の搾取を目指していたわけではなく、むしろ、当時は贅沢品だった自家用車をいかにして安く製造し、大衆の手の届くものにしていくかという点を考えていたようである。だが、彼が編み出した大量生産システムは自身の想定したプラスの側面だけでなく、様々なマイナスの効果を生み出すことになる。

美術館の一面を覆う圧倒的な存在感を示すこの壁画は、工場内での分業がもたらす様々なことを想像させてくれる。この工場で大量生産される自動車の組み立ては、どのような人々が担っているのか。工程に注ぎ込まれる鉄や石炭など原料。けたたましい機械音と油の匂い。そして異なる仕事を担う人々の上下関係、さらには末端肉体労働者の非人間的な労働環境、などである。壁画からは、自動車を作るための工程が複数の作業集団に分割され、個々の労働者はほとんど互いに交流することもなく、黙々と作業に打ち込む様子がうかがえる。

分業と機械化が富だけでなく、人間の自由を奪うという負の側面を生み出していることは、経済恐慌と肉体労働がより直接的な形で労働者にのしかかっていたこの時代だからこそ、気づかれていたのかもしれない。

2　分業とリスク

農村における分業

分業の議論は工場の中にとどまる話ではない。国全体を見渡すような大きな開発事業では、経済全体を巻き込む形で分業が深化していく。かつては家族のために、村のために働いていた人々が、いまや企業や国家のために働くことを通じて、遠く離れた各地の経済圏と切っても切れない関係をもつようになった。

人が多く集まる都市では、それだけ交換活動が活発になり、分業が促進される。このように、分業が深く進むためには、まとまった数の人が同じ場所に集まっていなくてはならない。そうして造られる都市には、食べ物を生産しない大勢の人々を食べさせるために、農村が必要になる。相互に依存関係をなす都市と農村のネットワークは、各地で形成され、やがてネットワークの接続先は世界各地へと広がっていく。

アダム・スミスが「農業が工業に比べて発達が遅いのは、農業が分業しにくい性質をもつから」と指摘した点は前にふれた。農作業は季節の変化に応じた制約と作業順序があるので、たとえば乾季に行う作業と雨季に行う作業を同時に行うことができない。昔話にでてくる「おじいさんは山へ芝刈りに、おばあさんは川へ洗濯に」の台詞は、家庭内分業の存在を分かりやすく示しているし、農村生活に欠かせない薪集めや水汲みといった作業なら、子供たちが担当する場合も多いだろう。しかし、これらの作業は生活を維持するために不可欠な協業ではあっても生産の拡大を企図して行われるものではない。分業が生産力の拡大に結びつくためには、作業の相乗効果が生まれるような分業の有機的組み合わせ、いわば分業の組織化が必要なのである。これは、あちこちに併存している分業の単なる総和とは異なる点に注意したい。

都市と比べたときの農村における生産環境の特徴は、天候や疾病などで農産物が壊滅的な打撃を受けるリスクに常にさらされているということである。都市の産業にも不慮の事故や災害のリスクがないわけではない。しかし、多くの都市では保険制度が発達しており、事故はある程度まで補償される。働き手が怪我や病気をすれば別の人を雇い入れたりすることもできる。ところが途上国の農村にはそうした制度が行き届いていない場合がほとんどである。農村では自然のきまぐれにどう順応するかが分業の在り方に影響してきた。農村開発が都市の開発とは異なる工夫を必要とする理由はこれである。

農村におけるリスクに、人々はどう対処してきたのか。国土の限られていた日本では想像できないことかもしれないが、人口に対して土地が豊富に存在するアジアやアフリカでは、人はまず農耕条件のよいところに居住したことだろう。やがて、家族が増え、土地が足りなくなったとき、若い家族はどこか別の場所への移住を決意し、適当な場所が見つかるとその土地を切り開く努力をしたであろう。

公的な制度が未発達な環境における「保険」は、このように広い意味での家族以外にはなかった。家族の構成員を戦略的に分散させることは、天災その他のリスクに対する備えになったに違いない。異なる生態環境、異なる場所で農業に従事している家族が同時に壊滅的な打撃を受けることは稀だからである。また異なる生態環境における農業は異なる作物を実らせ、特化や交易が促進される。もっとも、遠く離れた家族だけを「保険」にするのはリスクが大きい。農民は、どれだけ交易に有利な作物があっても、それだけを作ることはせず、複数の作物を植えることによって、一つの作物が壊滅してもどうにか食べていかれるように努めるに違いない。

筆者が一九九〇年代半ばに住み込みで調査を行っていたタイ中部のカレンの村では、農民たちが陸稲の畑に大豆や唐辛子、イモなどを混ぜて栽培していた（佐藤 2002）。分業と特化をむしろ制限することが、リスク回避の戦略になるわけだ。分業という点では劣位にあるように見えても、作物を外部環境に即して組み合わせることのできる農民は、決まった職業に拘束されている都市住民よりも、ある面で自由である。

所有権と市場の広がり

さて、ここで分業が飛躍的に広がるための条件を考えてみよう。人々の間に見られる能力の差異を、相互に関係のない「違い」のままにするのではなく、社会的に有用なものに仕立てるのが分業と交換であるとスミスは考えた。多様なものを交換したい人間は、結果として多様な生産物を生み出していく。しかし、人間の間の差異を潜在的な有用性と認め、分業を組織化して大規模に開発を進めるには、設備投資が欠かせない。ここで問題になるのは、将来が見えない事業に投資をする人はいないということである。紙切れに過ぎない紙幣が、見ず知らずの人の間で交換の媒体として信頼を勝ち得ているように、開発事業の基礎となる土地や家屋などにも信頼の裏づけとなる文書化された所有権が必要になるのである。

ここで政府が登場する。政府が所有権を定めて資本投資家を保護することを通じて生産力を極大化させる力が働く。所有権は将来の収穫をいまの時点で約束するための制度であって、その中を生きる人々がどれだけ先のことを考えて投資を行っているかは、その社会の政治的な安定度を示す一つの指標になる。近年、「ガバナンス」という言葉が多用されるようになったが、これは開発の成否が国家による担保の力に依存していることの表現である。

複雑な作業を単純になるまで分解し、作業を効率化するのが機械化であったとすれば、そうした投資を制度面で下支えするのが所有権である。しかし、この所有権という制度はもともと西欧近代に特有のものであった。第2章で紹介したデソトによると、所有権制度の最大の功績は、所有という目に見えないものを登記簿などの形で可視化することで、家や土地といったモノを資本に変換せしめたことである（De Soto 2000）。人間の働きかけ＝労働の結果として価値を帯びることになる家や土地を、その物質的な機能を超えて「財」としてカタチに刻みとどめる制度が整っているかどうかが途上国と先進国とを区別しているとデソトは言った。所有者以外には見えていない資産を固定（規格化）して見えるようにし、公の制度の下に安定的に位置づけることで財の余剰価値を生み出す可能性が解き放たれ、経済開発の導火線に火がつくというわけだ。工場内部の分業は所有権制度の後押しを受けて国際分業に発展し、今や地球全体を覆うに至った。貿易論の比較優位説に基づいて、外国で安く生産されるものは輸入し、そうでないものは自国で生産して輸出するという、国際的な商品の貿易ネットワークの形成である。しかし、過度な特化は、特定の原料や農産物へのモノカルチャー化を促し、価格変動に対して脆弱な経済を作ると同時に、生態系の破壊や先進国の支配する市場への従属など、いわゆる南北問題の源泉になった(2)。

動く人々

面白いのは市場を流通するのがモノだけではないことである。人も安心や豊かさを求めて移動する。身を危険にさらされた人々は難民として、よりよい条件や機会を求める人々は移民として国境を越えていく。人の動きは交通インフラの発達と、移動先に関する情報入手のしやすさに比例してますます加速している。

生産性が低く、労働人口の余っている農村から、生産性が高くて人手不足の都市に、出稼ぎを促すことが経済発展の要であるという考え方は、長く経済学の常識であった。ノーベル経済学賞受賞者のアーサー・ルイス（Arthur Lewis : 1915–1991）は、この過程を「二重経済論」として定式化した。そこでは一国の経済を農村の伝統部門と都市の近代部門とに区分けしたうえで、農村の余剰労働はほとんど無限大であるので、都市の実質賃金を上昇させることなく、経済成長を安定的に持続できると主張したのだった。つまり、農村からいくら労働力を引き抜いても生産性は変わらないので、その余り分を伸びしろの大きい近代部門に移動させれば成長が加速するという考え方である（Lewis 1954）。

貧しい地域から豊かな地域へと人が移動することで富の生産と移転が行われるという議論は、オーソドックスな開発論として根強く支持されてきた。貧しい人にとってみても、骨が折れるとはいえ、生活場所の移動は、貧困から脱却する最も手っ取り早い手段であった。最も多数の貧困者を抱える国の一つである中国では、都市へ向かうことこそが貧困からの脱却に向けた一歩であると現在でも考えられている[3]。

そうして見ると、五〇年以上前にルイスの提示した二重経済論は今も一定の説得力をもつ。しかしルイスにも盲点がなかったわけではない。彼は農村にあふれている人を、追加的に都市の近代部門に連れ込むのと、農村にそのままおいておくのはどちらが生産的か、という問いを立てた。だが、この問いの立て方は、そもそもどうして伝統的な農村の生産性が低いのか、という疑問を等閑視させる効果をもつ。

農村は自然のなりゆきとしてその生産性を落としていったとは限らない。西欧がアジア・アフリカに植民地を広げていた時代には、生産性の高い土地がプランテーション用地としてまず囲い込まれ、そこから排除された農民は条件の悪い土地に追い出されていたという過去もある（Bakikie 1985）[4]。歴史的に見ると、人の移動は自発的なものというよりは強制的なものがかなり多かった。そして消えることのない難民問題が私たちに突きつけるのは「自発的な移動」も決して積極的な理由を背景にしているとは限らないということである。

ところで、異なる経済単位で生産されるものが円滑に交換されるためには各地の度量衡が統一され、通貨の交換レートも確立されなくてはならない。そして、分業が効果的に持続するためには、労働者の報酬はもちろん、その生産形態を支える材料の供給や生産物が滞りなく社会のあらゆる方面に行きわたるシステムが必要になる。分業のリスクは、これを可能にする交通システムの発達に合わせて増大したのであった。交通システムと開発をつなぐキーワードは「速度」である。

3　分業と速度

よいものはカタツムリのように

象徴的な形で交通の問題に注目したマハトマ・ガンディー（Mahatma Gandhi：1869–1948）の議論から始めよう。ガンディーは非暴力運動で有名であるが、彼の機械批判は実に痛快だ。

著書『真の独立への道――ヒンド・スワラージ』の中で彼は「読者と編集者の対話」という架空の設定で編集者役の人物に自らの意見を語らせ、「機械の長所については何ひとつ思い出せません。短所については本が書けるほどです」と辛辣な機械批判を展開する。鉄道批判に至っては、非常に論理的である（ガーンディー 2001：55）。

もし鉄道がなかったら、今日のようにイギリス人たちがインドを支配していなかった、とあなたは理解できるでしょう。鉄道でペストが広まります。もし鉄道がなく、ほんの少しの人たちしかある場所からほかの場所へ行かなければ、伝染病は全国に広まりません。以前、私たちは隔離を自然に守っていました。鉄道で飢饉は広がります。なぜならば、鉄道の便宜によって人々は自分の穀物を売り払うからです。高く売れるところに穀物は引き寄せられますし、人々はそれを気にかけないようになるので、飢饉の惨事が広がるのです。

ガンディーは「よいものはカタツムリのように進む」として鉄道の弊害を強調した[5]。ガンディーが文明の象徴たる機械そのものよりも、それが人間社会に強制する速度を問題にしている点は注目すべきである。

たしかに、日本のＯＤＡ（政府開発援助）を振り返っても施設建設に重点を置く「箱モノ」援助や道路・鉄道などのインフラ輸出は、人間を後回しにしているとして一九八〇年代に盛んに批判された。だが、インフラ技術と速度という観点は、それらの開発批判には欠如していた。速度に関する洞察は、近代化の矛盾が目の前で進行していた産業社会で最初に現れる。古典的な言及はカール・マルクス（Karl Marx : 1818–1883）によるものだ。

マルクスは、機械化と過度な分業が一つひとつの作業を非人間的なものにし、搾取の対象も児童労働などより弱い層へと拡張する傾向を危険視した。中でも『資本論』の第一巻で展開される次の批判が痛烈である（マルクス 2005 : 74）。

われわれは機械類が婦人労働、児童労働を取り込むことによって、いかに資本の人間的搾取材料を増やしていくか、また、機械類が労働日を節度なく延長することによって、いかに労働者の全生活時間を没収していくかを見た。そして最後に、ますます短時間に大量の生産物の供給を可能にする機械類の進歩がついには各瞬間ごとにより多くの労働を放出させ、労働力の搾取をますます高密度化するためのシステマティックな手段として用いられる様子を見てきた。

マルクスはこのように内へと向かうリスクが、やがて階級闘争の引き金となり、リスクを生み出した資本主義そのものを打倒することになるとの見通しをもっていた[6]。

日本の近代化の過程でも速度の暴力は、はっきりと記録されている。殖産興業が国是として強く打ち出された明治時代には、いわゆる西欧式の工場が各地に作られ、新しい労働管理と時間観念が登場する。「女工に時計や指輪がいるか」というのは、細井和喜蔵『女工哀史』の中で着飾った女工に難癖をつける警察官とのやり取りの場面である（細井 1954：263）。「遅刻」が概念として誕生したのも、ちょうどこの時代のことであった（橋本・栗山 2001）。細井の観察は工場の湿度や騒音といった部分にまで掘り下げた、透徹したフィールドワークに基づいていた。彼は「人間の技量は機械の働きのごとく、世の進歩と逆比例に段々極限されて行かねばならぬ」（同上：36）として工場労働の非人間性を告発したのだった。

近代における分業の特性を鋭く見抜いた中岡哲郎『工場の哲学』は、サービス業が主流になった現代にも分業と時間規律の支配が及んでいることを、次のように描写する。

現代の組織技術の特徴は、そのつながりを物の流れの速度とか作業台の位置関係だとか、コンピューターの内部できめられるスケジュール表だとか、直接眼で見にくい抽象的な「対象化されたものの関係」の中に吸収していくことにある。そのことをとおして労働者を常に「何を与えられて」「何をすればよいか」にだけ注目しつつ、自らの「分をつくす」形態に追い込んでゆくことにある（中岡 1971：271）。

この状況に対する個々の労働者による心理的対応は、まさにそれ以上苦しまないために「考えないようにする」ことであった。この点は、第1章でふれたアマルティア・センによる功利主義批判と共鳴する。センは、逆境に置かれ続けた人間が、その逆境に順応してしまう傾向を指摘し、その人の置かれている客観的な状態と、その人の心の状態とは区別して評価しなくてはならないと主張する。別言すれば、喜んでいる奴隷がいるからといって、奴隷状態を高く評価してはならない、ということだ。

このように分業と機械の発達は一体となって、工場内部だけでなく、都市と農村、国と国といった地理的分業に発展しながら開発と近代化を加速する働きをした。そして、大量生産に立脚した経済構造に多くの人を参加させる間口を開いた。生産された富は眩しく人の目に映ったので、労働搾取や人間性の否定など負の側面が大きく取り上げられることは少なかった。身分に応じてなすべきことを忠実に行うという日本の職分に関する文化も、分業を下支えする倫理観として順応的に機能してきたといえよう。

ここで分業による仕事と生産過程の加速が、とりわけ大きな負荷となってきた領域として忘れてはならないのが自然環境である。産業のスピードに合わせて環境を資源化し、汚染物質を放出する速度が著しく高まると、自然の浄化能力、再生能力を超えてしまうからである。富の総量が増し、人々が豊かになっても、その過程で搾取された自然は取り戻すことができない。その速度がゆっくりで自然の許容範囲の中にあれば、大気も水も浄化されるであろう。しかし、速度が急であれば、自然の浄化は追いつかない[7]。環境の劣化は人々の間に新しい格差（たとえばきれいな水へのアクセスの有無）を生み出し、自然をめぐる人間と人間の関係に、それまでにはなかった支配の構造を作り出した。

こうした速度の問題に早くから注目していた経済人類学者にカール・ポラニー（Karl Polanyi：1886–1964）がいた。彼はイギリスの囲い込みの歴史を検証し、「経済的進歩の進行速度を社会的に耐えうることができるようになるまで緩和した」ことに国王による介入の本当の意義を見出した（ポラニー 2009：66）。政府が速度の調整をおろそかにし、人々を置き去りにした開発に走ってしまうとき、我慢の限度を超えた労働者たちが立ち上がるとポラニーは分析した。私たちが次に見るのは、まさしく労働者が立ち上がるときの戦術と速度との関係である。

サボリの発明

労働者の抵抗はまさしく「速度」への抵抗であった。開発の名の下に行われる搾取や不平等の蔓延に対して、人々が暴動という急速展開する手段に訴えることはあった。しかし、最も一般的な抵抗手段は、あからさまな暴力ではなく、ゆっくりとして目立たない日常的な抵抗であった（Scott 1985）。

日本語の「サボる」という言葉が「サボタージュ」に由来することはよく知られている。怠け仕事の意をもつ和製英語である。フランス語のサボ（木靴）に由来するこの言葉は、それを履くとのろのろ歩きになってしまうことから、労働者が故意に生産性を落したり、わざと不良品を作ったりする行為の呼び名として定着したという。近代以前の日本にも「やなぎ」（＝柳に風のように、のらりくらり働くこと）や「あみだ」（＝阿弥陀仏のように、頑として動かないこと）という類似の表現があったそうだ。

日本における労働戦略としてのサボタージュは大正期にアメリカ経由で紹介された。近代的な産業活動への打撃という意味では、ジャーナリストの村嶋歸之《よりゆき》（一八九一～一九六五）の報告した川崎造船や東洋燐寸《マッチ》の工場で行われたサボタージュが最初の実例である。村嶋は、サボタージュに「怠業」という訳語をあて、労働者が資本家に立ち向かうための新戦法として、この事件を広く国民に知らしめた。村嶋は「要するにサボタージュはダイナマイトではなく麻酔薬に過ぎない」と特徴づけ、大規模なストライキなどとの違いを強調する。

中でも特に詳細に記録されているのが一九一九（大正八）年八月一八日に行われた「日本最初のサボタージュ」とされる川崎造船での一件である。事の発端は社長が特別賞与として職工に支払うことを公言し、株主総会でも認められていた賞与が一向に支払われないことであった。業を煮やした職工たちが社長の松方幸次郎に賞与支払いに関する要求案を提示する。ところが交渉は決裂し、一万六〇〇〇人以上の職工が一斉にサボタージュに打って出た。その日の仕事場の様子を村嶋は次のように記録している（津金澤・土屋編 2004：403）。

五台の造船台でも、日頃は耳を聾《こわ》すばかり騒がしい鋲打ちのエア・リベットの音が、申し訳のようにホンの時たまひびくだけだ。仕事を中止しているのではない。みんな配置に着いているが、能率は意識して極度に下げているのである。しかも、空を見上げると、煙突からは煙が濛々と上がっているが、機械は空回りしているだけだ。大きな鉄板に穴をあけるポンス工場でも鉄板がフラフープのようにくるくると廻ってはいるものの、穴を穿つ作業はやめているから能率はゼロというよりはマイナスである。

労働者が企てたのは作業の放棄ではなく、作業の減速であった。結果として、このサボタージュは功を奏し、賞与金の支払いだけでなく八時間労働制の実施など、労働者の福利厚生の向上に大きな貢献をなした。労働者の多くは、与えられた体制の中で自分の居場所を確保し、その場所を少しでも居心地のよいものにしようと、ささやかな努力を繰り返してきたのである。上からの組織化と統制は、下からの対抗策を生み出す。開発の歴史は、このような騙し合いの歴史でもあった。

農民たちの抵抗も同様であった。農民にとってのリスクは天災だけではない。いわゆる地主―小作関係が成立している地域では、地主からの地代の取り立てからいかにして生活を防衛するか、という問題が切実である。どれだけ収穫が得られるかよりも、地主や税にもっていかれた後に「どれだけ手元に残るか」が最大の関心事であった（スコット 1999）。そこで農民たちがとる手段はまさしく農村版のサボタージュであり、知らないふり、逃散、のろのろ仕事、放火といった匿名の抵抗を繰り出すことであった。

工場や農村で展開された人々の抵抗は、そもそも仕事とは何かを考えさせずにはおかない。

「仕事」の再定義

様々な仕事から構成される生産現場が、人間らしさを置き去りにして独自の時間論理で回転していくことを「発展」と呼ぶことに対し、力強い代替案を提示したのが、E・F・シューマッハー（Ernst Schumacher：1911–1977）であった。彼は一九七三年に出版され、ロングセラーとなった『スモール・イズ・ビューティフル』（シューマッハー 1986）の中で、仕事とは、本来人間を豊かにし、活力を与える要素であり、生活に規律を与え、人間の創造性を引き出すような経済活動であると考えた。ところが身の丈をはるかに凌駕する資本主義の論理に引きずりこまれた人間は、生産手段の効率化に専心する中で、いつの間にか自分自身を生産手段におとしめ、仕事の本来の意味を忘れてしまっているというのである。

仕事の本来の機能を回復する方法としてシューマッハーが重視したのは、仕事が行われる場所を上手く選ぶことであった。「仕事のあるところに人を連れて行くのではなく、人のいるところに仕事を作る」（シューマッハー 1986：231）という発想が、彼を有名にした適正技術論へと導く。現地で調達できる材料を用い、現地の労働力と低いコストで生産できる「大衆による生産」こそが、大量生産に対する彼の代替案であった。大量生産は身の丈を超えて、あまりに複雑化、大規模化したために、人間が本当に望んでいる目的を選び取る自由と能力を失わせたとシューマッハーは考えた。

シューマッハーの書物は現在も読み継がれているが、今日の世界で適正技術が支配的な地位を得ているわけではない。だが、彼が求めた仕事の再定義は、生産の在り方が置き換わらなくても、いや置き換わらないからこそ考えるべきテーマである。

企業が生産性の最大化を求めていたとしても、そこに働く個々の労働者が必ずしもそれを求めていない。個々の労働者が仕事の隙間に見出す「遊び」の部分は、徹底的に効率化された今日の仕事の意味を再考する材料と見るべきかもしれない。先述の中岡は『工場の哲学』の中で、工場のアナロジーから事務仕事を分析して、なぜ事務職が工場労働に比べて一般的に望ましいと考えられているのか、興味深い仮説を提示する。

通常事務労働は人々の意識の中で、工場における半熟練労働よりもはるかにましな作業として自覚されている。それはなぜだろうか。きれいな仕事といった要素をのぞけばおそらく最大の要因は、それが一般に未整理であるという性格によるのであろう。作業の発生する時間間隔の不規則性、その間にはさまれる適当なおしゃべりや息抜き、あるいはためておいて一挙に仕事を片付ける可能性等々、つまり技術者が非能率因子と考える一切のことがらが、事務労働を人々にゆとりのあるましな作業と印象づけている要素なのである（中岡 1971：152）。

分業に基づく作業の合理化は、あわただしい作業の隙間に潜んでいる「遊び」を排除する方向で展開してきた。しかし、そこで働く人々はわずかな「遊び」に価値を見出そうとする。

ここに私たちが求めるべき「開発」とは何であるかを考えるヒントが隠されている。それは、開発へと組み上がる種々の仕事が単なる生活の糧になっているだけではなく、本来は生活に張りや楽しみを与え、その継続が人間に自立と成長を促す機会になっていなくてはならない、ということである。そうではない開発が持続できるとは筆者には思えない。

4　分業と支配

自然の支配へ

これまで見てきた産業化と経済発展は、より大きな枠で捉えると人間による自然の支配をより徹底的なものにしてきた。そして、この過程は富だけでなく、人間生活にあらゆるタイプのリスクを及ぼしはじめたことを見た。こうしたリスクに対して手当を怠ると大きな政治・社会的代償を伴ってしまう。大量の難民を生み出したシリア内戦の背景には、干ばつと水を必要とする小麦の収量激減に対する政府の無策があった（シナイ 2015）。単一作物栽培に伴う土壌や環境の劣化、温室効果ガスの排出増大による気候変動も対応を間違えると「環境問題」の次元を超えていっそう深刻な社会問題を招く可能性がある。

ドイツの社会学者ウルリヒ・ベック（Ulrich Beck：1944–2015）は『危険社会』の中でチェルノブイリの原発事故の教訓から有害物質拡散の問題を危険の典型として取り上げ「高度に細分化された分業体制こそ、すべてにかかわる真犯人なのである。分業体制が常に共犯となっていることが全般的な無責任体制をもたらした」と主張した（ベック 1998：45）。東日本大震災直後に、風に煽られた放射能の流れに関する決定的な情報が省庁の縦割りに遮られて生かされなかった苦い思い出は、私たち日本人の記憶に新しい。海洋汚染や地球温暖化といった国境を越える課題は、こうした分業と生産性拡大のしわ寄せの最終的な集積場所と考えてよい。

ベックは近代社会が日常的に生産するリスク、誰も避けるすべをもたないリスクを問題にした。これは、保険などの典型的な方法で避けることができた従来の危険とは全く性質が異なるとベックは考える。たとえば有害物質を生み出す個々の生産者はそれぞれにおいて国の定める基準値を下回る値でリスクを抑え込んでいるかもしれない。しかし、そうして作られた製品を取り入れる個々人の体内蓄積は、すでに危険なレベルに到達している可能性もある。外部に排出される汚染物質が地球環境に与える影響を正確につかめないのと同じように、個々の人体に有害物質がどれだけ蓄積しているかを測定する方法を私たちは知らないのである。

分業は悪いことではない。しかし、それが暴走すると、誰も全体的な帰結に責任をとらない体制ができてしまう。分業と専門家に立脚した人間社会は、一つの有機的な系をなす自然とどのように折り合いをつけることができるのだろうか。自然は人間の都合に合わせて作られているわけではなく、森や川、水や土などは大きな生態系の中で互いに有機的に連関している。ところがそれを扱う人間の視点は、個人の専門性や組織の利害などに囚われて自然を都合よく切り分け、狭い枠の中での最適化を目指そうとする。

部分最適化の発想で地球環境を保全することができるのか。環境問題は私たちが知らず知らず依存してきた分業システムの在り方そのものを厳しく問うている。

そして人間の支配へ

分業を介した自然環境の支配は、やがて人間の支配を射程に収めることになる。開発の歴史とは、国家が自然を「財源」と見なし、公益を振りかざして土着の土地や制度を統治になじむよう規格化していく過程であったことは、すでに広く認められている。たとえばジェームズ・スコットは『国家の眼差し』(1998)の中で、国家が進めようとする画一化と規格化の暴力を取り上げた。「なぜ人々の状態を向上させる様々な仕掛けは失敗するのか」という副題のついたこの本は、国家主導の開発が失敗する前提に、視野の単純化や画一化を見出す。多様な樹種を蓄えた自然林は、経済的に有益な樹木によって置き換えられ、計画的な伐採の対象に変貌していく。その背後で地域住民が培ってきた森に関する知は葬り去られる。

上からの人間支配は自然環境を間にかませることによって、間接的な支配のメカニズムに変貌する。水力管理という観点から、独自の中国地域研究を行ったカール・ウィットフォーゲル(Karl Wittfogel：1896–1988)の研究は、このメカニズムを明らかにした数少ないものである。彼は『オリエンタル・デスポティズム(東洋的専制社会)』(Wittfogel 1957)の中で中国の農民がその労働時間の二〇%から五〇%を灌漑に費やしていることに着目し、特に洪水から生活を守るための防護的な土木工事と、水を田畑に安定的に共有するための準備的な土木工事の両方において分業が必要になると主張した。

ウィットフォーゲルが注目するのは、人々が主体的に展開する分業ではなく、国家による強制的な労働力の配分である。彼は、水の管理をめぐって編成される労働者がいかにして統治の対象に変貌していくのか、その過程を見事に描き出した。そもそも土木工事に専念する人を大量に作り出すためには、その人々を食べさせる食料を大量に作り出す必要がある。食料生産だけでなく、運搬や加工でも分業が必要になろう。土木工事そのものも建設資材はもちろん、労働者を管理するための監督者を必要とする。こうして国家事業に向けた労働力の徴発方式が確立すると、それは軍事や道路建設など、他の国家事業の遂行にも応用されるようになり、国家の支配領域を拡張する力となっていく。

分業は生産力の拡大よりも、むしろ労働者の支配にその目的があるとさえ主張する研究者もいる。ハーバード大学の経済学者スティーブ・マーグリン（Stephen Marglin：1936- ）は、工場内部の分業について、分業の歯車を担う個々の労働者が単独では生産物を市場に売り込むことができない事実に着目する。そして、個々の労働者に、生産工程全体のごく限られた部分しか任されていないのは、労働を結合して市場に製品を送り込んでいく資本家が必要になるよう設計されているからだ、と主張した（Marglin 1990）。工場で働く個々人には生産と市場の規模が大きくなるほど、その全体構造が分かりにくくなる一方で、全体を司る人の権力はますます強化されることになる。その後のパイの増大は、豊かな層が独り占めした利益を覆い隠す役割を果たしたというのがマーグリンの主張である。マルクスらが問題視してきた「疎外的な労働」は、物質的繁栄のために必ず払わなければならない対価なのではなく、労働者の組織的結合を嫌う経営者が自らの支配にとって便利と考えた結果、生じてきたと言うのだ。

こうした視点は、分業の効率や生産性だけを考える人からは得られない。たしかに人々にとって開発とは富を増やすだけでなく町が整然ときれいになること、街路に電燈が増えて明るくなること、混沌としたスラムが片づけられ、水や空気が清浄になることといった、格差や不平等とは縁遠い装いをもった変化に映る。大規模な都市計画によって強制移住を強いられる人々が移転の補償額に不満を漏らしはしても、町並みの「美しさ」を目指す事業そのものには反対しないことが多い。このように効率や景観の美しさといったスローガンに導かれる開発には、その底流に格差や不平等を覆いかくす面があることを忘れてはならないだろう。徹底した分業体制は、不満を分断し、被害者が結束する力を減じる効果をもつのでなおさら注意が必要だ。

「開発／発展」の進展とそれを下支えした分業は、人間社会に何をもたらしたのか。たしかに分業は便利な人工物の数々を生み出し、人を煩わしい労働から解放し、暮らしの心地よさを増すことに大きく貢献した。医療技術の発達が、人の幸福に与えた影響は計り知れない。しかし、そうして得られた発展は、人間の精神を置き去りにする側面をもっていた。発展した国における自殺や精神病の多さは、そうした矛盾の表出である。

男女の分業、年齢に応じた分業は自然の営みであって、それ自体として非難すべきものではない。専門特化は人類の豊かさに大きく貢献してきた。しかし、心と体の統一によって人が健康になれるのと同じように、仕事における部分と全体の関係を考える力を回復していく努力も必要だ。開発を加速するだけでなく、立ち止まって緩めてみるきっかけを作るのも開発研究の重要な任務である。

注

(1) 厳密には、市場経済における分業と、事業計画における分業とを区別する必要があろう。後者は、明らかに計画的な相互調整を必要とするからである。現実世界においては、市場経済の分業に国家の操作は働くし、国家計画の中に市場の分業は影響している。本章では、さしあたり市場における分業に力点を置きながら、そこに支配の力がどう加わってくるかを考察する。

(2) その意味で南北問題の本質は、貧困そのものよりも、「南」に分類される国々の従属的な位置づけにあったといってよい。

(3) 中国の電子部品組み立て工場で一日一三時間働かされる若い女性の過酷な生き方を描いたレスリー・チャンによるルポ『現代中国女工哀史』(白水社、二〇一〇年)は、そうした一歩が決して簡単ではないことを臨場感あふれる筆致で教えてくれる。それでも農村からの人口流出が止まらないのは、単に農村における物質的な困窮からの逃避ではなく、農村を覆う窮屈な人間関係から解放され、都会の自由と刺激を謳歌したいという、若者らしい積極的な側面も含んでいたに違いない。

（4）逆に国家権力による強力な介入によって市場が歪められ、過度な競争力がついてしまうという例もある。一九世紀におけるアメリカの綿花生産が国際競争力をもったのは、タダ同然の奴隷労働に依存していたからであることは広く知られている。たとえばチョムスキーの議論を見よ（Chomsky 2002 : 257）。

（5）ガンディーの機械反対論については近年詳細な研究が出てきた。ダースグプタ（2010）を参照。この本によればガンディーの機械反対の主たる根拠は、それが失業を生み出すからであった。後にガンディーは「手仕事に向かない」製鉄業における生産技術や外科手術のための器具生産などについては容認するようになり、当初際立っていた機械反対論の鋭さはにぶっていった（ダースグプタ 2010）。

（6）時代背景が異なるとはいえ、アダム・スミスも、この問題点に全く気づいていないわけではなかった。スミスは『諸国民の富』の第五編において、少数の単純な作業に従事する人は、無知と精神の遅鈍に陥る危険性があるとし「特定の職業におけるかれの技巧は、かれの知的・社会的および軍事的な徳を犠牲にして獲得されるように思われる」として政府の予防策を要請する（スミス 1966 : 159）。近年では様々なストレスや鬱が労働環境と関連づけられるようになり、豊かな国における自殺の大きな原因にもなっている。人間の創造性を殺いでしまうような単調な労働とストレスとは無関係ではあるまい。

（7）「速度」の背景には、開発にかかわる様々な既得権益と費用計算が横たわっており、企業に生産の減速や環境浄化を促すのは容易ではない。たとえば水俣病の場合、水銀の垂れ流しをしていたチッソ工場とそれを暗に擁護した通産省（当時）、因果関係の検証にかかわった研究者やマスメディアなど、多様な関係者の個々に独立した既得権益体制が、全体として原因特定と解決を長引かせたことはよく知られている（宇井 2000）。

参考文献

宇井純（2000）「公害における知の効用」栗原彬ほか編『越境する知3 言説——切り裂く』東京大学出版会、四九〜七二頁。
ウィットフォーゲル、カール（1991）（湯浅赳男訳）『オリエンタル・デスポティズム』新評論。（原著 Wittfogel, Karl. 1957. *Oriental Despotism : Comparative Study of Total Power*, New Haven : Yale University Press.）
ガーンディー・M・K（2001）（田中敏雄訳）『真の独立への道――ヒンドスワラージ』岩波書店。
佐藤仁（2002）『稀少資源のポリティックス――タイ農村にみる開発と環境のはざま』東京大学出版会。
シナイ、アニエス（2015）（坪内善明訳）「気候変動が紛争を増大させる」『世界』一一月号、一五四～一五八頁。
シューマッハー、E・F（1986）（小島慶三・酒井懋訳）『スモール・イズ・ビューティフル』講談社。（原著 Schumacher, E. F. 1973. *Small is Beautiful : A Study of Economics as if People Mattered*, London : Blond and Briggs.）
スコット、ジェームズ（1999）（高橋彰訳）『モーラル・エコノミー――東南アジアの農民叛乱と生存維持』勁草書房。（原著 Scott, J. 1976. *The Moral Economy of the Peasant : Rebellion and Subsistence in Southeast Asia*, New Haven : Yale University Press.）
スミス、アダム（大内兵衛訳）（1966）『諸国民の富』岩波書店。（原著 Smith, Adam. 1976 [1776]. *An Inquiry into the Nature and Causes of the Wealth of Nations*, Chicago : University of Chicago Press.）
セン、アマルティア（1999）（池本幸生・野上裕生・佐藤仁訳）『不平等の再検討』岩波書店。（原著 Sen, Amartya. 1992. *Inequality Reexamined*, Cambridge : Harvard University Press.）
ダースグプタ、アジット（2010）（石井一也監訳）『ガンディーの経済学――倫理の復権を目指して』作品社。（原著 Dasgupta, Ajit. 1996. *Gandhi's Economic Thought*, London : Routledge.）
チャン、レスリー（2010）（栗原泉訳）『現代中国女工哀史』白水社。（原著 Leslie, Chan. 2009. *Factory Girls : From Village to City in a Changing China*, New York : Spiegel & Grau.）
津金澤聰廣・土屋礼子編（2004）『労働者の生活と「サボタージュ」』大正・昭和の風俗批評と社会探訪――村嶋歸之著作選集、第3巻、柏書房。
鶴見和子ほか編（1990）『内発的発展論』東京大学出版会。
中岡哲郎（1971）『工場の哲学』平凡社。

橋本毅彦・栗山茂久（2001）『遅刻の誕生——近代日本における時間意識の形成』三元社。
ピッタヤー・ウォンクーン（2001）（野中耕一編訳）『村の衆には借りがある——報徳の開発僧』燦々社。
ベック，ウルリヒ（1998）（東廉・伊藤美登里訳）『危険社会——新しい近代への道』法政大学出版局。（原著 Beck, Ulrich. 1986. *Risikogesellschaft : Auf dem Weg in eine andere Moderne*, Suhrkamp, Frankfurt a. M.）
細井和喜蔵（1954）『女工哀史』岩波書店。
ポランニー，カール（2009）（野口建彦・栖原学訳）『大転換——市場社会の形成と崩壊』東洋経済新報社。（原著 Polanyi, Karl. 1957. *The Great Transformation*, New York : Beacon Press.）
マルクス，カール（2005）（今村仁司・三島憲一・鈴木直訳）『マルクスコレクション　資本論　第一巻（下）』筑摩書房。
宮崎市定（1995）『中国文明論集』岩波書店。

Blaikie, P. 1985. *The Political Economy of Soil Erosion in Developing Countries*, London : Longman.
Chomsky, N. 2002. *Understanding Power : The Indispensable Chomsky*, New York : The New Press.
de Soto, H. 2000. *The Mystery of Capital : Why Capitalism Triumphs in the West and Fails Everywhere Else*, New York : Basic Books.
Lewis, A. 1954. “Economic Development with Unlimited Supply of Labor,” *Manchester Economic Bulletin*, Vol. 22, pp. 139–191.
Marglin, S. 1990. “Losing Touch : Cultural Conditions of Worker Accomodation and Resistance,” in Marglin, Frédérique A. and Stephen A. Marglin eds. *Dominating Knowledge : Development, Culture, and Resistance*, Oxford : Clarendon Press, pp. 217–282.
Scott, J. 1998. *Seeing Like a State : How certain Schemes to Improve the Human Conditions have Failed*, New Haven : Yale University Press.
———1985. *Weapons of the Weak : Everyday Forms of Peasant Resistance*, New Haven : Yale University Press.

第5章　「想定外」はなぜ繰り返されるのか

どれだけ善意に基づく行為でも、開発援助には想定外の意図せざる結果が伴う。人々の生活を豊かにしてくれるはずの開発事業が環境を破壊して、劣化した環境が今度は貧困を招来してしまうという負の連鎖は「想定外」の典型である。貧しい人々のための物資が豊かな人に横取りされる、難民支援がかえって難民の数を増やしてしまうといった事例は当たり前のように生じてくる。こうした「想定外」はどのようなメカニズムで生じるのだろうか。繰り返す「想定外」からどうすれば学ぶことができるのだろうか。

1　「想定外」への着目

エボラ・パニックの余波

開発と援助に「想定外」はつきものだ。それはときに多数の人命を左右するほどの影響力をもつ。二〇一四年に西アフリカで流行したエボラ出血熱が、世界を震撼させた出来事は記憶に新しい。エボラ対策を少しでも強化しようと、政府や国際機関は特別に編成された医療チームの給与を上乗せして人員確保に奔走した。その結果、何が起こったか。地方の病院等に勤務していた現地の医療スタッフがエボラ対策チームに大量に流れ込み、コレラやマラリアなど治療法がすでに確立している疾病に対応できる医療スタッフが地域によっては極度に不足してしまった。結果として地域全体の疾病による死亡率がエボラ発生以前よりも高まってしまったというのである（Sacra 2014）。

想定外はそれだけではなかった。エボラの感染を防ぐために実施された移動の禁止や国境の封鎖、人々の接触が予想される市場の閉鎖は基礎的な資源の生産と移動を阻み、一部の人々の食料不足を招いた。エボラ対策のスタッフとして召集された人々が、地元にもどってから迫害を受け、帰る場所を失ったという報告もある（Dixon 2014）。

エボラの発生によって、アフリカという、ややもすると世界から置き去りにされがちな地域に国際的な注目が集まったことは間違いなくプラスの側面であった。だが、それがこうした負の影響を伴っていたことはほとんど知られていない。

国際的な疾病対応が、医療資源を極度に偏らせた事例は、かつてエイズがパニックをもたらしたときにも同じように経験されていたはずである。過去の教訓はなぜ生かされなかったのだろうか。

「開発における想定外」という問題群は、保健衛生というテーマに限定されるものではない。安全神話が支配的な中で起きてしまった原発事故のように「想定外」はほとんどすべての分野で繰り返し生じてくる根深い問題である。開発援助に関わる場面で「想定外」が悪い方向に転がっていかないように、何かできることはあるだろうか。想定外の反復事例から何かを学ぶことはできるのだろうか。

想定外の「意図せざる結果」が生じる場合、これを単なる開発援助の「失敗」として片づけてしまうことは簡単だ。だが「想定外」は、計画の不具合を検知し、開発援助をよりよくするための学習のチャンスであると見ることもできる。本章では、開発という特定の意図を背景に起動する運動が、どのように学習し、その質を向上させていくことができるのかを考察してみたい。ここで「質の向上」というのは、さしあたりMDGs（Millennium Development Goals：国連ミレニアム開発目標）に代表されるような、各国の合意に基づく開発の諸目標が効果的に達成される状態を指していると考えよう。

「失敗」の見方

最初にできることは開発援助事業における成功や失敗の判定基準を再考することである。経済発展の在り方一般に対する批判に比べて、特定の開発事業に対する批判は具体的でパンチ力がある。具体的な現場があると誰が得をして、誰が犠牲を払っているのかがはっきりと見えるような気がするからだろう。だが長期的な視点で見たとき、失敗だと思われていた事業が実は成功の種を宿していたと再評価されることもあるし、その逆に「成功」が上べだけであったと後から分かることもある。

注目すべきは、各種の開発事業が負の結果を最小化するに十分なだけの学習期間を与えられておきながら、それでも計画どおりにことを運べずに繰り返し失敗する場合である。

度重なる失敗を前にしたとき、その克服に向けた態度には二つの方向性がある。短期的に実施できる技術的な改善で失敗を克服しようとする方向と、長期的により根本的な構造改革を求める方向である。たとえば植林事業が失敗したとき、失敗の理由を間違った樹種の選定や手入れの不行き届きなど、技術的要因に帰することはできる。だが本当の理由が、土地問題（たとえば鉱山開発など、他の競合する用途との衝突）によって経済的条件の悪い土地での植林を強いられた村人が意欲を喪失していたことにあったとすれば、苗木の追加供給や村人に対する研修の充実といった短期的な処方箋の効果は期待できない。

このように、本来は現場をとりまく制度の改善が必要であるにもかかわらず、小手先の技術に頼ったアプローチを用いてしまうところに「想定外」が反復する根本的な要因があるのではないか。そして「想定外」という見方それ自体も、しばしばそれを起こさないための技術的な解決に私たちの関心を向け、なぜそうした結果が生じたのかという本質的な問いを不問にさせる傾向をもつのではないか。

私たちは開発があからさまに失敗したとき、その原因を行為に直接かかわった当事者の目的や意図を問うことなく、意図の実現化を困難にしている「手段」のほうに分析の光を当てる傾向がある。たとえば、貧困削減事業で貧困者数が一向に減らないのは、方法が間違っているか、資源が不足しているからであると診断しがちだ。この傾向にはそれなりの理由が考えられる。開発とは、あからさまな搾取や抑圧とは異なり、人々の生活を向上させたいという善意のうえに成り立っていると仮定するのが普通だからである。目的は正しいのだから、修正されるべきは手段ということになる。

しかし、意図を思い通りに実現してくれるような資源や技術を動員することが、開発の質を上げる第一歩になると信じてよいだろうか。止まない環境破壊行為を見たとき、人はその行為に直接従事している住民や企業、政府など当事者たちの無知や誤解、そして資源の不足を問題視する。この場合の解決は、不足している知識や資源を外から補ってあげることなのだろうか。

政策への応用を強く意識した開発研究は、失敗の原因を情報や資源の不十分さに求め、現場に関するより正確な現状把握と情報収集によって、この第一歩に貢献しようとしてきた。本来の開発を歪める一部の権力者の傲慢さを正すことはできないにしても、専門的な知識の不足や無知に由来する「想定外」は、より正確な情報をより多く提供することで修正できると考えられてきた。数限りなく行われてきた開発に関する調査研究は、基本的にかかる信念に基づいて行われてきたと考えてよい。

開発研究の重要な仕事の一つは、価値（正しさ）を判定することではなく、むしろ「想定外」の働きを考察し、その生起や反復のパターンを類型化していくことにある。そして、そこに計画的な介入の役割や限界、そして何よりも将来の希望を見出すことである。「想定外」は、開発を働きかける側にとって学ぶチャンスである。しかし、それをチャンスにできるかどうかは現象の読み方しだいである。

2 「想定外」のメカニズム

科学がどれだけ発達し、人間の世界理解がどれだけ進歩しようとも、人間の視野はそのときどきの直接的・近視眼的な利害に支配される場合が多い。だから予期されざる結果が招来される。こうした「想定外」への学問的接近は、以下に見るように歴史的な蓄積がある。まずは、過去の論者らによる代表的な言及を振り返りながら、意図せざる結果を読み解くうえでの座標軸を定めていきたい。

マルサスの救貧法反対論

開発論に関係する想定外の例として古典的なのは、本書の「はしがき」でも取り上げたイギリスの経済学者トーマス・マルサス（Thomas Malthus：1766–1834）による救貧法の効果をめぐる論説であろう。救貧法とは一五三一年にイギリスで始まった貧困対策で、その後に幾度も改正が繰り返され、福祉国家イギリスの出発点となった法律である。特に一七九五年に始まったスピーナムランド制度は、パンの値段に連動させて下限収入を下回る家庭に救貧手当を与えるという当時としては先進的な貧困救済制度であった。

この救貧法がその名目上の目的である貧しい人々の救済につながるどころか、かえって補助の制度に甘える怠惰な貧困層を生み出す逆効果になると批判したのがマルサスであった（マルサス 1962）。マルサスは、そもそも生産される食糧の総量を人口増加に合わせて増大できない以上、貧しい人々のための給付は食糧の値段を上げるだけで救貧にはならないと指摘した。つまり、一時的な給付によって、かえって多数の貧民が生み出されてしまうと彼は考えたのである。

マルサスの処方箋は、貧しい人々を特定の教区に縛らず、むしろ移動の自由を与えて賃金の高いところに移れるようにし、自らの力で貧困脱却を図るよう促すことであった。また、奨励金を与えて未耕地の開墾を促し、食糧増産を促すことを提案する。そして無駄の多い援助はやめて「独立できない貧民というものは辱めておくのがよい」とさえ言い放った（マルサス 1962：67）。

マルサスは善意に基づく援助の文脈で「意図せざる結果」がどのように生じるかをはっきりと見通していた。マルサスは言う。

（前略）その明白な意図が一見いかに慈善的なものであっても、結局、みな、必ず目的に反する結果を生ずる。もし、みずから独立してその家族を維持するに足る見込みがないのに、救貧設備を当てにして、かろがろしく結婚するならば、彼らは、当然に自分はもちろん子供たちを不幸と従属の落とし穴に落とすものといわねばならぬ（後略）（マルサス 1962：67）。

後に「サマリア人のジレンマ」として定式化されるこの命題は、目の前の貧しい人を助けたいという即時的な動機に駆られて行動すると、かえって貧しい人々をつくり出すことになってしまうという逆説である。(1) いずれの例も、問題を回避しようとする働きかけが逆に問題を増幅させるというパラドックスを内包している点で共通する。(2)

エンゲルスと「自然の仕返し」

もう少し現代に近い時代になると「想定外」についてより洗練された概念が打ち出されてくる。たとえば「反作用」という概念で人間による自然利用が意図せざるしっぺ返しをもたらす現象に注目していた人に、フリードリヒ・エンゲルス（Friedrich Engels：1820-1895）がいる。エンゲルスは「猿が人間化するにあたっての労働の役割」と題された約一〇〇年前の論考で、農地拡張が食料増産をもたらした一方で、意図せざる結果として森林劣化や洪水の多発を招いた例などをあげ、「人間がもっとも直接的な利用効果だけに関心を寄せる」ことに警鐘を鳴らした（エンゲルス 1956）。そして、自然が人々の働きかけに対して起こす反作用を予想するための自然科学はいまだ未発達であり、ましてや社会的諸作用の予想となると、それ以上に困難であると指摘する。

ここで注目したいのは、話がそこで終わらない点である。「だが」とエンゲルスは続ける。

（前略）歴史的資料の結集と研究とによって、われわれの生産活動の間接的な、そして多少遠い、社会的な、諸作用について明暢を得ることをだんだんと学び、そしてこれによってこれら諸作用までをも支配し、また規制する可能性が与えられている（エンゲルス 1956：257）。

エンゲルスは、「想定外」の発生を過去の事例の詳細な研究によって封じ込める可能性に言及した。そしてそれを実現するには認識の変革だけでは不十分であると述べ、全面的な社会変革の必要性を指摘する。残念ながら「変革」の具体的な内容はこの論考では展開されていない。それでもエンゲルスが「想定外」を一つのテーマとして認識していたことは明らかだ。

エンゲルスは人間社会の学習能力について楽観的な見通しを示した。エンゲルスがその眼で見た産業革命と、その後の著しい経済発展は様々な負の影響を生み出し、私たちはその経験から多くを学んできたはずである。たしかに、工場排水や大気汚染の規制、児童労働の制限など、私たちは過去の学びを制度に反映してきた。だが、そうした制度をかいくぐる者が出てくるのはもちろん、制度そのものを無効化してしまうような事例も後を絶たない。規制の緩い国に工場を移転し、合わせて公害を移転するような行為はその典型である。

マートンの予期されざる結果

人間の意図によって開発の負の結果を抑え込もうする行為そのものに、何か想定外の結果を引き寄せるような仕掛けがあるのではないだろうか。エンゲルスの指摘に見られるように、開発の意図せざる反作用は長い間、人間の視野の狭さや知識の不足によって引き起こされるものと考えられてきた。だが、社会学の研究に目を向けてみると、反作用を最小化しようとする行為そのものが、実は「意図せざる結果」の発生を促してしまう構造をもっていることが分かる。

この問題を初めて体系的に扱ったのがロバート・マートン（Robert Merton：1910–2003）である（Merton 1936）。マートンは、社会的行為の予期せぬ結果が導かれる主要な源泉として、無知、錯誤、目先の利害への没頭を取り上げる。そして、将来を予測（予言）する行為それ自体が出来事の展開に及ぼす作用について考察している。たとえば彗星の飛来についての予言は、その内容がどうあろうとも、彗星の移動速度や方向に影響を与えることはないが、社会的な予言となると複雑な形で予言の対象に影響を与える。いわゆる「予言の自己成就」はよくあるパターンの一つだ。

銀行倒産が事実に反する噂によって現実化してしまう例は多くの人にとって想像しやすいものだろう。ある銀行の取り付け騒ぎが噂となって預金者がどっと押し寄せて現金を引き出すと、単なる噂にすぎなかった出来事が健全な銀行さえも潰してしまう。予言が、まさに予言そのものの作用によって現実化してしまうのである。

「サマリア人のジレンマ」で例示したように、良かれと思って行ったことが逆に悪い結果をもたらすことは、日常的に観察できる。自然を楽しみたい観光客があまりに増えると、かえって自然に負荷がかかり、見るべき自然が劣化してしまう。交通渋滞を解消してくれるはずの高速道路がかえって渋滞を増幅させているなど「想定外」は意外なほど私たちを取り囲んでいる(3)。

それでは、人々の生活を改善する目的で実施される開発はどのような「想定外」を経験し、そこからどのような学習をしてきたのか、手短に振り返ってみよう。

3　開発される側の意外な反応

役立つ道具を拒絶する

第二次世界大戦後から本格的に始まった低開発諸国での貧困軽減や民主化を謳った開発援助は、六〇年以上の歴史をもつ。その間に開発の研究は質・量ともに大きく前進してきたが、それと並行して「開発批判」も草の根NGOや人類学者らによって盛んに展開されてきた。批判の大部分は、大規模プロジェクトに伴う強制移住、地域住民の居住地剝奪、援助資金がエリートに独占される問題などに集中してきた。

その一方で、あからさまな批判にさらされないまでも、技術協力が地域の人々に受け入れられないという「静かな批判」を受けるプロジェクトも数多い。人々の生活を明らかに向上させてくれるはずの新技術が拒絶されたり採用されないといった援助現場の驚きは、開発の質を上げるうえで重要な学習の素材を提供した。

驚きの記録と分析が盛んに行われていたのは、冷戦を背景として第三世界に対して米ソの援助合戦が過熱していた一九五〇年代から六〇年代である。たとえば普及学という新分野を切り開いたエベレット・ロジャーズ（Everett Rogers：1931–2004）は、ナイル・デルタ地域のエジプトの村落で寄生虫に汚染された不衛生な水を飲むしか選択肢のなかった人々に対して、アメリカの国際開発庁（USAID）が提供した、パイプの敷設による浄化水の普及事業が思いどおりに運ばなかった事例を分析した（Rogers 1995）。この調査によれば、パイプ浄水が新たに導入された村落で、パイプの水だけに頼るようになった村人は全くおらず、半分以上の村人が明らかに不衛生な従来の川の水を使用し続けたという。それはなぜだったのか。

パイプを通ってきた水は化学的には清潔であったものの、薬のような味が地元の人には不評だった。滞っていた人口抑制計画を勢いづけるために、政府が水道に薬を流し込んだという陰謀説まで流れた。また、パイプの水道は故障が多く不安定であったうえに、運河での水汲みや洗濯は、若い女性が家を離れて女同士で世間話をする息抜きの場も兼ねていたことから、個別世帯に引かれるパイプ方式は不人気であった。

このような事例は世界各地で積み重ねられていき、開発事業の専門家らを「想定外」の背後にある地域住民の合理性を解明することに向けていく。六〇年代の代表的な開発人類学者の一人であったジョージ・フォスター（George Foster：1913-2006）は著書『伝統社会と技術変化のインパクト』の冒頭で次のように指摘する。

医者であれば天然痘の予防注射の効果やワクチンの精製法、正しい運搬の方法について詳しいであろう。しかし、彼はどのようにすれば、注射を怖がる村人が進んで注射を受けに来るようになるのかを知らない（Foster 1962：3）。

冒頭で紹介したエボラ・パニックの事例でも、不慣れな近代医療への不信感と、遺体を火葬する習慣の不在から、近代的な装備をもって新設されたエボラ対策のための施設に思うように患者を集めることができなかったという（Diallo 2014）。

なぜ土地の人々は明らかに役に立つはずの技術を受け入れようとしないのか。この素朴な疑問は、長く援助関係者を悩ませてきた。すでに指摘したように想定外の結果は、もともと複雑な問題を、介入する側の都合で単純かつ技術的な問題として解こうとしたために生じたケースが多い。つまり、社会的文脈を無視して作られた計画が想定外の結果を招来したというわけだ。ところが、援助の現場では、地元の人々もはっきりとは認識していない原因から事業が途絶えてしまう場合もある。

フォスターは、次のような例をあげる（Foster 1962）。インドで六〇年代に導入された改良かまどは、眼病の原因になる煙を室外に排出する画期的かつ安価な調理用装置であり、間違いなく急速な普及が期待できる援助事業であった。ところが蓋を開けてみると、改良かまどの普及率は予想をはるかに下回った。後に判明したのは、室内に充満する煙が屋根裏のシロアリを退治する効果をもち、改良かまどを導入した家屋では屋根の葺き換え頻度が高まっていたということである。村人たちもこの因果関係をはっきりと自覚していたわけではなかった。フォスターはこの事例を次のように総括する（Foster 1962 : 81）。

改良かまどの導入計画が直面した問題は、村人による伝統への愛着でもなければ、新しい装置の利点に関する無理解でもなかった。村人は、かまどのもたらすトレード・オフを考えて費用が便益を上回ると結論したのである。結局、彼らがかまどの導入に消極的だったことは、もともとの介入の動機であった調理法とは関係がなかった。

一つの技術が、その導入ゆえに無効化してしまう在来の機能をあらかじめ把握できていれば、「想定外」はかなりの程度まで回避できたはずである。エジプトのパイプ敷設事業も、地域住民との十分な事前協議があればニーズに沿う形の援助になった可能性は高い。インドの改良かまどの例であれば、屋根裏のシロアリ対策を別途考慮することは可能であっただろう。ところが、こうした知識と経験が増加しても「想定外」をうまく制御できそうもない厄介な事例がある。それは「想定外」が開発を受け入れる側の人々による戦略から生じてくる場合である。

したたかな人々

政治学／人類学者のジェームズ・スコット（James Scott：1936– ）は、その著書『国家の眼差し』を通じて、開発は支配対象の操作化を好む政府の特性が促すものであり、そもそも貧困削減や住民の福祉向上といった、一般の人々が「開発」という言葉から想起するものとは全く異なる内容であると論じている（Scott 1998）。

スコットの見方を採用すれば、開発の失敗は政策に問題があるから生じるわけではなく、そもそもの解決策が的はずれなのである。そうだとすれば、「問題」が解決から想定を超えて逃げていってしまうのは当然だ。開発の対象とされる人々は、迷惑な開発から逃れようと精一杯の努力をするからである。開発という現象を当事者としてではなく、よそ者として眺める私たちの問題は、直接関係のない両者があたかも互いを求めているかのように捉えてしまうところにある。

一七世紀から二〇世紀初頭までイギリスやフランスで広く実施された「ドアと窓税」をめぐる騒動は統治する側とされる側の駆け引きを分かりやすく見せてくれた（Weber 1976）。窓とドアの数で税額を確定することで、細かい収入を聞き取る役人の実地調査を無用にするこの方法は、行政サイドから見れば画期的であったにちがいない。ドアや窓の数は、家の大きさにほぼ比例するだけでなく、そこにかかる費用の大きさから家のもち主の可処分所得を概ね表していると考えられたからである。ところが、この徴税方式に対抗して、人々は窓とドアの数を人為的に減らす対策をとった。「日光泥棒」と揶揄されたこの政策によって人々は窓を人為的に塞ぐようになり、室内の暗さと風通しの悪さは人々の健康にも悪影響を与えたと言われる（図5-1）。

これらの事例が教えてくれるのは、人々も戦略的に学習しているということだ。意図と結果の時間的な距離が空きすぎると因果関係があいまいになり、当事者の学習効果は薄れる。また、為政者と庶民の視点が乖離しすぎると、その隙間を埋めるかのように「想定外」が生じてくる。

図５－１　建築後に塞がれた形跡が確認できる窓
出典：http://storeyinstitute.blogspot.jp/2014/07/swing-camelbacks-and-daylight-robbery.html

自然環境に対する開発の場合には、相手が複雑な生態系であるために、「想定外」はさらに生じやすくなる。エコロジー経済学の提唱者であるリチャード・ノーガード（Richard Norgaard：1943-）は、二〇世紀中頃にアメリカで発明された有機塩素系殺虫剤の事例に注目する（ノーガード 2003）。当初、有機塩素系殺虫剤の開発は、農業の最大の障害であった害虫を、それまで用いられていた無機殺虫剤を上回る効果で駆除する画期的な技術と目されていた。ところが、この殺虫剤は意図せざる結果、標的とされた害虫の天敵まで駆除してしまったために、二次害虫が発生しただけでなく、もともとの駆除対象になっていた害虫の抵抗力まで強化してしまった。

人々は殺虫剤の量をさらに増やすことでこれに対応しようとしたが、それは費用がかさみ、問題を悪化させるばかりであった。結局、新たな害虫問題に対処するべく、新薬の開発競争に火がつく。この競争は、結果として資本の少ない小規模会社を倒産に追い込み、農薬業界の再編成を促した。

一連の変化の中での重要なポイントは「多くの人が『殺虫剤の踏み車』に乗っていることに気づいていた。

しかし、そこから降りる方法については誰も分からなかった」（ノーガード 2003：38）こと、他の道をとることがもはや困難であったという点である。

意図と結果の間に「学習」が起こるためには、ある行為が一つの結果をもたらしたというたしかな認識が、短い周期で主体にフィードバックされる必要がある。さもなければ、特定の結果が特定の行為からもたらされたものかどうか分からなくなってしまう。そして、既得権の網の目が張りめぐらされる前に別の道を探らなくてはならない。

では、反作用はすべて不規則に生じ、そこには将来の判断の助けになるようなパターンは見出されないのであろうか。意図せざる作用から学ぶ意思があるときに、その学習環境を整えるにはどうすればよいのだろうか。

4　開発を仕掛ける側の学習条件

副次的作用と媒介的作用

本章の第1節で「想定外は、学習のチャンス」と述べた。チャンスの活かされ方には、特定の意図を内包している個人や組織のもつ利害に応じて、いくつかの類型がある。開発が引き起こす作用には、副次的作用と媒介的作用がある。二つの作用は厳密に区別できるものではないが、学びの起こりやすさを考えるうえで両者を区別しておくと役に立つ。

まず、副次的作用とは、不規則に生じる意図せざる作用であって、働きかけの主体そのものよりは主体の外的環境に影響を与える。状況に対する無知や無自覚、あるいは自己利益の追求に基づく負の外部性に由来する場合が多い。一九五〇年代から日本の各地で人々の生存を脅かした公害は、この例である。公害源になった各地の産業施設は環境を汚すことを目的に廃液・排気を放出していたわけではない。環境汚染は産業活動の副次的作用として発生したのである。

この場合、無知を正して自覚を高め、技術革新を促し、税制などの経済的なインセンティブを整えることによって副次的作用を低下させることはできる。工場の排気口に脱硫装置を設置するといった副次的作用への対策は、この例である[4]。意図された目的は達成されても、計画段階では軽く見られていたり、全く視野に入っていなかった問題が突如として顕在化したような場合も副次的な作用のバリエーションになる。

これに対して、媒介的作用とは特定の方向に向かわせるような作用で、意図と行為を担う主体の生存原理に深くかかわるような作用を指す。ここで「主体」というのは、特定の個人や組織を指すのではなく、そうした組織を含む業界全体を広く指すと考えよう。

媒介的作用には、主体の維持存続にとってマイナスになるものと、プラスになるものとがある。マイナスに働く媒介的作用の例としては、途上国の官僚制を強化すべく、予算をつけて高度の教育研修（たとえば留学制度の充実）をほどこした結果、意図に反して優秀な官僚が民間や外国に逃げてしまうというケースがある。これは、研修を実施した政府組織の構成員の質を左右するという点から組織の生存にかかわる問題であり、人材流出が長く続くと組織の弱体化は免れえない。

他方で、主体の生存維持にプラスに働く媒介的作用としては、たとえば筆者が調査してきたタイの森林局の例がある。タイでは、森林局の管轄する森林の面積が減り続けてきたにもかかわらず、森林局の予算と人員が大幅に増えてきたという逆説的な現象が見られた。森林局は森林面積を失っても、逆にその危機感を利用して「環境保護」の必要性や植林事業の正当性を訴え、組織の存在意義と予算の増額を主張し続けることができた。土地利用の許認可権をうまく操作しながら、組織拡充を果たすことができたのである。この場合、森林の減少という一見して組織の存続に不利な現象が、実はプラスの媒介作用となって組織の強化につな

図5－2　「沈没するタイタニック」（ヴィリー・シュテーヴァー）

がっていることが分かる(5)。

ここで重要なのは、このメカニズムを政策担当者が自覚し、意図していたかどうかではない。急激な森林減少という変化が森林局という組織の拡大に、結果として役立ったという点が重要なのである。

副次的作用と媒介的作用の違いを、働きかける側の視点から具体的に考えてみよう。副次的作用が主体の環境にプラスに働いた例としては、一九一二年四月一四日に一五〇〇名以上の死者を出した旅客船タイタニック号の衝撃的な沈没事故があげられる。不沈船とも呼ばれ、当時としては珍しいほどのしっかりした安全対策を施していたはずのタイタニックの沈没は、文字通り想定外の海難事故であった。事故による衝撃の大きさによって海上航行の安全性に関する学習は急速に進み、無線配備の義務づけや人命救助に関する国際協定などの整備に伴って、その後の大事故の予防に大きく貢献した。海難事故という海上交通に伴うマイナスの副次的作用が長い眼で見ると船舶交通の業界全体にプラスの学習を誘発したというわけだ。

これとは逆に政府機関や民間企業に関してたびたび報道される組織的な不正隠しの問題は、組織的な学習が迂回されてしまった例になる。ある政策が生み出したマイナスの副次的作用がはっきりと認識できているのに、その対策コストが高くつくので先送りや放置をしてしまうのである。こうした副次的作用は内部告発などを通じてはじめて明るみに出るが、そのときにはすでに取り返しのつかないほどに害が広まり、そこに社会的な制裁も上乗せされて、マイナスの媒介的作用に化けてしまう。副次的作用を検知できた段階で対応をしておけば、組織の生存まで脅かされることはなかったはずのものが、である。

これに対して働きかける側の生存原理にプラスになるような媒介的作用は反復強化される傾向がある。「貧困対策」として行われたはずのインフラ整備が貧困軽減よりも中央政府による住民搾取の徹底につながったような場合、貧困軽減という本来目的は達せられていなくても、働きかける側（政府）の生存原理にプラスであれば「失敗」事業にストップはかかりにくい。あるいは、海外の環境団体がケニアでの「野生動物保護」を目的に公園レンジャーに密猟を取締るための武器を供与した結果、レンジャーが先住民に向けて武器を用いるようになり、反政府勢力の抑圧につながったという報告も媒介的作用の例と見てよい（Peluso 1993）。

こうした場合に媒介的作用の存在があからさまになることが政策を本来の目的に沿った軌道に戻す最初の契機になる。そのためには情報公開を進め、メディアなどの批判能力を高めるといった外部からの圧力を利用していく必要があるが、因果関係が当事者にしか分からないような性質であるときには、媒介的作用の検知すら困難になる。日本で数年おきにニュースになる製薬会社やマンション施工業者による偽装などはこの例だ。こうした密室での決定が大きな影響を及ぼすような問題については、生産者や働きかける側だけに専門的知見が偏っているのは望ましいことではなく、内部告発の制度はもちろん、消費者や働きかけられる側が専門的判断の是非を問えるよう体制を考えなくてはならない[6]。

無知は役に立つ

効果的な学習をさまたげるもう一つの原因は「想定外の結果」が実はある人々にとっては想定内であるために、あえて学習する圧力が生じない場合である。この点を深掘りするには、意図の有無が公になることで何が生じるかを考えればよい。開発を含めて、政策はすべての何らかの問題に対処するために立案・実施されるはずのものであり、どのような政策を行えば、どのような効果が期待できるのか、因果的な設計図が立案者の頭の中に存在しているはずである。よって、計画と現実の食い違いは本来であればすべて「想定外」でなくてはならない。

ところが、現実には因果の事実関係そのものよりも、生じてしまった問題（悪い状態）に対して、誰がどのように責任を負うべきかが争点になってしまう。「想定外」とはいえ、それが社会的な悪と認定されて故意に基づくともなれば、過失となって責任を追及されてしまう。だから原因の究明が故意にあやふやにされたり、手続きがわざと複雑化されたりするのだ。そこでは「無知であるふり」を含めた様々な責任逃れのための工作が行われるのである[7]。

政策立案者にとって「開発」は計画時に描いた青写真のとおりに実現することが望ましい。計画時に反対勢力を抑え込むために開発のプラス面を強調して着手された事業であるほど、「想定外」を認めることは計画の不備を認めることになってしまう。そうなってしまっては政治家や官僚の体面を保てない。政策立案者の構想の実現を阻むような民衆暴動をいかにして阻止するか、期待収益をいかに多く見せて、予想される困難を小さく見せるか。開発事業の規模が大きいほど、計画者の苦心はこの点に集まっていたに違いない。

だが、政策を実施する側にとって、無知であることが役に立つこともある。一九七〇年代のインドネシアでは、地域の人々の伝統的な焼畑が実は資源の長期的な持続性に照らして健全であるという事実に「無知」であることが、政府の役人や造林企業にとっては役立ってきた（Dove 1983）。地域住民の伝統的な農法が能性が高い。

「環境破壊的」であれば、政府の囲い込みを正当化しやすくなるからである。仮に農民による資源利用が適切であると確認できても、それは例外として処理され、記録されず意思決定の上流部門にも報告されない可能性が高い。

つまり、ここで明らかなのは「想定外」が、ある人々にとっては因果論における一つの便利な方便になっているという事実である。だからこそ「想定外」という論理がどのような社会的機能を果たすのか、慎重に吟味しなくてはならない。「意図したことではなかった」という言明は、結果が意図的に導かれたものではないという強調の背後で、結果が実は行為者の利益に沿ったものになっているかもしれない側面を覆い隠してしまう。開発の現場に無知であるということは、計画を脅やかす不用意な驚きを減らし、都合のよい「驚き」は受け流し、粛々と事業を進めるために、ときとして役に立つのである。

「想定外」という表現が喚起するマイナス面だけを問題にすると、それが何かの役に立っている可能性に目をつぶることになる。開発が計画どおり展開しなかったからといって、何の作用も引き起こされないことにはならない。「失敗」が反復しているケースでは、むしろ何か別の面での有用性が発揮されていると考えたほうが自然である（Ferguson 1990）。

ところで、本当に無知が原因で開発が失敗している場合に、その無知は最小化されるべきであろうか。というのも、将来に対する無知が生み出す誤算には、結果としてよい効果を生むものがあるからである。経済学者アルバート・ハーシュマンは『開発計画の診断』の中で「目隠しの手」と名づけて、誤算には望ましい誤算もあることに注意を喚起し、プラスの誤算とマイナスの誤算が互いに相殺する可能性を指摘する（Hirschman 1967）。想定外の困難が、これまた想定外に引き出される想像力や努力によって克服される、という事例は私たちも身近に体験することである。

将来の起こりうる困難を過大に評価すると、リスクは高いが必要な開発事業が行われなくなってしまう。

つまり、きたるべき将来の困難に無知であるほうが、かえって事業への着手が積極的に行われ、リスクに対する前向きな態度が醸成される場合がある。事前の知識が不十分であることが、かえってプラスに働く可能性をハーシュマンは見たのである。これは困難に直面したときになって初めて引き出される人間の創造性を高く評価する態度であると同時に、「計画」というものに対する謙虚な見方を表すものでもある。いずれにせよ、私たちは開発事業で「無知」が果たす機能について広い視野から検討する必要がありそうだ。

5　開発計画における学びと慎ましさ

第3章でも紹介した文化人類学者のジェームズ・ファーガソン（James Ferguson：1959–　）はアフリカの小国レソトで、事業担当者が自ら失敗であると認めている開発援助事業が繰り返し行われる仕組みを分析し、失敗の反復を支えている媒介的作用を発見した（Ferguson 1990）。貧困削減の「失敗」は援助がもたらした大きな作用のほんの小さな一部にすぎず、度重なる資金投入による政府機関の肥大化と、その権力が及ぶ範囲が拡大したことこそが援助の引き起こした真の結果であるとファーガソンは言う。意図の次元にとらわれていると、失敗が反復する理由が説明できない。意図と結果はズレて当たり前だからである。意図ではなく、行為が引き起こす作用の分析に重点をおくべきだと彼は主張する。この指摘は重く受け止めなくてはならない。

本章では、この問題意識を筆者なりに引き継ぐかたちで、開発における学習の問題を考えた。そして効果的な学習を阻む「意図の読み間違い」について三つの論点を提示した。

第一は、本来は重層的な相互作用から生み出される意図を、それが住民であれ政府の役人であれ、現場の行為者にすべて還元してしまう誤りである。この考え方をとると、開発事業が失敗したときに現場の人々に批判が押しつけられることになる。そうなってしまうと、失敗が実は「想定外」ではなく、政策的に導かれた可能性が見えなくなってしまう。特定の事業がうまく機能しないのは、競合する政府組織の圧力で予算や資源が意図的に抑え込まれているからであるかもしれない。このように失敗が政策から導かれているとすれば、様々な改善提案を売り込もうとしても意味がない。

社会現象の読み解きは難しい。そこに何を見るかが分析者の眼力によって大きく異なるからである。そこにあるはずなのに、ないもの。ないはずなのに、あるもの。焦点を自在に操ることのできるレンズで「現場」で起こっていることの意味をピタリと像に結びつけられるかどうかがポイントである。エボラ・パニックのときに、援助する側は保健・衛生上の問題しか視野に入っていなかった。それゆえに現地の風習や食料確保といった保健セクター外の諸要素を勘案できなかった。この視野の狭さが後により大きな問題を招いてしまった。複雑な社会的行為を読み解くときには、現場の外にある力が現場でのふるまいを規定している可能性を常に考えなくてはならない。

第二に、意図の過大評価と作用の過小評価という誤りである。開発現象の大きな部分は、それを駆動させた意図を超える具体的な作用を社会全体に及ぼす。そして、社会はそれを構成する人々に反作用を及ぼし、人々は次なる意図を繰り出す。結果は次のサイクルで再び原因となることを私たちは忘れがちだ。原因と結果は直線的な回路でつながっているのではなく、反動、フィードバック、反復、強化といったダイナミックな相互作用を通じて関係をもつ。意図の修正や、その実現化を手助けするというのは、開発をよくする努力の一部にすぎない。むしろ、結果として開発がうまくいった例、政策立案者の意図とは無関係によい結果が導かれた事例の発見に努め、もともとあった計画の枠にとらわれない柔軟な再評価の視点をもつことが必要であろう。

第三に、「想定外」を読み解くうえで、副次的作用と媒介的作用を区別しない誤りである。政策を打ち出す公的機関の任務と、組織としての生存原理は必ずしも整合的でないために「想定外」が構造上の必然として生じることもある。そこで組織が学習するかどうかは、事実の正確さや妥当性よりも、利害関係の分布、意図と結果との空間的・時間的・制度的距離に依存している。学ばないことで得をしている人々に学ばせようとするのは、労力の無駄でもある。「想定外」は、いつも学習を必要とするうっかりミスであるとは限らない。むしろ、生産され、支えられたりすることもある。

外国の機関が行う援助の場合は手段が投入される点と目標が位置する点、そして実際の作用が現れる点とが離れているゆえに、互いの照準を調整するフィードバックのメカニズムがほとんど機能しない。投入される機材や技術のコストパフォーマンスは専門家によって評価されるが、貧しい農民が開発プロジェクトの方針にかかわるような評価に関与することはめったにない。だからこそ、現場の小さな声を拾い上げるＮＧＯやメディア、研究者の役割が重要になる。住民参加や民主主義とは、開発の学習メカニズムに関する問題であると読みかえられる。意図と作用の時間的距離を縮めるのは困難だが、制度的な距離を縮めることは可能である。

「想定外」は、開発計画につきものである。事業の設計図に完璧を期するよりも、むしろ、思わぬ状況の変化に対したときに学習するメカニズムが組み込まれているかどうかを問題にしなくてはならない。

人や資金を増やすことで、開発の規模を大きくするのは容易だが、開発を貧困削減や弱者のエンパワーメントといった本来の目的に役立てることは案外むずかしい。私たちが比較的容易に着手できるのは、これがむずかしい理由を明らかにしていくこと、そして「計画」を過信しないことだろう。将来の驚きと学習を織り込んだ「慎ましい」計画は、その控え目な響きとは裏腹に長い射程をもっている。

注

（1）サマリア人とは聖書に出てくるユダヤと敵対する人々であるが、聖書（「ルカによる福音書」第一〇章第二六〜三七節）では、道端に倒れている瀕死の人を親切に宿まで送り届け、宿代まで置いていくという「よきサマリア人」として描かれている（Buchanan 1975）。

（2）発展の負の側面として生じる種々の問題を克服し、「発展」に変換する知恵が追いつかない状況を指して、ホーマー・ディクソンは「創意工夫の相対的不足（Ingenuity Gap）」と呼んだ（Homer-Dixon 2002）。彼によれば、一部の技術信奉者や楽観的経済学者の見通しは現実の偏った切り取りに基づいている。そして、複雑化の速度を増している現代社会では、目先の問題の解決が優先される結果、問題の「解決」は実際にはすり替えや先延ばしにしかなっていないと警鐘を鳴らす。

（3）技術に焦点を当てた反作用の事例と分析については、たとえばテナー（1999）を参照。

（4）ただし、環境問題の場合は特に作用が重要であるために、一つのレベルの環境問題の解決が別のレベルでの環境問題となる場合もある。たとえば、オゾン層を破壊するフロンの代替物質が、かえって温暖化を招いてしまうような場合である。

（5）現実には、プラスでもマイナスでもない中立的な作用もあるだろう。あるいは個人ではなく組織の場合には、複数の意図が混在するので意図と行為の間に重層的に隙間ができ、利害が錯綜してマイナスやプラスといった単純な評価ができないような場合も考えられる。いずれにせよ組織の重層性は、投入と産出がどのような回路でつながっているかを読み取りにくくするので、個人レベルの「意図せざる結果」に比べて学習が難しくなる。

（6）二〇〇〇年代の前半に問題化した杉並病と呼ばれる健康被害では、被害住民の中に化学物質の専門家がいたことが事態の解明に大きく貢献したことが知られている（宇井 2000：64）。

（7）この点に関する詳しい分析は佐藤（2002）を参照。

参考文献

青木保ほか編（2003）『アジア新世紀5 市場』岩波書店。

宇井純（2000）「公害における知の効用」栗原彬ほか編『越境する知3 言説――切り裂く』東京大学出版会、四九～七二頁。

エルスター、ヤン（1997）（海野道郎訳）『社会科学の道具箱――合理的選択理論入門』ハーベスト社。（原著 Elster, J. 1989. *Nuts and Bolts of Social Sciences*, Cambridge : Cambridge University Press.）

エンゲルス、フェデリック（1956）（田辺振太郎訳）『自然の弁証法』上、岩波書店。

佐藤仁（2002）「問題を切り取る視点――環境問題とフレーミングの政治学」石弘之編『環境学の技法』東京大学出版会、四一～七五頁。

テナー、エドワード（1999）（山口剛・粥川準二訳）『逆襲するテクノロジー』早川書房。（原著 Tenner, Edward. 1996. *Why Things Bite Back : Technology and the Revenge of Unintended Consequences*, New York : Knopf.）

マルサス、トーマス（1962）（高野岩三郎・大内兵衛訳）『人口の原理』岩波書店。（原著 Malthus, T. 1789. *An essay on the principle of population, as it affects the future improvement of society. With remarks on the speculations of Mr. Godwin, M. Condorcet and other writers*, London : J. Johnson.）

Buchanan, J. M. 1975. "The Samaritan's Dilemma," in E. S. Phelps ed. *Altruism, Morality, and Economic Theory*, New York : Russell Sage Foundation, pp. 71–85.

Diallo, M. 2014. "They accused me of selling my son. The father of an Ebola victim speaks out," *International Federation of Red Cross and Red Crescent Societies*, October 24.

Dixon, R. 2014. "Health workers in Liberia's Ebola outbreak often ostracized," *Los Angeles Times*, September 30.

Dove, M. 1983. "Theories of Swidden Agriculture and the Political Economy of Ignorance," *Agroforestry Systems*, Vol. 1, pp. 85–99.

Ferguson, J. 1990. *The Anti-Politics Machine : "Development," Depoliticization and Bureaucratic Power in Lesotho,*

Cambridge : Cambridge University Press.
Foster, G. 1962. *Traditional Societies and the Impact of Technological Change*, New York : Harper & Row.
Hirschman, A. 1967. *Development Projects Observed*, Washington, D. C. : Brookings Institute.（麻田四朗・所哲也訳〔1973〕『開発計画の診断』巌松堂出版。）
Homer-Dixon, T. 2002. *The Ingenuity Gap : Facing the economic, environmental, and other challenges of an increasingly complex and unpredictable world*, New York : Vintage.
Merton, R. 1936. “The Unanticipated Consequences of Purposive Social Action,” *American Sociological Review*, Vol. 1, No. 6, pp. 894–904.（森東吾・森好夫・金沢実訳〔1980〕『現代社会学大系第13巻　社会理論と機能分析』青木書店。）
Norgaard, R. 1994. *Development Betrayed : The End of Progress and a Co-Evolutionary Revisioning of the Future*, New York : Routledge.（竹内憲司訳〔2003〕『裏切られた発展』勁草書房。）
Peluso, N. 1993. “Coercing Conservation? The Politics of State Resource Control,” *Global Environmental Change*, Vol. 3, No. 2, pp. 199–218.
Rogers, E. 1995. *Diffusion of Innovations*（Fourth Edition）, New York : Free Press.（青池慎一・宇野善康訳〔1990〕『イノベーション普及学』産能大学出版部。）
Sacra, R. 2014. “Unintended Consequences in the Ebora Epidemic,” Global Mission Health Conference（https://www.medicalmissions.com/learn/resources/unintended-consequences-in-the-ebora-crisis）.
Scott, J. 1998. *Seeing Like a State : How Certain Schemes to Improve the Human Condition Have Failed*, New Haven : Yale University Press.
UNICEF. 2007. *An Evaluation of the Playpump Water System as an Appropriate Technology for Water, Sanitation, and Hygiene Programs*, New York : UNICEF.
Weber, E. 1976. *Peasants into Frenchmen : The Modernization of rural France, 1870–1914*, Palo Alto : Stanford University Press.

第6章　緊急物資はなぜ届かないのか

東日本大震災の緊急支援で浮き彫りになったのは、豊富な支援物資があるのにそれを必要としている人々に届けることができないジレンマであった。ここには交通の遮断やガソリンの不足といった物理的な障害も大きく影響していたが、そうではない制度的・社会的な要因も働いていた。人道的な見地から行われる緊急物資の配分は、被災者の生存にかかわる。物資は余っているのに人々に届かない理由はどこにあるのか。同じようなジレンマに直面していたスマトラ沖地震（二〇〇四）を事例に考えてみる。

1　届かない援助

スマトラ沖地震の教訓

二〇一一年三月一一日の東日本大震災によって、その年の日本は世界最大の援助受け入れ国となった。ネパールやアフガニスタンといった貧困や紛争に苛まれている国からも、日本に対して惜しみない支援が寄せられた。これまで培われてきた友好関係の賜物である。ところが、大量に寄せられた支援物資は、必ずしもそれを必要とする被災者に届けられたわけではなかった。

援助物資は有り余るほど存在するのに、それを必要とする人に届かないというジレンマは珍しい出来事ではない。そこには何らかの共通するメカニズムがあるのではないか。そこで本章では筆者が自分の足で調査したスマトラ沖地震の際の緊急支援の事例分析から、物資やサービスがあるのに、それを必要とする人々に届かないというパズルの一端を解明し、将来の災害時における緊急援助に役立つヒントを得たい。

二〇〇四年一二月二六日のスマトラ沖地震による津波被害は実に甚大であった。筆者が調査を行ったタイの被害は、死者・行方不明者二〇万人以上とも言われるインドネシアやスリランカと比べると比較的小さかったが、それでも一万人近くの犠牲者を出した自然災害はタイ史上、前例がない。これまでも、この大災害から教訓を得ようと多くの研究がなされてきた。避難路の確保や防波堤の建造、津波警報装置の設置など教訓の一部は着実に生かされつつある。一方で、生活復興に向けた援助に役立てるという観点から被災者支援の教訓を引き出そうとした研究は極めて少ない。

この理由には次の三点が考えられる。第一に、防災の分野が構造物に着目する工学系研究者によって占められ、人々の暮らしそのものに関心をもつ地域研究者や社会科学系研究者の参与が著しく少ないこと。第二に、生活復興は活動の成果が見えるまでに時間がかかるので、時間の経過とともに事象に対する注目度が薄れていくこと。そして第三に、緊急支援の現場では多様な援助主体が互いに協調することなく、それぞれの立場で参加するために、組織横断的な教訓のとりまとめが困難なことである。

筆者は二〇〇四年一〇月一日から一年間ＪＩＣＡ（国際協力機構）専門家としてタイ天然資源環境省に出向中であったが、期せずして同年一二月に発生した津波被災者の生活復興に関する調査にもかかわるようになった。

本章は、その経験を踏まえて、財の特性と分配方法に応じた援助の在り方を考察する。援助物資の分配の偏りは、批判の対象となりがちな「有力者層による横取り」ではなく、物資の分配方法や諸資源の偏りによって説明できる、という筆者の主張を裏づけてみたい。ここで特に着目するのは、援助を企図する側の論理と、それを受ける側の論理との間に生じる齟齬である。

必ずしも緊急支援の場面を対象にしていないとはいえ、援助する側とされる側との齟齬に着目した研究は、アメリカによる国際援助が本格化する一九六〇年代に端緒を見た開発人類学や開発社会学の領域で多くの蓄積がある（Arensberg and Niehoff 1964; Niehoff ed. 1966）。日本ではＯＤＡ大国化した一九九〇年代にようやく研究が行われるようになった。中でも佐藤寛らによる一連の研究は特筆に値する（佐藤 1994）。佐藤は、よそ者による地元文化の読み間違いや軽視を齟齬の主たる要因とし、指標化しづらいゆえに正面から扱われることの少なかった「援助の社会的側面」、特に受け入れる側の援助に対する反応の類型化を試みた。

そうした研究から導かれる具体的提言の一つは、地域社会の内在的な理解を促す事前調査の工夫と綿密化である（国際協力総合研修所 2005）。なるほど援助を受け入れる側の文化や社会制度を事前によく調べておくことで、より効果的な支援ができるようになるのは間違いなかろう。だが、突然訪れる災害状況下では、地域の文化や民族性など平時の開発活動であれば収集できた社会情報を「綿密に」集めている時間的余裕がない。そこで、筆者は地域に固有の社会的情報の充実に力点を置くのではなく、物資の社会的特性という時間のかからない側面に着目して新たな援助の可能性を模索する道を考えてみた。

第二の津波

世界的に著名な観光地が含まれていたこともあり、スマトラ沖地震の津波被災地には、被災当日より国内外から多くの援助が集められた。物資の提供からボランティアに至るまで、支援の総量は日を追うごとに増大した。援助が引き起こした混乱を、地元の人々は「第二の津波」と呼んでいた。首都バンコクでも赤十字社の前には、被災から数日でのべ一万人のボランティア志願者が列をなし、赤十字社の職員はそれらの人々の対応に時間をとられて本来の業務が滞ってしまった[1]。また首相府に集められた一般の人々からの寄付金は二〇〇五年五月の段階で復興のための政府特別予算とは別に、一六億バーツ（約四三億円）の額に上ったが、そのうちの六億バーツは使いきられることなく数カ月の間口座に残されたままであった（佐藤 2007）。

中央に集められた驚異的な額の寄付金とは裏腹に、現場で被災者の声に耳を傾けてみると、こうした緊急援助に対する不満が後を絶たなかった。筆者が現地調査を行ったのは、二〇〇五年一月一四日からの四日間と三月二三日からの八日間、そして二〇〇六年三月二七日からの一〇日間であった。調査は各種援助団体が配布した物資の種類と配布の方法、そして支援に対する住民の見方の聴取を主たる目的とした。調査地は最も被害の大きかったパンガー県を中心に、トラン、ピーピー島、クラビなどの主要な被災地とした。

いずれの訪問地でも、不十分な補償や援助に対する不満を多くの村人から耳にした。二〇〇五年二月二日付のタイの英字新聞『ネイション（The Nation）』は「われわれは何も受け取っていない——津波被災者の声」と題する特集記事を掲載し、支援や補償に関わる事務作業の遅さ、援助団体による空約束に対する被災者の不満などを報じた。タイ字新聞の報道を含めて、不満の多くは行政による補償手続きの怠慢、機関ごとに異なる補償基準と相互調整の欠如、縁故に基づく物資の恣意的な配分に向けられていることが分かった。

使いきれないほどの寄付が存在し、被災地域の現場状況に関する情報の偏りもさほど見られないにもかかわらず、支援が人々に届かないという事態をどう説明するのか。現地で最も頻繁に聞いた説明は、地元有力者層による援助の横取り、いわゆるエリート・キャプチャー（Elite Capture）である。

エリート・キャプチャー（以下、ECと略称）とは、貧困層への裨益を目的として投入された援助資源が、貧困層に到達する以前の段階で地元の有力者に偏って配分されてしまう事象を指す（Platteau 2004; Platteau and Gaspart 2003）。それは政治家や高級官僚らのあからさまな横領から、地主などの地元有力者層による巧妙な搾取に至るまで多様なレベルに及ぶ。たとえば、被害が集中したパンガー県タクワパー郡では、児童の給食費用に集められた義援金が何者かによって着服されたと報じられた（Khom Chat Luk 2005）。

経済的価値の高い財が社会的弱者に移転されずに横取りされる可能性は、世界各地の援助事業で指摘されて久しい。それは同時に、エリートの介入を回避するための様々な方策、特に貧困層に直接便益を届ける「ターゲティング」をめぐる議論を喚起した。[2] たしかに、速やかな救援と支援物資の配布が不可欠になる災害現場では、十分な情報を集めている時間的猶予がない。つまり、緊急時には時間的猶予がある平常時以上に、地元のリーダーに各種の意思決定の裁量が与えられることになり、汚職の危険度は高まる。また、この傾向は物資をすばやく目に見える形で届けることで自らの「実績」としたい大規模援助ドナーの利害とも一致する。

しかし、EC論があまりに支配的であったからか、エリートや権力者層以外の変数が分配に影響を与えている可能性についてはほとんど考察されてこなかった。[3] エリートや官僚制の問題を根本的に改変することに期待ができないとき、エリートそのものに働きかける方法以外の戦略が必要になる。津波復興支援では、食料や水などの緊急物資にはじまり、仮設住宅や漁船、託児所など多様な財・サービスが短期間のうちに一斉投入された。どの財をどこに配分するかを決めているのは、たしかに個々の人間である。しかし、財を投入する人とそれを最終的に享受する人との間の認識や立場の乖離が甚だしいとき、財の分配は思わぬ方向にそれていってしまうことがある。

以下では、タイでの津波被災地支援における財の分配を例に、単純なEC論によらず、投入される財の特性や分配方法の選択に伴う副次的作用という視点から財の便益が偏ってしまう理由を探りたい。

2　財から人を眺める

財が人を選ぶ？

財の特性に注目するとはどういうことだろうか。人と財の関係に従来から注目してきた学問分野は経済学である。経済学では「財」を「人が消費や生産という経済活動を行う際に用いるもの」と定義する（宇沢1989：5）。アマルティア・センも著書『福祉の経済学』の冒頭で「経済学は主として財と人との関係に関心を寄せる。人は財の生産をどのように手配するか、人はいかにして財に対する支配権を確立するか、人は財をもちいて何をなすか、人は財から何を得るのかの研究がそれである」（セン1988：11）と指摘し、経済学の要諦が財と人との関係分析にあることを強調する。

本書の第1章と第2章で見たように、センは財の保有に分析の射程をとどめることなく、さらに一歩踏み込む分析を披露した。すなわち、人間が財を使いこなして、その有用性を活用するプロセスを機能（functionings）と呼び、人と財との関係に関する考察を飛躍的に洗練させた。しかし、量と保有に焦点を当てる従来のアプローチも、質と機能に注目するセンのアプローチも、選択する側に立つ人間の主体性、つまり人が財を選ぶという前提に立脚している点で共通している。

これに対して、豊富な研究史の中で十分に問われてこなかったのは「財が人を選ぶ」という従来とは逆の視角である。センの表現を借りれば「財が人に対して及ぼす支配権」と換言してもよい。もちろん、財それ自体が主体的に誰の手元に自らを運んでいくことはない。しかし、財の社会的特性ゆえに特定の属性をもった人々がその財を利用するうえで有利になったり、不利になったりすることはある。

このテーマの可能性を鮮やかに示したのが、科学技術社会学のラングドン・ウィナー（Langdon Winner：1944−）である。彼は論文「人工物に政治はあるか」でニューヨークのロングアイランドに点在する公園道路の陸橋が奇妙なほど低く作られていることに注目した（Winner 1980）。バスやトラックといった車高の高い車では通れないほど低い陸橋が目立って存在するというのである。

ウィナーは、一九二〇年代から七〇年代にかけてニューヨーク市のインフラ建設で活躍したロバート・モージスという人物に注目した。そして、彼が自家用車をもたず安価なバスにしか乗ることのできなかった当時の黒人を自ら設計に携わったジョーンズ・ビーチに近づけないようにするために、わざと陸橋を低く設計したのだと主張して物議をかもした。

つまり、陸橋の桁下の低さは特定の政治的効果を狙って作られていたというわけだ。モージスが人種差別主義者であったのかどうかはさておき、陸橋の低さが設計上、車高の高いバスを物理的に排除しているという事実は論争の余地がない。モノが社会に及ぼす決定的な力を私たちは見過ごしがちである。それは「技術が何をしてくれるか」と問うことになれている私たちも「技術は何をさせなくしているか」を問う習慣はないからである。低く設計された陸橋はたしかに、車高の高い車の通行を遮断した。だが、そのことを問う人はいなかった。

これから問うのは、まさしく援助物質が何をし、何をさせないか、である。

タイにおける被害と援助

財の特性と分配メカニズムを詳しく論じる前に、タイにおける津波被害の概要をおさらいしておこう[4]。人的・物的な被害を表6－1に要約してみた。特徴的なのは、観光客として来ていた日本人を含む外国人の死傷者が多いことである。被災者に占める外国人比率の高さは、ただでさえ困難の多い緊急援助をさらに混乱させる元になった[5]。

タイで特徴だったのは、援助の総量が必要量に照らして相対的に大きかったということである。前述したように、二〇〇五年五月の段階で首相府に集められた寄付金の総額は一六億バーツであったが、これを大雑把に半壊・全壊家屋数で割ると一世帯あたり二四万バーツとなる。当時のタイ農村部における平均年収が五～六万バーツであったことを考えると、津波で失われたすべてを回復することは不可能としても、当座の物的基盤を立て直すには十分な額が集められたはずであった。

表6－1　津波で被災したタイにおける死者・負傷者・行方不明者の統計

県	死者			負傷者		行方不明者	
	タイ人	外国人	不明	タイ人	外国人	タイ人	外国人
パンガー	1,288	1,633	1,303	4,344	1,253	1,354	363
プーケット	151	111	17	591	520	250	305
クラビ	357	203	161	808	568	323	240
ラノン	156	203	0	215	31	9	0
タラン	3	2	0	92	20	1	0
サトゥン	6	0	0	15	0	0	0
合計	1,961	1,953	1,481	6,065	2,392	1,937	908

出典：内務省防災局発行資料，2005年4月24日付。

ところが、いざ現地に足を運んでみると、援助に対する村人たちの不満が後を絶たなかった。後に述べるように、問題は村や集落を基本的な単位として援助の需要と供給を考えてしまうことに起因していた。というのも不満の源泉は支援の総量が不足しているということではなく、村の中での分配の偏りにあったからだ。緊急支援が被災者個人の生存条件の改善を目的にしている以上、本来は村の内部構造に配慮した支援を行わなくてはならないはずであった。しかし、村の内部構造に関する情報は取得のコストが高く、緊急性を要する災害援助では時間もない。だからこそ次に見るように財の特性に注目する意義がある。

財の特性

援助物資には様々な特性があり、それは財そのものに内在する機能を超えて作用する。たとえば飲料水を援助する場合、ペットボトルで世帯ごとに必要量を配布するのか、あるいは集落共用のタンクを用意するのかによって受け入れ集落に及ぼす効果は異なってくる。前者は、個人に分割して利用を任せるのに対して、後者の場合は集合的な管理を必要とするからである。

同じ財を援助するのでも配る方法によっては異なる効果をもつことがあるし、それを受け取る側の社会組織や個人的条件の違いによっても便益の生まれ方は違ってくる。漁民ではない人への漁具の提供は役に立たないし、村人同士が互いを信頼していない集落に被災者のための村落銀行を設置するのは困難であろう。財の特性は、財それ自体に内在している性質というよりも、その有用性を発揮させるうえで必要になる利用者の側の個人的・集合的な特性との組み合わせに規定されるのである。

分配を考察するうえで重要になる財の特性は、いくつかの基準で類型化できる（Elster 1992）。第一は、分割可能性である。複数の人で分けることができないような財、あるいは無理に分割すると財の便益が損なわれるようなものが分割不可能財である。集落共有の発電機や貯水タンクなどは分割不可能財の例である。

第二は均質性、すなわち財の有用性の度合いが利用する人によって同じであるかどうか、という基準である。たとえばプレハブ住宅は、間取りや材質などの面において均質にすることができるが、公共施設や道路への遠近などによって利便性に差が生じることもある。これに対して、防災警報システムの便益は域内の居住者にとっては均質であると考えてよい。

第三は稀少性であり、これは財の供給がすべての人々の需要を満足できない状態にあることである。潜在的な供給過剰状態にあったタイの津波支援では、稀少性の基準は論じる必要がないと思われるかもしれない。しかし、実際には同じ「仮設住宅」であっても被災者に等しく一斉に供給できるものではない以上、大部分の物資はどこかの段階で「稀少」であったと考えてよい。

緊急援助の文脈では、右の三つの基準に追加すべき項目がいくつかある。財が耐久財か消費財か、個人財か共有財か、技能集約財か否か、そして財の転売可能性なども考慮しなくては分配の全体像がつかめない。また、食料などの賞味期限つきの物資については、倉庫に保管できる期間に限界があるので、ある程度公平性を犠牲にしても量をさばける供給体制を組まなくてはならないだろう。

ペットボトルと貯水タンクのように、個人財か共有財かの違いは、管理組織の成熟度に応じて使い分けられなくてはならない。特定の生業に付随した財（たとえば漁船のエンジンなど）は、それを活用するために資格や技能に関する条件を満たさなくてはならない。転売可能性の高い財は特に競合の対象となりやすく、ゆえに村落内不和の原因になることは容易に想像がつく。これらの財の特性を上手く手なづけて、公平な分配に結びつけることができるかどうかは、特定の配分を企画する側と、それを受け入れる地域社会のもつ人間関係とのマッチングに依存するのである。

3　エルスターの「ローカルな正義」

ローカルな正義とは？

配分する側の論理から考えてみよう。人々の役に立つ財やサービスが多様な人々の間に行きわたるときに、そこにはどんな原理が働いているのだろうか。たとえば病院は「医療ニーズ」に応じて、大学は「学力」に応じて、サービスの供与対象を選ぶ。つまり、それぞれの財・サービスを提供している集団は、各自固有の規範をもって配分活動に従事していると考えてよい。

ここで問題になるのは、個別の視点から財やサービス（そして負担）を配分するこれらの個別組織の振舞いと、その便益を受ける人々の反応との関係である。「ニーズ」のように客観的な測定が困難な基準では、受け手がニーズを巧みに操作して便益にあやかろうとすることもある。難民支援の場面で、本来は難民でない人が難民になりすますといった事態は、この例である。

政治哲学者のヤン・エルスター（Jon Elster：1940–）は、政府にも市場にも依存しない個別組織によるモノやサービスの分配領域を「ローカル」と呼び、政府や市場を介して行われるグローバルな分配と区別した（Elster 1992）。託児所から学校、会社、病院、老人ホームに至るまで、ローカルな論理で配分される財・サービスは生涯にわたって私たちの生活の質に深く関係している。

市場にも頼らず政府でもない組織が各々「個別の」基準で配分を行う領域を「ローカル」であるとすれば、

緊急援助を行う団体もローカルな主体である。ただし緊急支援団体が他のローカルな組織と異なるのは、こうした団体の配分行為が「その場限り」ということである。個々の組織からすれば、財・サービスの配分は特定の場面で、特定の人に対して行われる一過性の行為である。継続的な支援が行われる場合もないわけではないが、多くの緊急援助では一回限りのやり取りで終わる。

ところが、財・サービスを配分される側から見ると、そうした支援を行う団体は複数併存しており、かつ時系列的に異なるタイミングで財やサービスを配るので単に一過性のものと片づけるわけにはいかない。配分する側の活動は個別・一過性であったとしても、受ける側の経験は蓄積されていくからである。

各組織に固有の論理に基づいて現金よりも現物財を配る「ローカル」な領域では、全体を見渡すような統一的な配分基準がないことから地域の実状に応じて多様な副次的作用が生み出された。たとえば過剰支援による援助依存、異なる価値をもつ財が同じ集落で恣意的に配分されることに対する不公平感の蔓延と信頼関係の断絶、「海の民」[6]と呼ばれる少数民族への不十分な支援、支援団体そのものへの不信感（無料で配布すべく寄付者から預かったものを有償で配っているという噂）、地元リーダーの腐敗などである。

援助の送り手も受け手も、それぞれの「正義」に基づいて財の配分を工夫したが、海の民や不法滞在のミャンマー人、孤児、乳幼児をかかえた未亡人など社会的発言力の弱い人々、避難所に移転しなかった人々は支援から取り残されがちであった。特にミャンマー人を中心とする海外からの不法労働者は、逮捕と本国への強制送還を恐れて「援助から逃げる」という選択をとった人々が多かった。

とりわけ分配を偏らせた大きな要因は、このような被災者の多様性であった。被災者の属性は宗教、職業、国籍、文化などの面で異なっていたし、土地の有力者とのつながりや経済力の面でも大きな格差が存在していた。前述のように、そもそもタイにおける最大の犠牲者はタイ人ではない。最も深刻な被害を受けたパンガー県を見ると、死者の総数に占める外国人の割合はタイ人のそれを上回っていた。迅速な支援を心がければ援助は画一的な方向に傾き、多様性への配慮を欠くことになるが、多様性に配慮しようとすれば準備に時間がかかってしまう。実際、NGOを中心とする草の根志向の援助団体の多くはEC問題を自覚して、母国の寄付者への説明責任を果たすために、被災者個々人に直接、支援物資を渡す方法を好む傾向があった。しかし、この直接的な方法がかえって集落の中に不公平感を生み、他の財の分配方法や人々の行動に影響を与えた事例も多く見られた。受け手が多様であるとき、どの方法にも一長一短が伴う。

何がどう配分されたか

こうした一長一短を体系的に整理してみたのが表6－2である。まずは三列目の配分財やサービスのリストを見てほしい。筆者が現場で見ることのできた「支援」の中身が、これらの財やサービスである。次に、二列目の「配分方法」は、これらの財を分けるときに採用される典型的な方法である。たとえば、仮設住宅の配分であれば「くじ」引きが最もよく見られた方法であったし、水や食料であれば待ち行列を作ることが典型的であった。一列目には、そうした配分方法の背景にあると考えられる規範の種類をあげている。財の種類によって配分方法が一つに決まるわけでは必ずしもない。同じ財が複数の方法の欄に記載されているのは、そのためである。

それぞれの配分方法に伴う論点を列挙したのが四列目である。この表から分かるのは、どの方法をとったとしても完全に公平な分配方法にはならないし、支援に対する人々の反応の仕方が、分配の結果に影響を与えることもあるということである。

現場の実態に則して表6－2のポイントを三点に整理しよう。第一に、分割可能財が稀少である場合、「くじ」が最も頻繁に用いられる分配手法であった。くじには取引費用を小さく抑えることができるというメリットがある一方で、後に述べるように、くじ引きの対象になる財の選別があらかじめ有力者によって操

表6－2　配分方法の多様性と分配上の論点

規範原則	配分方法	財やサービスの例	分配上の論点
公平性	くじ	恒久住宅 仮設住宅 日常品セット	「くじ」を引く機会（情報や資格）が操作されている可能性
	待ち行列	緊急の「食料」，水	援助依存，分配の偏り 待ち時間の機会費用
	均等割り	現金(十分あるとき) 寄贈品（全員分あるとき）	全員にいきわたらないような財の拒絶 世帯割にした場合の世帯人数への無配慮
	被災者リスト順	寄贈品全般	リストに載る人と載らない人を誰が判定するのか
体系的なニーズ充足	ニーズ判定（外部者）	居住空間 自家発電機 医療器具	「安全性」を建前にした政府基準の押しつけ 非被災者へのスピルオーバー メンテナンス能力の無視 援助依存
	ニーズ判定（内部リーダー and/or 合議）	ボランティア 船，漁具，エンジン 仮設住宅 共有水タンク	村の中の権力構造に依存．地元リーダーの判断に重く依存 漁民でない人々への支援の不足
	自発的享受	雇用機会 職業訓練 託児所	機会周知の方法 国民登録証の保有が前提
既得権の回復	世帯配布（資格認定）	一部宗教組織の援助物資 政府の補償金	資格を操作する誘引（キリスト教徒が不自然に倍増した村もあった） 「住民登録」だけで，実態のない人々へのスピルオーバー 省庁による資格認定の不統一と重複享受
主観的なニーズ充足	個別直接配布（ランダム）	漁船 現金 寄贈品一般 テント	重複享受 集落内の不公平感の増幅 働くインセンティブの剝奪

出典：筆者作成。

作されている可能性に注意しなくてはならない。

第二に、漁船などの換金価値の高い財については、地元リーダーを仲介とする配分が多いが、その理由は集落内の情報が外部者には分からないからである。一部の住民は情報の非対称性を利用して、漁民でないにもかかわらず漁船を獲得し、転売したというケースも筆者は耳にした。

第三に、政府による「補償」はほとんどが国籍や登録などの資格要件に基づく既得権の回復を前提とする。そのため情報が古すぎて現状に対応していなかったり、証拠書類の整理に要する時間的犠牲が大きくなる傾向があった。また、そもそも住所や船舶の保有を役所に届け出ていなかった人も多かった。

集落ごとのニーズを表す被災者データベースを作成して、それに基づく財の配分を行えば、少なくとも登録されている人々の間での公平性を担保できたかもしれない。しかし、そうすると登録されない人々との間の公平性は視野の外に置かれてしまう。ＥＣ論の観点からすれば、くじや待ち行列といった手法は、一見すると村落内の公平性を担保しているかに見えるが、恒久住宅や漁船などの高価値財の分配では、くじを引く資格をもつ人の認定に恣意性が介在したり地元有力者による「別枠」が確保されている場合もあり、公平な分配原理として村人に認められていない可能性がある。また、待ち行列という配分方法は、初期の緊急援助時には不可避な手法になるものの、行方不明になった家族を捜索している人にとっては機会費用が高く、結果としては時間のある人、仕事を分担する余裕のある大家族に相対的に有利に働く。

以上をまとめよう。エリートの問題以外に分配を偏らせる可能性のある変数には、財の特性と、その配分方法、そして特定の方法が喚起する副次的作用があることが分かった。財が分配されるプロセスは、長期的な復興に不可欠な社会的結束や信頼関係の維持という側面で、財を受け取ることそれ自体よりも地域社会に根深い影響を及ぼす。緊急支援の段階が終わり、住宅などの高価値な財が入ってくるまでの間に、受け皿となる各村落コミュニティーで分配に関する価値基準の合意形成をどこまでとれるかが復興の成否を占う。

では、こうした副次的作用を含めて、どのような方法を用いれば、より「公正」な分配ができるのだろうか。完全に公平なシステムを作ることが非現実的であるとしても、極端に不公平なシステムを回避する方法はあるに違いない。

「ローカルな正義」の基本は、配分に従事する組織がそれぞれの活動領域で「個別に」正義の基準を決めるところである。そこでは一つの領域が他の領域を侵犯しないような工夫が大切だ。たとえば既得権に基づいて行う配分の領域が過度に広がり過ぎないように制限し、ローカルな配分の累積が偏らないように村の中で援助の世帯別累積を記録するといった方法が考えられる。公平性の担保はできなくても、こうした工夫で財・サービスの偏りが極端な方向に暴走するリスクに対しては一定の歯止めがかけられる。

だが、いずれの方法も村の中の意思決定構造や信頼関係に大きく左右されるものであり、財の分量でバランスがとれるものではない。この点がエルスター理論を援助の現実問題に当てはめようとした際の限界である。

4　エルスター理論の拡張と財アプローチの限界

ナムケム村の成功例

エルスターは稀少な財の配分原理を考察する際に「個人」を単位として、財の送り手と受け手を一対一の関係で規定した。一方で、二〇〇四年のスマトラ沖地震津波の事例を見る限り、一部の例外を除いて最初に支援を手にしたのは個人ではなく世帯や集落といった集合体であった。そこでは、支援組織の大部分が集落としてのニーズ、集落間の公平性の観点から分配を行っていた。集落内における公平性の担保については個々の集落に任せているからである。つまり、外部からの財の移転でニーズの充足をしようとする配分が、

図６−１　ナムケム村で調査中の筆者（右端）
出典：調査チーム撮影。

集落内の「フィルター」を通じて分配される過程で様々な形のズレを生み出すと考えられるのである。

支援団体の大部分は「それぞれの団体の視点で」集落間の格差に配慮した支援をするものの、一つの集落内の格差については、情報の不足と再分配手段の欠如によってほとんど配慮されない。支援団体からすれば「村まで届けたら終わり」ということかもしれないが、人々の公平感に最も大きな影響を与えるのは、実は村の中での分配の在り方なのであった。

集落内の公平性に上手く配慮した例として、最も被害の大きかったパンガー県タクアパー郡のナムケム村の事例が示唆に富む。自己組織化の能力が高かったこの村の避難所では、早い段階で各種の職業グループなどが編成され、外部者の支援によって村落銀行の設立などを通じた村落内分配機構の確立に成功した。組織化の中心を担ったリーダーに対する筆者のインタビューによれば、入居時期にズレが生じる仮設住宅への優先入居基準を村の中で徹底的に議論した際に、組織としての行動ルールが制度化され、極端な分配の偏りを許さない社会的風土が出来上がったのだという。この村では「くじ引き」ではなく、乳幼児や七〇歳以上のお年寄、けが人のいる家族を優先入居させる方針を採った。

ナムケム村ではなぜこのような工夫が機能したのだろうか。ここで注目されるのは、ナムケム村で見られたリーダーシップの複数性である。この村では、制度上のリーダーであった村長とは別のリーダー（地方自治体であるタムボン評議会の議員）が生活復興で重要な役割を果たした。[7] このリーダーが津波以前にどのような役割を果たしていたのかについては、筆者の短い調査期間では分からなかった。だが、このリーダーが汚職で評判の悪かった村長に代わり避難所をまとめ、透明性の高い物資分配の仕組み作りに苦心し人望を集めていたことはたしかであった。

ここでの教訓はリーダーの汚職を恐れて慎重になるのではなく、複数のリーダーを競合させることで透明性と説明責任への圧力が高まるよう仕向ける可能性である。もちろん、複数リーダーの競合が常に公正な結果をもたらすとは限らないが、すでにいた村長の悪評がかえって新しいリーダーを律する圧力となったナムケム村の事例は他の参考になるに違いない。

一つの財の分配をめぐる集落内での不公平感や信頼関係は、次なる財の分配方法や受け入れに影響を与える。たしかに分割が困難な公共財の提供や、ボランティアや託児所の設営といった労働集約的援助であれば、その便益はエリートに横取りされにくい。しかし、地元の有力者を窓口としない直接配布の手法は、受け入れコミュニティーの了解をえない配分であるがゆえに、集落の信頼関係と結束、そして自立意欲に悪影響を与える。津波に対しては、地元有力者も貧しい人々と同じように被災者であった。土地に根ざした強いリーダーシップが必要な復興初期の段階では、エリートの横取りを恐れて迂回するのではなく、情報開示を通じた社会的圧力を利用して有力者層を上手く取り込む仕組み作りが必要である。

アイデンティティの重み

タイの津波の事例は、財の領域に依存して公正な生活復興を図ろうとすることの限界も明らかにした。そもそも援助物資が届かない被災地では、集落内分配の問題すら生じないのである。それでは、支援が集まるところと集まらないところを分けた条件とは何だったのであろうか。

第一は、被害の見えやすさである。多くの被災者が集結した避難所は、単に目立つという点で多くの支援団体の訪問を受けやすい。それに対して、避難所に移動せずに自宅にとどまった人々に対する支援は相対的に少ない。東日本大震災のときも同じ現象が見られた。

第二に、特定の財を引きつける力の格差がある。そのつど単発的に供給される財の分配に関心を偏らせると、特定の財を繰り返し呼び込んでいる（もしくは呼び込むことを妨げている）基盤的な資源（国籍、戸籍、土地所有権、集落内の信頼関係、外部世界とのネットワークなど）の分布から目が逸れてしまう。ここで言う「資源」とは、土地やネットワークそのものではなく、それらに対して支配権をもつことが他の資源や財へのアクセスを拡張していくような「可能性の束」である。以上の二点はモノの流れという点では大きな影響力をもっていると考えてよい。

だが、第一章で論じたように、人の生活の質は保有している物量によって決まるわけではない。資源の保有はメリットであるが、そこに意味を与えているのは「自分は何者であるか」というアイデンティティである。筆者は被災した集落を回る過程で、援助を拒んだり、援助から逃げていったりしていく人々を見て、アイデンティティの重要性に気づいた。モノや資源も大切であるが、目には見えない他者との関係は物資へのアクセスにさえ影響を与えることがある。

「アイデンティティ」とは、使用する言語や帰属する宗教への自己意識、民族性や居住地への愛着、生業に対する自負と誇りなどの、人々の生活に個性とハリを与えている様々な文化的装置のことである。アイデンティティは、特定の資源に価値をもたせるという意味で基盤的であり、その収奪や移転は難しい(8)。

アイデンティティは外部からの刺激によって呼び覚まされることがあるので、アイデンティティが直ちに何らかの資源を引き寄せるわけではない。むしろ、人々にとっては土地や文化的アイデンティティといった基盤的な要素は守る対象であり、得る対象と見なされる財とは性格が異なる。財の移動に目を奪われることなく、人々に生きがいを与えている文化的装置を認めることが長期的な復興には大切だ。図6－2は、財と資源、そしてアイデンティティの関係を模式的に表したものである。

たとえばスマトラ沖地震の緊急支援で大きな問題になったのは、正式な土地所有権をもたない被災者の扱いであった。沿岸地域にはもともと役所に届け出をせずに、住み込んでしまった人々が多く居住していた。そうした人々は、いざ支援対象として認定される段になると、所有権をもたないという理由で住宅建設支援の対象から外される場合が多かった。ここで忘れてならないのは、被災者だからといって、必ずしもより多くの支援物資や住宅を望んでいるわけではないということである（実際、住宅は過剰供給になっていた）。彼らは、安心できる暮らしを回復するのに必要な最低限の生計手段を望んでいるのである。

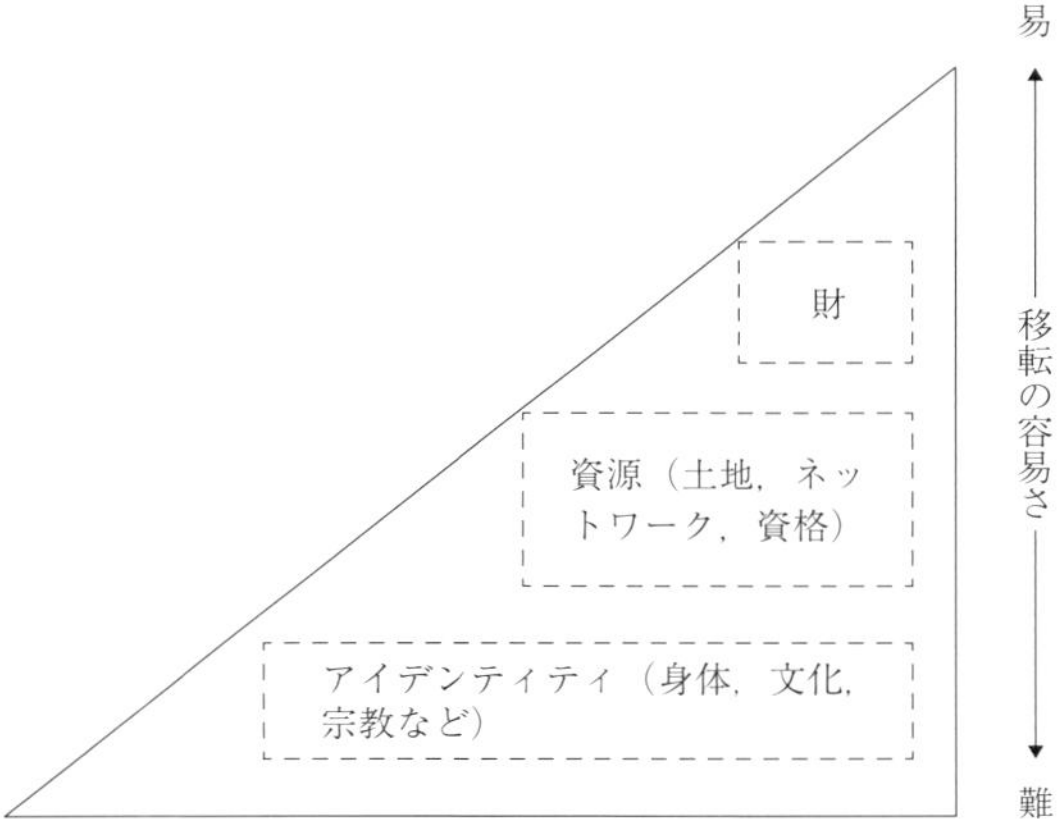

図6－2　財，資源，アイデンティティ
出典：筆者作成。

沿岸地域の土地問題は津波発生以前から存在した問題であった（Sato 2006）。津波によって不法居住者の一部が立ち退いたことを逆手にとって一部の地主は所有権論争をもち出し、海の民を含む不法居住被災者に対して援助ができないよう妨害活動をした。土地所有権保有者として、住宅建設援助を認めなかったのである。このような資源の層での分配と、さらに人々の生活の基盤を構成するアイデンティティの層は、収奪の脅威から守る対象でこそあれ、よそ者による配分の対象にはならない。

移転が困難な資源の分布に格差がある以上、財の再分配だけで公平な生活復興は達成できない。よそ者にできることは、資源やアイデンティティといった社会の基層部分に目を配り、メディアの力を利用しながら、その不公正を争点化し、人道的な観点に基づく生活資源の回復を優先的に扱っていくことであろう。実際、被災地の一つであったプーケットのパトンビーチでは、不許可居住者であった海の民のグループがメディアの支援を得ながら県や市の行政との交渉に成功し、継続的な居住を認めさせることができた。

不法占拠によって既得権益化してしまった土地利用権を安易に「回復」させてよいのかどうかは議論が分かれるとしても、パトンビーチや、その他の土地係争が生じた現場で、旧来からその土地で活動しているNGOの多くが物資の配分よりも住民の組織化に力を入れたことは、結果として弱い立場の人々の権益を守ることに大きく寄与した。息の長い支援の価値を筆者が再確認した場面であった。

5 タイの事例が問いかけるもの

本章では、分配が不公平であるときに典型的説明としてもち出されるEC論を批判の対象とし、財の特性と分配メカニズムに着目しながら豊富な物資と人々の不満とのギャップの説明を試みた。そして、財の特性に応じた類型化の可能性を提示した。

筆者の調査から明らかになったのは、財の領域だけを見ていては不十分であるという単純な事実であった。支援団体はそれぞれの視点で物資を配分するが、結果としての分配は計画段階での配分が意図したとおりには必ずしもならない。援助物資の配分を行う支援団体の多くは、集落間の「公平性」の観点から財の配分を試みたが、財に囚われると、その底流で財を振り分けている資源の格差が見えにくくなる。人々は獲得可能物資の最大化よりも、生活の安定を希求する場合が多く、そこに援助団体との間の溝が生じる。

緊急援助のデザインを提案することは、本章の射程を超える。また、地震や洪水と異なり、交通網が寸断されることなく、災害に対応する政府の財政力も十分であったタイから、他の国々の災害復興に対する一般論を導出することも容易ではない。ここでは、タイでの考察から引き出される緊急援助実施上の課題と、筆者が重要と考える研究課題を提示するにとどめたい。まず実施上の課題は次の二点である。

第一に、被災者の生活復興意欲を引き出す制度設計である。本章では援助を行う者が財を配ることに囚われるあまり、より基盤的な層で財を振り分けている力を看過しがちである点を指摘した。復興に向けた人々のエネルギーや意欲を殺ぎかねない極端な不公平、不平等化への防波堤を築くためには、土地などの基盤的な資源の配分については国際社会の見守りの下、中央政府の単位で分配の偏りを是正するのがよい。その一方で、財の領域では供給よりも「受け手の吸収能力」を明確に意識し、社会的に安定した分配の制度づくりを支援していく必要がある。

第二に、被災者の自助努力を喚起するような外部者の役割である。極端に縦割りでトップダウン型意思決定の徹底した国が、複数の領域にまたがる被災住民のニーズをすばやくくみ上げるのは困難である。しかし、急を要する災害援助とはいえ政府活動である以上、既存の法律と行政単位の縛りからは免れることができない。支援物資をいったん中央に集めて、それをニーズに応じて再配分することはマネジメントの観点からも効率が悪い。災害復興の初期段階では、政府は民間組織や人々の自助能力の高低に応じて、できるだけ自助活動の邪魔をしないこと、そして分配メカニズムの副次的な偏りに注意を払うことが肝要である。

今後も日本を含む世界各地で頻繁に生じるであろう大災害に備え、研究すべき課題として特筆したいのは次の二点である。第一は、緊急時における民間企業の役割である。援助団体は援助対象者よりも、母国の納税者や出資者（たとえば寄付金で成り立っているＮＧＯの場合）への説明責任を優先してしまう傾向がある（Clements 1993）。そのようにして組織の実績づくりのために喚起される援助競合のしわ寄せは被災住民に及ぶ。他方で、東日本大震災で最も迅速に活動し、かつ現地で評価の高かった団体は、大部分が津波発生以前から当地で活動していた民間支援団体、および物資と機動力を合わせもった民間企業であった。公共セクターほどの説明責任を要求されない営利企業を含む非政府組織が公共財を積極的に提供する可能性については今後の本格研究を望みたい。

第二に、特定の分配メカニズムが選択される社会的背景の掘り下げである。今回の調査では、財の種類ごとに存在する分配メカニズムの多様性と問題点を明らかにすることに焦点を置いたために、特定の財がなぜ特定の方法で分配されるに至るのか、その条件を深く掘り下げるところまでは到達できなかった。社会文化的要因が大きく効くのか、それとも財の特性の方が重要なのか、将来の課題としたい。

とっさの判断に依存することが多い緊急援助の一般的な教訓を、個別地域の文脈から切り離して抽出するのは容易ではない。しかし、特定の資源が他の有用な財を呼び込むメカニズムの解明を進めれば、少なくとも災害以前から存在した格差をそれ以上、広げないような支援原則を導き出せるかもしれない。そのためにも、現在あまりにも少ない緊急援助の社会科学的研究が蓄積されなくてはならない。

タイの事例が私たちに問いかけているのは、ある日突然「被災者」となった人々を少しでも助けたいという想いも、物質が行き渡る仕組みの冷静な理解に基づかなければかえって元からそこにある格差を広げてしまうかもしれないということである。

注

(1) タイ赤十字社バンコク本部におけるワンタニー (Wantanee) 氏とのインタビュー記録より (二〇〇五年六月八日)。スリランカでは、援助団体がどっと押し寄せて有用な人材の取り合いを展開したために、本来は現場で働いているべき人材が吸い取られてしまったという事例も報告されている (Harris 2006)。

(2) たとえば van de Walle (1998) や井伊 (1998) を参照。

(3) そもそも貧困層へのターゲティングという議論は、経済成長による均霑《きんてん》効果の不十分さから生じただけではなく、エリートに便益が偏ることを回避するための議論として生じたものでもある。しかし、ターゲティング論も、その失敗を論じるEC論も、行為者の意図が結果に及ぼす影響を重んじている点で共通している。ゆえに、この問題を回避する方法としては、エリート自身の意識改革、もしくはそれを促す住民のエンパワーメントと社会的圧力の喚起以外に有力な提案はなされていない。

(4) 厳密とは言えないが本章では「分配」と「配分」を次のように区別する。配分は英語でいうアロケーション(allocation)の訳であり、財の割り当てを意味する。経済学で「資源配分」といった場合には、生産に必要な投入物が各経済主体に割り当てられていくことを指す。他方で、分配は英語でいうディストリビューション(distribution)の訳であり、所得や富といった産出物が各経済主体の間に分けられること、あるいは分けられた結果を指す。つまり、配分では効率が問題になり、分配では公平性が問題になる。ここでもう一つ重要な区別は、前者が誰かの計画に基づく意図の反映であるのに対して、後者は、より広く「意図せざる結果」も含んでいる点である。

(5) 「混乱」とは、たとえば西洋人の遺体を納めることのできる大型の棺桶の大量発注、病院での外国語によるコミュニケーションの問題、遺体の身元確認問題等である。

(6) 「海の民(チャオ・レー)」とはタイ周辺の漂海民族の総称で、モーケン(Moken)、モークレン(Moklen)、ウラク・ラウォイ(Urak Lawoi)の三民族がある。こうした人々はタイ領土内に合計一万人程度いると言われる。

(7) タムボン評議会議員は、村長とは別に各村から選出される公の役職であり、複数の村を集めた行政区レベルでの事項を審議する役目をもつ。

(8) アイデンティティを多様なレベルの教育を介して植えつけることは可能であるが、いったん植えつけられたアイデンティティを奪い取ることはできない。

参考文献

井伊雅子(1998)「公共支出と貧困層へのターゲティング」絵所秀樹・山崎幸治編『開発と貧困』アジア経済研究所、一三一〜一五九頁。

宇沢弘文（1989）「財」『世界大百科事典』11巻、平凡社、五頁。

国際協力総合研修所（2005）『社会調査の事業への活用──使おう！　社会調査』国際協力機構。

佐藤寛編（1994）『援助の社会的影響』アジア経済研究所。

佐藤仁（2007）「スマトラ沖地震における生活復興支援の教訓と方策──タイの事例」『地域安全学会論文集』七、四三三〜四四二頁。

セン、アマルティア（1988）（鈴村興太郎訳）『福祉の経済学──財と潜在能力』岩波書店。（原著 Sen, Amartya. 1985. *Commodities and Capabilities*, New York : Elsevier Science Pub. Co.）

Akerlof, G. 1970. "The Market for 'Lemons' : Quality, Uncertainty and the Market Mechanism," *Quarterly Journal of Economics*, Vol. 84, pp. 488–500.
Arensberg, C. and A. Niehoff. 1964. *Introducing Social Change : A Manual for Americans Overseas*, Chicago : Aldine Publishing Company.
Attwood, D. and B. S. Baviskar. 1987. "Why Do Some Co-operatives Work But Not Others : Comparative Analysis of Sugar Co-operatives in India," *Economic and Political Weekly*, Vol. 22, No. 28, pp. 38–55.
Clements, P. 1993. "An Approach to Poverty Alleviation for Large International Development Agencies," *World Development*, Vol. 21, No.10, pp. 1633–1646.
Elster, J. 1992. *Local Justice : How Society Allocates Scarce Goods and Necessary Burdens*, Chicago : University of Chicago Press.
Foster, G. 1962. *Traditional Cultures and the Impact of Technological Change*, New York : Harper & Row.
Harris, S. 2006. "Disasters and Dilemmas : Aid Agency Recruitment and HRD in Post-Tsunami Sri Lanka," *Human Resource Development International*, Vol. 9. No. 2, pp. 291–298.
Niehoff, A. ed. 1966. *A Casebook of Social Change : Critical Evaluations of Attempts to Introduce Change in the Five Major Developing Areas of the World*, Chicago : Aldine Publishing Company.

Platteau, J.-P. 2004. "Monitoring Elite Capture in Community-Driven Development," *Development and Change*, Vol. 35, No. 2, pp. 223–246.

Platteau, J.-P. and F. Gaspart. 2003. "The Risk of Resource Misappropriation in Community-Driven Development," *World Development*, Vol. 31, No. 10, pp. 1687–1703.

Sato, J. 2006. "Communal Defense of Land after Tsunami : A Case of Thailand," Paper presented at *the Conference on Locating the Communal on Asian Land Tenure* at Buon Me Tuot, Vietnam, June 13–17.

Tendler, J. 1982. *Turning Private Voluntary Organizations into Development Agencies : Questions for Evaluation*, AID Program Evaluation Discussion Paper, No. 12, U.S. Agency for International Development.

van de Walle, D. 1998. "Targeting Revisited," *World Bank Research Observer*, Vol. 13, No. 2, pp. 231–248.

Winner, L. 1980. "Do Artifacts Have Politics?," *Daedalus* Vol. 109, pp. 121–136.（吉岡斉・若松征男訳〔2000〕「人工物に政治はあるか」『鯨と原子炉』紀伊國屋書店、四五～七六頁。）

Khom Chat Luk. 2005. Ing rung thung ngan "tsunami."「津波の資金に群がる」『コム・チャット・ルック誌』五月三一日付（タイ語）。

第7章　豊かな資源は呪いか

天然資源の利用と開発は、経済発展の物質的基盤を提供すると同時に、環境保全の脅威になることもある。一九九〇年代半ば頃から、石油を中心とする天然資源に恵まれた国々で経済成長が停滞したり、独裁的な政権が民主主義を抑制したりする傾向に注目が集まるようになった。国を豊かにしてくれるはずの天然資源が、人々を苦しめる「呪い」となってしまうのはなぜか。本章では、経済開発と環境保護の両面で政府の働きかけの対象になる資源が、呪いに化けていく側面を「転換力」の概念から明らかにする。

1　豊かな資源と貧しい人々

私たちが世界各国の開発経験からぼんやりと想定しているのは、国が経済成長を遂げると、それに合わせて医療や教育といった基礎的なサービスが充実し、それが国民の福祉水準の向上に反映するという相関関係である(1)。経済が発展すれば環境に配慮する余裕ができるだけでなく、より効率的な技術を導入できるようになるはずだ。「まずは経済成長を」という掛け声は、この考え方に立脚している。

ところが天然資源に経済を重く依存する国々を見てみると、経済規模が大きくなっても、それが直ちに教育や福祉指標に反映されるわけではないことが分かってきた。これは驚くべきことだ。経済成長が社会の発展をもたらすという私たちの常識に反するからである。

表7－1　1人当たりGDPから推計される乳幼児死亡率と実際の数値とのギャップ

国　名	石油・鉱物依存率（1995年）	1000人当たりの乳幼児死亡数（2000年）	GDPから推計された乳幼児死亡数
アンゴラ	72.14（石油）	172	85.16
イエメン	46.45（石油）	85	96.91
コンゴ	41.07（石油）	81	73.93
ナイジェリア	39.87（石油）	110	95.08
ガボン	37.97（石油）	60	20.70
ボツワナ	35.11（鉱物）	74	34.31
シエラリオネ	29.60（鉱物）	180	96.43
ザンビア	27.10（鉱物）	112	99.30

出典：Ross（2003）.

表7－1を見てみよう。乳児死亡率を指標にした場合、石油や鉱物への依存が高い国々では一人当たりGDP（国内総生産）から推計される数値よりも、実際の乳児死亡数が上回っていることが分かる。天然資源の豊かさが一般大衆の福祉につながっていないのではないか、という疑念はこうした統計データの解釈から導かれる。

後に詳しく見るように、問題は乳児死亡率だけではなく、教育から不平等、女性の社会進出、民主主義や政府の腐敗に至るまで、あらゆる方面に広がっている（Ross 2012）。資源に恵まれた国々の一般大衆の生活水準は一人当たりGDPが同レベルの他の国々に比べて明らかに低いと結論する研究も多い。豊かな資源の存在が「呪い」となって、貧困者を増し、その国の政治・経済的な発展を妨げているというのである（コリアー 2011）。

資源の呪いをめぐる議論は、国家を分析単位として展開されてきたが、呪いの示唆は国家の内部にある多様な地域や階層にも射程を延ばしている。後に詳しく見る土地の効果的利用や環境保護を名目にした国家による諸資源の囲い込みはこの一例である。「呪い」の存在は、資本や資源といった経済への投入量を増やすことで人々の生活水準を上げようとするアプローチの限界を示唆し、むしろそこにある資源を富や生存条件の改善のために転換する政府や人々の力を問う。

所得を基準にするにせよ、他の社会指標を使うにせよ、貧困とはまともな生活に必要となる財や資源が欠如している状態である。その意味で石油や鉱物資源に恵まれた貧困国が、それらの資源を最大限に活用しようとしても不思議ではあるまい。だが表7－1で見たように、石油や鉱物資源に依存した国々の社会指標は同じ経済規模にある他の国々に比較して芳しくないのである。

多くの発展途上国では、農業、林業、鉱業、漁業などの第一次産業が生活の基盤になっている。とりわけ森林や河川、草地など私的に占有されていない空間は、農地を保有できない人々の所得や生活物資の日常的な源泉となるだけでなく、いざというときに頼りになる共有地である。ところが、すでに指摘したように天然資源が豊富に存在することと、一般大衆の生活の質との関係は決して単純なものではない。

本章では国のレベルで石油や鉱物資源が富に変換されにくい傾向と、国の内部において天然資源の保護が農村の人々を貧しくしている傾向の両方を「呪い」の理論に照らして統一的に解明してみたい。そこで鍵になる考え方が、筆者の提唱する「転換力」である。

転換力の話題に入る前に「資源」を定義しておく。第2章でも触れたように資源とは、一般に石油や鉱物等の有形の生産要素そのものではなく、人間の集合的な働きかけによってその潜在的な有用性が引き出される自然物を指す（佐藤 2011）。よって、自然が資源になるプロセスにおいては、知恵や工夫、資本や技術、情報や価値観、組織や制度といった無形の社会的要素が重要な役割を果たす。

ただし、天然資源の場合はあくまで自然の中に眠っている可能性にすぎないので、そこに使える資源があるのか、ないのかの判定は容易ではない。第2章で見たように人々の生活状態の改善に向けて資源の「存在」に注目するか「不在」に注目するかは考察の出発点を定めるうえで決定的な違いを生み、出発点の違いは全く異なる政策へと私たちを導く。前者は在来の資源を有効に活かす発想に導き、後者は、不足を埋め合わせる発想を正当化する。

このように、本章では第2章に引き続き「不足」の発想に基づくアプローチの限界を明らかにする。そして、資源に着目することでアジアやアフリカの後発国における経済発展と貧困の両方を同じ座標軸で展望してみたい。貧困が豊かな者から貧しい者への富の再分配だけでは解決しないのは、与えられた財や資源の可能性を生かす「転換力」が何らかの理由で欠如しているからではないか。[2] 以下でこの仮説を掘り下げてみよう。

2　貧困と資源

主流派の見方

貧困と環境（特に天然資源）の関係を解きほぐすときに最初に検討すべき定説は「貧困と環境劣化の悪循環」論である。一九八七年のブルントラント報告を皮切りに、多くの権威ある出版物がこの悪循環の存在を指摘してきた（WCED 1987；World Bank 1992）。世界銀行の出版物として開発と環境の関係を初めて体系的に論じた『世界開発報告』の一九九二年度版は「目先のニーズを満たさなくてはならない貧しい家族は、薪集めのために過剰な木材伐採をし、失われた土壌の養分を埋め合わせることもままならずに、自然資本を食い潰す」と問題を明らかにした（World Bank 1992）。「貧困が環境破壊を起こす」という主張は、「資源環境を守るためにまず貧困を軽減しなくてはならない」という政策論を下支えする根拠となっていった。

貧困と資源環境の関係についての実証研究をサーベイしたケイツらは、複数の研究成果を統合して図7－1のようにまとめ、貧困と環境劣化の悪循環の構図を示した（Kates and Haarmann 1992）。この図が示すように、それまでの多くの研究は人口増加と貧困を悪循環の出発点に据え、それが資源環境に対してマイナスの連鎖を生み出すと考えていた。人口増加は人々を貧困化し、貧困は人々の視野を短期化し、将来への投資を減らすのでさらなる貧困をもたらす、というわけである。

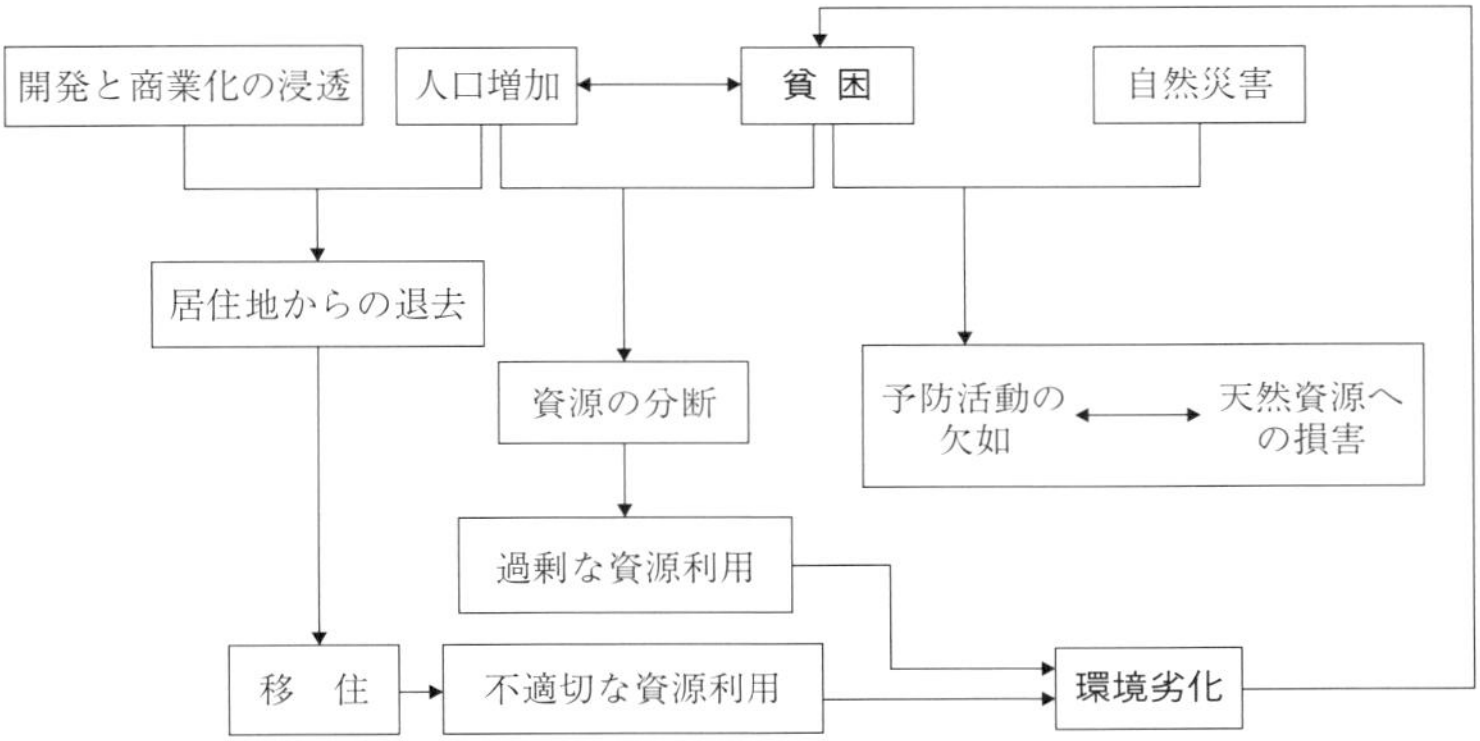

図7−1 貧困と環境劣化の悪循環

出典：Kates and Haarmann（1992）をもとに筆者作成。

この考え方は、どのような政策を支持することになるか。それは、経済成長である。経済発展が進み、一人当たりの所得が一定段階に到達すると、貧困が軽減されるだけでなく人口増加が抑制され技術革新も進んで環境指標は改善していくはずなので、経済成長こそが最も有効な環境対策になるというわけだ。環境の劣化は開発が不十分だから生じるという考え方も同類である。これは都市の大気汚染などの技術的対応が中心になるイシューに対して、援用される議論である[3]。

ところが興味深いことに一九九〇年代以降に実施された地理学者や人類学者らの現地調査では「貧困と資源劣化を自動的に関連づける因果的根拠はない」というのが大まかな結論になっている（Duraiappah 1998）[4]。たとえば周到な変数定義と地理的な区分をしたスウィントンらのラテンアメリカでの調査では、貧困も環境劣化の重要な原因になっているが、むしろ貧しい人々をそのように駆り立てている富裕層の形成するインセンティブの構造がより重要な問題であると指摘する（Swinton, et al. 2003）。

筆者自身も「悪循環」の構図の妥当性や説明力に疑問を抱いてきた一人である。問題点は大きく三点あると考えている。第一に、貧困を無条件に視野の中心に置くことによって、貧困でない人々や政府の環境劣化に果たす役割が分析の対象から外れてしまうことである。インパクトという点では規模の大きな政府の政策や富裕層の投資活動、そして多国籍企業等の動きが枠組みの外に置かれてしまう。

第二に、「貧困→環境破壊」という二変数の固定的な枠組みで考えてしまうと、資源環境の用い方が貧困をもたらすという逆の可能性を見過ごしてしまう。アフリカなどの貧困地域では、政府による資源管理のあり方が環境と貧困の両方に大きな影響を及ぼしている。演繹的な発想に基づく「貧しさゆえの環境破壊」論は、貧しい者に配慮しているようでいて、実はそうではない。人々の環境適応戦略の多様性を見ようとしないからである。

第三に、この図式では環境の劣化が人為的な要因にのみ由来するかのような錯覚を与える。しかし、自然環境の劣化は地殻変動や気候変動など、自然要因に由来する可能性がある点も無視できないはずだ。

問題は「貧困」と「環境」との対立の構図が強調されて両者が必然的にトレード・オフの関係にあるかのような錯覚を与えてしまうことだけではない。そのように閉じた枠組みに視野を限定してしまうことで、状況を改善するための戦略の幅がかえって狭くなるのが問題である。環境を守る唯一の方策が、国際社会が五〇年間取り組んでいまだに十分な成果を上げられていない経済成長と貧困削減にしかないとすれば、私たちに残されている選択肢は狭い。しかし、そうした一義的な前提から脱却し、人々の環境に対する適応戦略の多様性を見れば少なからず明るい展望が得られる。

人々の適応と環境改善

環境劣化に対する適応戦略の広がりは、それぞれの土地の環境制約を克服してきた人々の具体的な工夫を見ようとした研究者らによって明らかにされてきた。彼らは貧しい人々が環境の変化に常に受身一方で対処しているわけではなく、むしろ主体的に適応しているという前提から出発する。

資源環境の劣化に対する地域住民の反応の仕方には、典型的に次の三つがある。第一は、資源環境の劣化が甚だしい地域から一時的に逃避する戦略である。水へのアクセスを基準に移動を繰り返す遊牧民の生活は、まさにこの戦略を文化のレベルに仕立てたものと考えてよい。第二は、同じ場所にとどまりながら、資源利用技術を向上させ生活空間を共有する村落共同体の相互扶助を充実させるなどして、資源の長期的な利用を確保する戦略である。農村における人口増加がむしろ土地集約的な技術を惹起したという議論はこの反応を定式化した例である（Boserup 1965）。第三は、劣化してアクセスが困難になった資源の消費を減らしたうえで、出稼ぎなど都市で所得を得ることで損失を補填するという個人的な戦略である。

これらの戦略が自然環境に対してプラスになるのか、マイナスになるのかは文脈によって変わってくる。環境劣化の著しい土地からの移動は、急斜面の無理な開墾を促し、土壌劣化を加速してしまうこともあるだろう。あるいは、人々の居住がかえって自然環境を豊かにする事例もある。たとえば、一九三〇年から一九九〇年にかけて人口が五倍に増えたケニアのマチャコス地区で土壌と森林植生がむしろ従前よりも豊かになった例や、ギニアのキシデゥグ県で砂嵐から家屋を守り、薪の供給を確保するため地域住民が植林を行った結果、人口密度の高い地域ほど植生が回復した事例が研究者らによって報告されている（Tiffen et al. 1994；Fairhead and Leach 1996）。こうした意外な事例を目の当たりにすると、残された森林を専門家らによるフォーマルな管理の不在の結果として見るか、あるいは村人たちによるインフォーマルな管理の成果と見るかによって、地域の人々の位置づけが大きく異なってくるのが分かる。

人々の適応が環境改善にプラスに働く例がどれほど一般的であるかは、今後の検証を待つしかない。ここで強調しておきたいのは、人々の工夫によって悪循環ならぬ「好循環」が導かれる可能性があるということだ。悪循環の枠組みに囚われていると、こうした可能性に目をつぶることになり、効果的な支援策をみすみすやり過ごしてしまいかねない。

貧困と資源環境の関係論では三つのD、すなわち居住地の剝奪（displacement）、資源の分割・分断（division）、資源環境の劣化（degradation）が重視されてきた。そして、悪循環を引き起こす構造的な要因として「貧困」が位置づけられてきた。しかし、かりに貧困が環境破壊の重要な要因になっているとしても、その貧困がどのようにして生み出されるかが解明されなくては本質的な処方箋を導くことはできない。この問題を考えるヒントは、資源量が十分に存在し、貧困と環境破壊の悪循環が起こりそうもない条件でも貧困が生じている事例の詳細な検討から生まれてくる。まずは、国単位のマクロなレベルでの議論から見ていこう。

3 「資源の呪い」

従来型の悪循環論を批判的に捉える際に示唆的なのは、なぜ資源の豊富な国々に貧困が多く見られるのか、という素朴な問いである。前節でまとめたように、貧困そのものが環境破壊を促すかどうかは文脈に応じて多様な議論があるものの、資源環境の劣化が貧困をさらに悪化させる点については専門家の間で広い合意がある（Duraiappah 1998）。だが、資源が豊かに存在することが貧困を生み出しているとすれば、これには新たな視角からの検証が必要だ。

開発経済学の黎明期である一九四〇年代から五〇年代に当時の学界をリードしていたアーサー・ルイス（Arthur Lewis：1915–1991）やウォルト・ロストウ（Walt Rostow：1916–2003）といった名高い経済学者らは、豊富な天然資源こそ資本が不足している途上国を発展に導く切り札として考えていた。土地、資本、労働力という三つの生産要素の賦存状況を見たときに、労働力と土地が豊富に存在する途上国にあって明らかに不足していたのは資本だったからだ。天然資源開発を基盤とする一次産品の輸出と外国資本による投資は数少ない経済発展の希望であった(5)。

ところが一九九〇年代になると複数の研究者が、豊かな資源に依存した経済は発展の速度を落とすと主張しはじめた（Sachs and Warner 1995；Karl 1997；Auty 1997）。たとえばサックスとワーナーは、一九七〇年から九〇年の期間にＧＤＰに占める天然資源の輸出比が高い九五の発展途上国について調査を行い、天然資源への依存度が高いほど一人当たり経済成長率が低くなることを実証した。資源の不足が成長を停滞させているのではなく、豊かな資源を抱え込んでしまったことが呪いとなって災いするという議論である。この主題は一九九〇年代半ば頃から「資源の呪い（resource curse）」と呼ばれ、経済学者だけでなく、政治学者の関心をも引きつけるホット・イシューとなった（Ross 1999；Wantchekon 2002；Stevens 2003；Ross 2012）。

資源の豊かさが成長の障害になることについては統計的な相関関係が広く確認されているが、そのメカニズムについての見解は研究者によって異なる。また、資源が経済成長に及ぼす影響と貧困に及ぼす影響とは区別して扱わなければならない。

現在までのところ、「資源の呪い」をめぐる一般的な考え方は次のようなものである。[6]

まず、経済面から見ると石油や鉱物といった特定の天然資源に依存することは、成長の鈍化と貧困拡大の傾向を強めると指摘されている。ここで資源依存とは、ＧＤＰに占める資源輸出額の割合のことである。[7]世界銀行の報告（World Bank 2002）によれば、鉱業部門が大きな割合を占める国々の一九九〇年代の経済パフォーマンスは、年平均で一・一五％のマイナス成長を記録し、部門の大きさに反比例する形で経済成長を鈍化させたことが分かる。資源への輸出依存度が高い国々の貧困率も際だっている。政治学者のマイケル・ロス（Michael Ross：1961–）によれば、石油と鉱物への依存度と乳幼児死亡率との間には有意の強い相関が見られ、依存度が高いと内戦が発生する確率も高まるという（Ross 2001）。

天然資源への高い依存率は貧困にどう関係するのであろうか。これまでの諸研究は両者をつなぐ五つのメカニズムを指摘する。

第一は、市場価格の変動が激しい一次産品である鉱物に依存すると、経済全体が大きなショックにさらされる危険が高まり、急激な変化に適応できない貧困層への打撃となる。

第二に、国にとって重要な資源は国営企業によって独占されている場合が多く、利益の分配がその国の有力層に偏る傾向があるために、経済的な不平等が硬直化しやすい。不平等の硬直化は制度改革や技術革新への意欲を殺いで経済成長を停滞させ貧困が蔓延しやすくなる（World Bank 2002）。

第三に、鉱物部門がにわか景気を迎えると、非熟練労働者や低賃金労働者が労働市場からはじき出されてしまう可能性が高まる。資源セクターの多くはごく少数の熟練した労働者を雇うことで成り立っており、他の産業との十分な連関がない場合には輸出の活性化が必ずしも雇用の増大に結びつかない。資源部門の輸出ブームによって為替相場が上昇し、それがかえって他の輸出部門の競争力を落とす仇となる「オランダ病」のケースもここに含まれる。

四つ目には、内戦の頻発化による貧困への悪影響があげられる。価値の高い資源の存在は紛争の火種となりやすい。二〇〇〇年の段階で世界中で起こっていた四九の戦争と武力紛争の四分の一は、その「契機となる」「悪化させる」「継続のための資金源となる」といった点で、合法あるいは違法な資源採取と深くかかわっていた（Renner 2002）。二〇〇三年の年明けに勃発したアメリカによるイラクへの軍事介入も、イラクに存在する石油資源と無縁ではなかった。[8] 紛争や内戦は難民を作り出し、雇用を不安定にし、食料生産や分配のシステムを歪めてしまう。資源をめぐる紛争は内戦を媒介にして、さらなる貧困層の創出につながってきた。

最後に五つ目として、天然資源に強く依存する国では民主主義的な土壌が育ちにくいことがあげられる（Wantchekon 2002；Ross 2001）。まず、ときの政権が権力の座を維持したいという目先の利害から、将来の価値を割り引いて考えると、資源乱用の可能性が高まる。資源採掘によって、政府が税金に頼らなくても財源を調達できるようになると、自国民に対する説明責任を果たす必要が薄れると同時に、財源は政治的支持を得る手段として地方の有力者などにばらまかれるので、政治力をもたない貧困層への教育や保健支出は制約される。特権階級による資源利権の独占は、腐敗を生みやすくするだけでなく中産階級の進出を抑え、採掘された資源を換金して得られる武器を用いて反対勢力を抑え込むことを可能にする（Bannon and Collier 2003 : Moore 2001）。民主制が働かない国ではそもそも貧困対策が不十分であることが多く、特に飢餓等の人災を未然に防止する社会的能力に欠ける（Sen 1981）。

このように、経済成長がもたらす所得と統治の質は、所得がどのようにもたらされているかに規定されている。民間の製造業やサービス業、農業などのように政府の税収源が多様に拡散している場合、資源の呪いで指摘されるような不透明さや腐敗は生じにくいだろう。だが、石油や鉱物資源の場合は、政府が国営企業などを用いて見えにくい形で一元的に管理している場合が多い。

4　コモンズと政府の戦略

呪いは鉱物を越えて

「資源の呪い」とは、石油や銅といったエネルギー・鉱物資源の恵みが経済を歪めるだけでなく、政治を堕落させ、貧困を蔓延させる要因になるという興味深い仮説であった。このような「豊かな資源のパラドックス」は、実は貿易や経済とはかけ離れた林地や漁場にも似たような構造で存在する。具体的には、生活資源として頼りになる豊かなコモンズが身近にある中で、貧困化の罠に陥ってしまう人々の存在である。「資源の呪い」は思いのほか広い領域で見られる現象かもしれない。

ここでいう「貧困化」とは、東南アジアの一部農村地域に見られるような、自給自足的な経済から市場経済への乗り換えに失敗し、過度の負債を抱え込み、生産基盤となる土地を喪失し、経済的に自立できなくなった人々が落ちこぼれていく傾向を指す。農村における貧困化のメカニズムを考えるには都市の牽引する市場経済への適応力を見るだけではなく、農村が人々の生活を下支えする仕組みも見なくてはならない。その際、天然資源へのアクセスは最も重要な要素になる。

天然資源は、原初状態において誰にも独占されていないという意味で公共財に近い性質をもつ。資源の呪いが政治や経済のメカニズムを介して間接的に貧困に影響を与えていたのに比べて、途上国農村では「コモンズ」と呼ばれる共同空間が直接的な形で貧しい人々の生活を支えてきた。私有資源に乏しい農村居住民の多くは、近隣の水源林や放牧地、川の恩恵を受け、森や湖で採取できる自然の恵みに依存した暮らしをしているからである。

まずはコモンズの議論を簡潔におさらいしておこう。[9] コモンズとは、個別の利用者がそこからの便益を独り占めできるものの、利用に伴う資源基盤の劣化は利用者全員で負担しなくてはならないような共有資源のことである（井上 2004）。森林や漁場、放牧地や灌漑用水などは、地域社会の定める独自のルールに基づく管理の対象として典型的なコモンズになりうる。

共有である資源は、それを利用する個人の視点から見ると利用の便益が常に費用を上回る。たとえば、放牧地であれば牛が草から得られる便益は個別の牛の所有者に回収されるが、多くの動物が解き放たれて土壌が劣化した場合の負荷は牛の所有者全体に分割される。理論上は、個別に生じる便益が共有される負担を常に上回るので、合理的な牛飼いはコモンズが崩壊するまで利用を続けてしまうという話になる。

個々人の合理性が全体の不合理を招く状況を、生物学者ギャレット・ハーディン（Garrett Hardin：1915–2003）は「コモンズの悲劇」と呼んだ（Hardin 1968）。「悲劇」は個々人の合理的な計算ゆえに導かれる結果なので、そこに技術的な解決は存在しない。悲劇の本質は資源環境の劣化にあるというよりも、それを促してしまう状態から容易には抜け出せないことにある。

ところが、その後のコモンズ研究の発展によって、悲劇の回避に成功してきた地域社会の管理するローカル・コモンズが世界各地で確認されるようになる。コモンズを維持するための社会的メカニズムの解明が進み、ハーディンの見解は修正を迫られることになった。日本の入会地に代表されるように、多くのローカル・コモンズには利用者が守らなくてはならない掟がある。そうした秩序が機能している限りで「コモンズの悲劇は必然ではない」とする実証研究（Ostrom 1990）や、地域の文脈に則してコモンズが作られる詳細な過程に関する研究が相次いで出版された（三俣・菅・井上編 2010；秋道編 2014）。

とはいえ、長く機能してきたローカル・コモンズが存在すること自体は、ハーディンの論理を完全に駆逐するものではない。というのも、ハーディンの主たる関心事は、人口爆発と核の拡散問題といったグローバル・コモンズへの脅威に向けられていたからである。加えて、ハーディン批判の根拠になってきたローカル・コモンズの研究対象には、原理的に、現存しているコモンズしか選ばれようがないという意味で、サンプルが成功例に偏りがちだ。ハーディンが予想した悲劇を経験したコモンズはすでにこの世に存在せず、サンプルに含まれないからである[10]。

複雑なのは、コモンズの悲劇がハーディンの想定した資源利用者同士の非協力によって招かれるとは限らないことである。政府によるコモンズの没収や国有化によって、本来のコモンズとして機能しなくなることが地域社会のやる気を殺ぎ、「悲劇」を導いたケースも多い。政府や企業にとって資源が魅力的であるからこそ囲い込まれるという状況は、その資源に日常的に依存して暮らす人々にとっては間違いなく悲劇であった。木材や燃料、食料や水などを近隣のコモンズから得ていた人々が排除されるからである。その結果、人々は政府に隠れて「盗伐」などを繰り返し、結果としてコモンズの劣化はさらに進んでしまう[11]。これは、コモンズ利用者の合理性や人口増加という、よく指摘される要因とは別の、コモンズをめぐる権力関係と政府の戦略に規定される問題であった。こうした資源管理の政治的側面をもう少し詳しく見てみよう。

自然環境の政治的操作

前節から明らかなように、石油や鉱山、森林を中心とする多くの重要な天然資源が、現実には政府の独占的な管理下に置かれていることを考えれば、貧困と環境の関係を考える際に政府の役割が重要になることは自明であろう。ところで政府が独占的に統制しているのは石油や鉱物資源だけではない。環境保護もまた政府が大きな役割を行使している領域である。たとえば生物多様性保護の名の下に政府が実施する土地の囲い込みも、地元に暮らす人々にとっては生活資源を召し上げられるという意味で「呪い」となる。

政府にとって自然や環境を守るという名目で土地の支配権を拡大することのメリットは大きい。なぜなら、環境保護に反対する人はほとんどいないからである。たとえば資源政策の大家ウィリアム・アッシャー（William Ascher：1947-）によれば、スハルト時代のインドネシアの国営航空機産業は、実は商業伐採経営で集められた森林省の「植林基金」から資金調達されていた。実際の植林には決して用いられない、これらの伐採業者からの資金は、本来なら業者が政府に払わなくてはならない伐採事業権料が極端に安く設定されているからこそ調達できていた。他方で、政府が伐採業者を優遇するために黙認していた事業権料の安さこそ、インドネシアにおける過剰な森林伐採を誘発する原因であった（アッシャー 2006）。いずれも、密室で決まる政府の一元的な管理が可能にした資源の操作であった。

筆者はかつてタイ中西部の山岳地域で、森林保護区の指定に伴って少数民族であるカレンの人々が一〇〇年以上も利用してきた土地から排除されたケースを報告した（佐藤 2002a）。一九六〇年代から八〇年代にかけて激しく伐採され、農地転換されてきたタイの森林は、いまでは都市から遠く離れた辺境地域にしか残存していない。それゆえに密林が残っている地域と少数民族等の社会的マイノリティの居住地域とは分布が重複している場合が多い。

一九九〇年代に入って、それまで以上に森林保護が強化されると、山岳地帯にある森林は周辺の耕作地とともに保護区に囲い込まれて没収されていった。山地で焼畑移動耕作を営む人々にとっては、外部の人からは「森」に見える土地も、実は休耕地であることがある。そもそも正式な土地所有権をもっていないこの人々の土地は次々と没収され、移動式焼畑耕作という農法は立ち行かなくなった。

タイに限らず多くの国の政府は資源の直接的な利用者である農民や伐採職人、猟師、坑夫、漁師、その他の人々に対して資源利用に関する規制や採掘に伴う重労働を課し、何世代にもわたって人々が利用してきた土地への侵入を禁じるか、わずかな資源採取しか認めないといった威圧を行ってきた（アッシャー 2006）。

政府はなぜそうまでしてコモンズを囲い込むのか。それはただ単に国益のための資源確保や環境保護、あるいは特定の役人の個人的などん欲さや無知という理由からだけではない。次に見るように政権が不安定な場合、政敵や競合する部局とのあからさまな対立を回避しながら便益の流れを操作する手段として、天然資源（特に、石油や鉱物のように特定地域に偏在する資源）は非常に便利なのである。

一部の政治家や役人は天然資源が生み出すレント（超過利潤）を操作することで、公の場で通常の予算折衝を行うよりも目立たない形で政治目的を達成することができる[12]。ライバルの部局や抵抗勢力を出し抜いて、独自の財源を確保できるのである。資源獲得競争の直接的な被害者は、その多くが組織化されていない貧しい層や発言力をもたない将来世代であるので、政府の高官は仕返しを恐れずにすむ。実態に関する情報が得られにくいことも政府や事業を行う当事者にとって好都合だ[13]。

たとえば木材伐採の正確な進度は、伐採現場の外にいる人にはほとんど特定できない。不法伐採は、政府がよほどの対策を講じない限りは監視することが難しい。同様に鉱業、漁業の生産高や経済価値を、遠く離れた場所から判定するのは困難である。資源の政治的な操作がうまくいくためには、他のアクターがある程度、そのことに無知でなくてはならないのだ（アッシャー 2006）。

資源の著しい劣化が見られるとき、現場で直接資源に手をつけている当事者を非難するのは簡単だ。問題は、伐採企業が木を切りすぎること、農民が水を無駄使いしていること、漁夫が乱獲すること、鉱山や油田で働く国営企業の労働者たちが怠け者で無能であることだ、と。しかし、こうした当事者非難は表面的なレベルで終わるか、社会的な弱者を悪者に仕立てる工作にすぎない場合が多い。人々が持続性のない経済活動に従事しているのは、曖昧な所有権制度や強制移住等、特定の政策のあおりを受けた結果である場合もあるし、その弊害が政策担当者に知られていながらも改善されないのは、担当部署に対する予算や人員が政治的理由で抑え込まれている可能性もあるからである。

たとえばインドネシアでは焼畑民による森林破壊が長く非難の対象になってきたが、実際には、伝統的焼畑の周辺環境への影響はプラスであることが、多くの研究者によって指摘されてきた。にもかかわらず、焼畑悪玉論が継続したのは、第5章で見たように「無知」を装うことが焼畑民から土地を取り上げ、政府事業や民間企業に割りふる根拠として役立ってきたからである（Dove 1983）。アッシャーのいうように、大きな利権が絡む天然資源の扱い方について、政府が純粋に無知・無関心であるとは考えにくい。

鉱物や石油に重く依存した経済を作ることが、国家のレベルで呪いをもたらし、間接的な形で貧困層に悪影響を与えるとすれば、自然保護のグローバリゼーションは、辺境に暮らす貧しい人々に直接的に打撃を与える可能性をもつ。自然保護を否定しようというのではない。そのやり方を批判しているのである。地域の人々に資源を持続的に管理する知識や能力がない、という前提からはじめれば、資源を取り上げて政府の専門家が排他的にそれを管理することが正当化される。しかし、人々に管理する能力があるのであれば、そうした政策はむしろ逆効果である。資源管理の能力をもつ人と、資源の用い方について決定権をもつ人とがズレている所に資源政策の難しさが横たわっている。

5　転換力と「呪い」の回避

転換力の回復

第2章でも見たとおり、国際援助の世界では、貧困問題は「不足資源」の供給問題として定義されることが多い。不足しているとされるのは移転が比較的容易な資本や知識、技術等かもしれないし、より移転の難しい「態度」や「制度能力」であるかもしれない。本章では、従来の見方とは異なり、外からの資源供給ではなく、在来の資源を上手に転換できないことで生じる貧困問題を扱った。

この新たな問題設定に沿った解決策の見通しは、これまでのように投入資源を増やしていくという方向ではない。むしろ、それまで資源として扱われていないものに価値を見出し、その価値が地元に還元されていくように資源の転換方法を工夫することにある。この方向性は、一九七〇年代にシューマッハーらが提唱した適正技術論に基づく在来資源の有効活用論の単なる焼き直しではない。シューマッハーは、素朴な技術を先端技術に置き換えるのではなく、中間的なものに抑えることで、教育レベルの低い人々でも有効活用でき、かつ雇用の創出につながる技術支援に関心をもっていた（シューマッハー 1986）。つまり、資源の転換方法や効率は所与として、資源の存在場所やアクセスの技術にだけ注目していたわけである。

天然資源には石油や鉱物のように、資本と技術があれば高い経済価値を生み出せる資源もあれば、森林のように貧しい農民が利用できる資源もある。いずれの場合であっても、辺境に存在することの多い資源の有用性は中央の権力者に見出されたとたんに地元から切り離される危険性が高まる(14)。課題は、そこにある資源の価値を見出しながらも、その便益が国と地方に公平に分配されるような制度的メカニズムをいかにして構築するかである。資源税を制度化したり、慣習的なコモンズを法的な所有権に仕立てたりすることも有力な方法であろうが、途上国ではそもそも法律を遵守する統治文化が確立されていない国も多い。外から資源をもち込むことを仕事にしている国際機関や援助団体が資源管理のマスタープラン作成を任されることが多いというのも問題だ。外からの資源の注入を生業としている彼らは、もともと当該地域にどのような資源があり、それがなぜ活用できないのかという観点から分析を進める習慣がないからである。

だが、世界各地の開発の歴史を振り返れば、農村の人々を貧困状態に追いやった主要な原因の一つは生産性の高い土地や身の回りの天然資源へのアクセス権を政府や地主が取り上げたことであると分かる。そして、いまや生産性の低い林地や荒廃地まで保護や植林の対象として囲い込まれようとしている。そうだとすれば、優先されるべきは、豊かな資源の恵みを公正な成長や利益分配に転換できなくしている制度的要因の特定と、それらを取り除いていく方法の模索ではないか。

転換力の構成要素──日本とタイの比較

「転換力」の構成要素にはどのようなものがあるのだろうか。そこには国のもっている技術や資本の程度が関係しているだろう。あるいは、資源がどれだけ地理的にまとまった範囲に存在しているか、という点も国家にとっての独占のしやすさに影響しているだろう。しかし、より本質的な構成要素は国家と社会の関係である。資源の呪いに苛まれている国々は、いずれも経済力において貧しい国々ではないからだ。そして国家・社会関係を規定する要となるのは、国家の独占的な資源利用を許さないような市民社会の強さと、国家が社会に依存しなくてはいけない度合いであると筆者は考えている（佐藤 2014）。

同じ時期に近代化をスタートした日本とタイの資源管理を比較してみて分かったことは、タイが近代化の端緒から現在に至るまで地域住民に対して排他的なアプローチをとってきたのに対して、日本は地域住民に慣習的な権利を認めて交渉にもち込むことが多いということであった（佐藤 2013）。このような政府の地域社会に対する態度の違いは、政府が社会にどれだけ依存しなくてはいけないか、という点に関係している。

明治維新による近代的な国家統一を果たした日本の場合は、全国各地に分散している森林や鉱物を最大利用するために、地域社会の労働力をうまく活用する必要があった。だから、多くの組合は政府主導で作られ、極端に人々を怒らせないような制度を作らなくてはならなかった。これに対してタイでは、伐採・採掘対象になった貴重なチーク材と錫は首都から遠く離れた北部と南部に偏在し、少数民族と華人労働者が主たる労働力であった。こうした資源の飛び地的な分布と民族的な特異性は、社会の側に政府に「物申す」力を与えなかったのである（佐藤 2013）。転換力を根底で規定しているのは、このような制度的・歴史的条件であると筆者は考えている。

資源が身近に存在していても、それを生活の向上のために活用できるとは限らない。「資源」の定義が、それを見る人の立場によって異なっていること、そして、その定義に従って資源の用途を意のままにする力がアクターによって異なることが転換力の格差を生み出している。森林は人々にとって日常的な生活資源であるかもしれないが、政府にとっては保護されるべき生態系であるかもしれない。このように競合の対象として資源を捉えて、その重層的な利用構造に光を当てることは、途上国の開発問題を分析するうえで新たな視角をもたらす。これまでの議論をふまえて資源の富を地域に還元する方策について今一度考えてみよう。

間接的な貧困対策

貧困と環境破壊の悪循環説は「貧困対策は環境保全に先行しなくてはならない」と主張する。それを無条件に受け入れると、貧困と資源環境を概念的に切り離すことになり、資源環境が農村の人々の生活に役立っている可能性と、逆に農村の人々の活動が環境保全に役立っている可能性とを見失ってしまう。そこで従来の定説とは異なる、政府の戦略を視野に入れた、貧困と環境劣化のもう一つの関係を図示すれば、図7－2

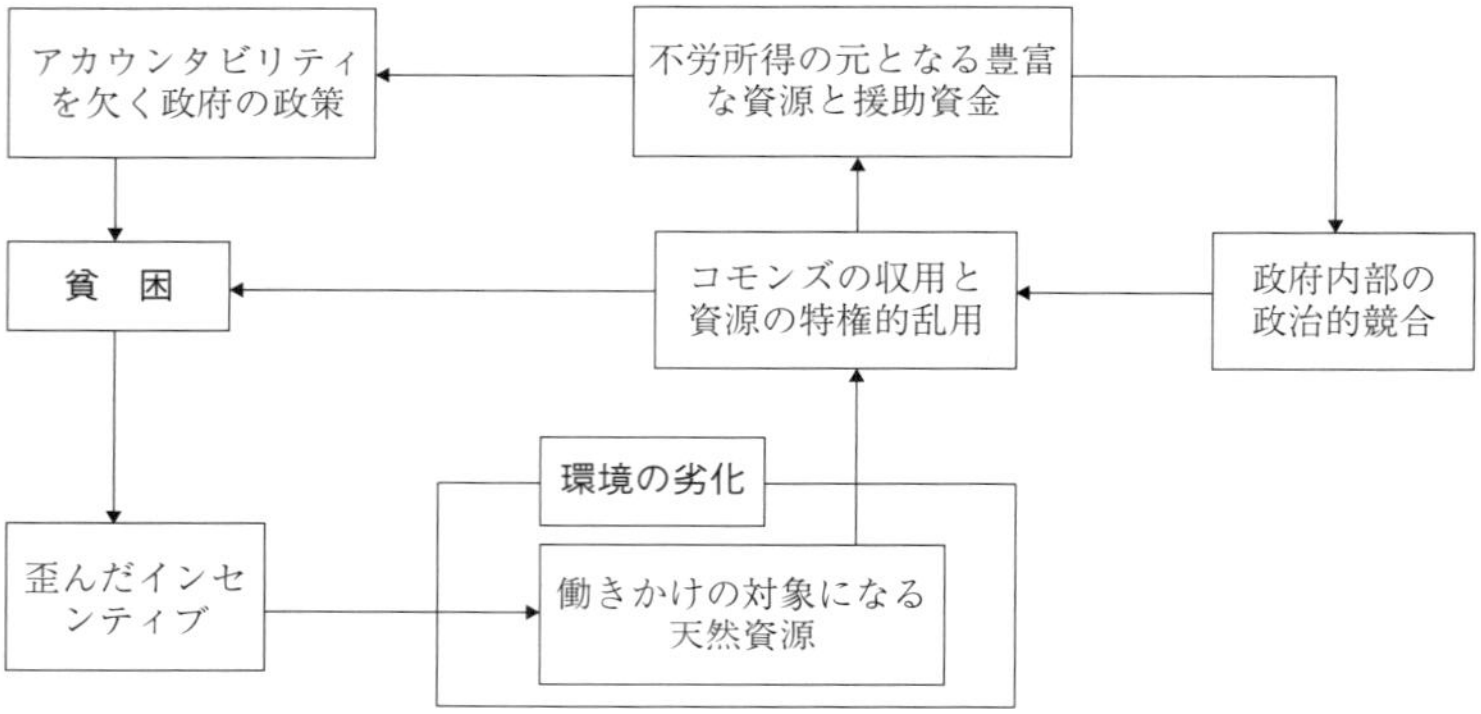

図7－2　貧困と環境劣化――もう一つの関係図

出典：筆者作成。

のようになる。

政府にとって部局間の縄張り争いを調整し、安定した権力基盤を築くうえで天然資源は有用であるが、それはしばしば特権的な乱用を伴い、貧しい人々と彼らが日常的に利用する資源との切断につながる。また、豊富な資源の切り売りによって「不労所得」が生じ、政府にとっては苦労して税金を集めるインセンティブが低下する。これは説明責任の低下をもたらし、さらなる貧困を誘発する。信頼できない政府の下で短期的な利害を追求するようになる人々は、環境劣化につながると知っていても資源を乱用してしまう。

幸いなことに、豊富な資源の存在は自動的に「呪い」をもたらすわけではない。国家経済をダイヤモンドに重く依存しているボツワナのように、鉱物資源レントを比較的公平に用いた成功例も報告されている（Swanson et al. 2003）。転換力の回復によって資源の富を人々の生活向上に役立てることは可能である。特定の資源に重く依存しないような経済の多様化を進めることがすぐにできないとしても、政府の会計制度を透明化し、NGO等を使って政府に説明責任を果たすよう圧力をかけ、自らの税金に頼るよう促すことはできるであろう。そして、最も重要なことは、資源管理の民主化を含め、人々が将来に投資する（少なくとも将来を犠牲にしない）ために必要なだけの資産を保障するとともに，持続的な行動を促すインセンティブを提供することである（Swinton et al. 2003）。

特に環境に大きな影響力を及ぼしうる企業集団等に対しては，課税や補助金の手段を変更することによってインセンティブを操作できるし，資源収入の報告を透明化することも資金流用を防止するうえで有用である（Swanson et al. 2003）。環境劣化の最大の被害者は変化に脆弱な貧困層である。ならば，コモンズを生活資源として捉えなおし，環境保護プロジェクトに貧困層配慮を積極的に組み込んでいくことが，間接的だが有効な貧困対策になりうる。とりわけ，国際援助機関等の外部アクターにとって重要なのは，政府内の部局が特定の資源をめぐって競合するメカニズムを理解し，改革に味方してくれる内部勢力を戦略的に選び出すことである。

悪循環説を越えて

「貧困と環境破壊の悪循環」説は，貧しい人々への共感を想起させ，直感的に人々の同情を誘うゆえに広く受け入れられてきた。だが，この古典的な議論は貧困問題に配慮しているようでいて，実はその逆である。それは貧しい人々の戦略を見ようとせず，同時に環境劣化に果たす政府や豊かな層の役割を見ようとしていないからである。たとえば，国家が灌漑建設など必要なインフラ支援を怠ることで，気候変動などの環境変化に対応できずに干ばつや洪水を介して貧困が惹き起こされることもある。

たしかに，単純な科学技術の問題として片づけられがちな環境問題の根底に貧困が関係している点を明示的に照らし出した点で「悪循環論」は一定の貢献をした。筆者が危惧しているのは，貧困を環境破壊の主因に決めてしまうことで，貧困層の生活を支えている資源が彼らから取り上げられ，拠り所を失った貧しい人々がさらに貧困化するのではないかという点である。「環境保護」の大義名分で政府は堂々と自らの意にそぐわない地域の人々を圧迫できるからである。

本章では、本書の第2章で示した「無いもの」を探すのではなく、そこに「在るもの」を見出して活かすという発想を、国のレベルに拡張して検討してみた。その結果、そこに将来の開発援助戦略構想に資する材料が含まれていることが分かった。政府による資源乱用が知識や技術、財力の不足にあるとすればその不足分を補えばよい。しかし、そうした不足による災いが意識的な政策の結果として生み出されているにもかかわらず、知識や資源の不足、あるいは不慮の事故として演出されているとすれば、不足の補塡はそもそも問題を生み出した既存構造を強化するだけになる。

悪循環説が定説化してしまう背景には、国際開発分野での縦割り的な学問の弊害がある。アッシャーの分析にあるように、スハルトは航空機産業の資金調達のために「植林基金」を利用していたが、そのことを問題視する森林の専門家はいなかった（アッシャー 2006）。姿かたちを変えて利用される資源の流れと、その背後にある力関係を読み解くためには、自然資源の研究者と社会科学者の協力が不可欠である。資源環境の問題は開発と別物なのではなく、その重要な一部として考えるべきである。

豊かな資源そのものは呪いではない。人々が資源を便益に転換するシステムが権力の作用によって偏るところに呪いの源がある。一部の研究者は外国政府が提供する援助資金も石油や鉱物と同じように「呪い」となって、無責任な政府の存続を助けていると論じている（Moore 2001 ; Therkildsen 2002）。「資源の呪い」は国際協力政策の本質にもかかわる重大な課題を私たちに投げかけている。

注

（1） 環境クズネッツ曲線（Environmental Kuznets Curve）やエコロジー的近代化（Ecological Modernization）といった概念は、この考え方を学問的に定式化しようとしたものである。

(2) 転換力という発想は、アマルティア・センのケイパビリティ論の鍵であるコンバージョン(conversion)の議論を参考にした(関連する議論として本書の第1章も参照されたい)。
(3) この議論については本章では詳しく論じる余裕がないが、統計的な相関関係という意味ではほぼ成り立っていると見てよい。しかし、だからといって公害問題の解決には経済発展が必要であるという議論は飛躍である。それは同じような経済レベルであっても、公害に対して異なる対応力を見せてきた社会が存在するからであり、同時に、ゴミ問題や地球温暖化の問題に対する答えにならないからである。
(4) 実証的研究が少ないわりに「貧困による環境破壊」が定説の位置を占めてしまう社会的背景については佐藤(2002b)を参照されたい。
(5) ラテンアメリカの経験から独自の発展観を形成した従属学派と呼ばれるグループは、先進諸国が作り出す国際経済の体制に途上国を組み込むことこそが低開発の原因であるとして主流派の議論を批判した。ただし、この一派も貿易の構造を批判していたのであって途上国に資源が豊富にあること自体を問題視していたわけではなかった(Frank 1966)。
(6) 資源の呪いについて日本語で書かれた文献は少ないが、さしあたりコリアー(2012)が読みやすくまとまっている。
(7) 天然資源からの収入が国家収入に占める割合を用いる研究者もいる(Wantchekon 2002)。
(8) 石油資源と国際紛争の関係については、たとえばKlare(2002)を見よ。
(9) 環境の分野では利用や搾取の対象として取り上げられる「コモンズ」であるが、開発の分野ではどのようにしてコモンズを作り出すか、という点が一九九〇年代以降の争点になってきた。たとえばマイクロ・クレジットや参加型開発に見られるように、集合的な便益を供給するために個々人の協力をどのように引き出すかという問題である。「信頼」のように使えば使うほど強度を増すような特徴をもつ社会関係資本(social capital)の議論もここに含まれてくる。このように、コモンズ論は開発論と環境論の両方を見渡す重要な位置を占めている。
(10) 地球温暖化や水の消費、ゴミや廃棄物のように経済成長に付随して増加することが知られている変数がグローバル・コモンズに与える影響という点では、ハーディンの論理はいまだに適用すると考えてよい。

(11) たとえばネパールの森林は一九五七年にすべて国有化されたが、その直後に森林伐採が加速したことが報告されている（Thompson and Warberton 1985）。

(12) 「レント」とは資源採掘に伴う費用を差し引いてなお残る利潤のことで、「超過利潤」と訳されることもある。レントの詳しい説明については佐藤（2004：49）を参照されたい。

(13) 資源が囲い込まれるのではなく、逆に人々に開放されるという政治的操作もありうる。カンボジアのトンレサップ湖では一〇〇年以上にわたって排他的に区画化されていた漁場の多くが二〇一二年になって開放された。経済的価値の低下した漁場を開放して選挙の票集めをした方が得策であると政府が考えた末の政策であったと筆者は見ている（佐藤 2015）。

(14) 急速な経済発展に伴って地価が上昇している地域では、近隣の住民がそれを逆手にとって事業予定地を不法占拠し、退去の見返りとして補償金を要求するようなケースもある。「切り離し」を見越した人々のしたたかな戦略である。

参考文献

秋道智彌編（2014）『日本のコモンズ思想』岩波書店。

アッシャー、ウィリアム（2006）（佐藤仁訳）『政府はなぜ資源を無駄にするのか――発展途上国の資源政治学』東京大学出版会。（原著 Ascher, W. 1999. *Why Governments Waste Natural Resources : Policy Failures in Developing Countries,* Baltimore : The Johns Hopkins University Press.）

井上真（2004）『コモンズの思想』岩波書店。

コリアー、ポール（2012）（村井章子訳）『収奪の星――天然資源と貧困削減のメカニズム』みすず書房。（原著 Collier, Paul. 2011. *The Plundered Planet : How to Reconcile Prosperity with Nature,* New York : Oxford University Press.）

佐藤仁（2015）「カンボジア・トンレサップ湖における漁業と政治」寺尾忠能編『「後発性」のポリティクス――資源環境政策の形成過程』アジア経済研究所、九九～一二〇頁。

――（2014）「自然の支配はいかに人間の支配へと転ずるか――コモンズの政治学序説」秋道智彌編『日本のコモ

ンズ思想』岩波書店、一七六～一九四頁。

――――（2013）「近代化と統治の文化――明治日本とシャムの天然資源管理」平野健一郎ほか編『国際文化関係史研究』東京大学出版会、一七一～一九二頁。

――――（2011）『「持たざる国」の資源論――持続可能な国土をめぐるもうひとつの知』東京大学出版会。

――――（2004）「貧困と〝資源の呪い〟」井村秀文・松岡俊二・下村恭民編『シリーズ国際開発第2巻　環境と開発』日本評論社、二七～五〇頁。

――――（2002a）『稀少資源のポリティクス――タイ農村にみる開発と環境のはざま』東京大学出版会。

――――（2002b）「問題を切り取る視点」石弘之編『環境学の技法』東京大学出版会、四一～七五頁。

シューマッハー、E・F（1986）（小島慶三・酒井懋訳）『スモール・イズ・ビューティフル』講談社。（原著 Schumacher, E. F. 1973. *Small is Beautiful : A Study of Economics as if People Mattered*, New York : Harper Colophon Books.）

谷口正次（2001）『資源採掘から環境問題を考える――資源生産性の高い経済社会に向けて』海象ブックレット。

三俣学・菅豊・井上真編（2010）『ローカル・コモンズの可能性――自治と環境の新たな関係』ミネルヴァ書房。

Atkinson, G. 2003. “Savings, Growth and the Resource Curse Hypothesis,” *World Development*, Vol. 31, No. 11, pp. 1793–1807.
Auty, R. 1997. “Natural Resources, the State and Development Strategy,” *Journal of International Development*, Vol. 9, pp. 651–665.
Bannon, I. and P. Collier eds. 2003. *Natural Resources and Violent Conflict : Options and Actions*, Washington, D. C. : World Bank.
Boserup, E. 1965. *Conditions for Agricultural Growth : The Economics of Agrarian Change under Population Pressure*, New York : George Allen & Unwin.
Dove, M. 1983. “Theories of Swidden Agriculture and the Political Economy of Ignorance,” *Agroforestry Systems*, Vol.

1, pp. 85–99.

Duraiappah, A. 1998. "Poverty and Environmental Degradation : A Review and Analysis of the Nexus," *World Development*, Vol. 26, No. 12, pp. 2169–2179.

Fairhead, J. and M. Leach. 1996. *Misreading the African Landscape*, Cambridge : Cambridge University Press.

Forsyth, T. et al. 1998. *Poverty and Environment : Priorities for Research and Policy : An Overview Study Prepared for the UNDP and European Commission*, Institute of Development Studies.

Frank, G. A. 1966. "The Development of Underdevelopment," *Monthly Review*, Vol. 18, No. 4, pp. 17–31.

Hardin, G. 1968. "The Tragedy of the Commons," *Science*, 162, pp. 1243–1248.

Karl, T. 1997. *The Paradox of Plenty : Oil Booms and Petro-States*, Berkeley : University of California Press.

Kates, R. and V. Haarmann. 1992. "Where the Poor Live," *Environment*, Vol. 34, No. 4, pp. 4–11.

Klare, M. 2002. *Resource Wars : The New Landscape of Global Conflict*, New York : Henry Holt & Co.

Malthus, R. T. 1963［1798］. *An Essay on The Principle of Population as It Affects the Future Improvement of Society*, Cambridge : Cambridge University Press.（高野岩三郎・大内兵衛訳〔1962〕『人口の原理』岩波書店。）

Ostrom, E. 1990. *Governing the Commons : Evolution of Institutions for Collective Action*, Cambridge : Cambridge University Press.

Renner, M. 2002. "Breaking the Link Between Resources and Repression," in Flavin, C. *et al.* eds., *State of the World 2002–3*, Washington, D. C. : Worldwatch Institute.

Ross, M. 2012. *The Oil Curse*, Princeton : Princeton University Press.

———2004. "Natural Resources and Civil War : Evidence from Thirteen Cases," *International Organization*, 58（1）, pp. 35–67.

———2003. "How does mineral wealth affect the poor?," Mimeo.

———2001. *Extractive Sectors and the Poor*, Oxfam America.

———1999. "The Political Economy of Resource Curse," *World Politics*, Vol. 51, pp. 297–322.

Sachs, J. and A. Warner. 1995. "Natural Resource Abundance and Economic Growth," *National Bureau of Economic Research Working Paper*, No. 5398.

Sen, A. 1981. *Poverty and Famines : An Essay on Entitlement and Deprivation Entitlement*, Oxford : Clarendon Press.（黒崎卓・山崎幸治訳〔2000〕『貧困と飢饉』岩波書店。）

Stevens, P. 2003. "Resource Impact-Curse or Blessing? A Literature Survey," *Journal of Energy Literature*, Vol. 9, No. 1, pp. 3–42.

Swanson, P. et al. 2003. "Who Gets the Money? Reporting Resource Revenues," in Bannon, I. and P. Collier eds. *Natural Resources and Violent Conflict : Options and Actions*, Washington, D. C. : World Bank, pp. 43–96.

Swinton, S. et al. 2003. "Poverty and Environment in Latin America : Concepts, Evidence and Policy Implications," *World Development*, Vol. 31, No. 11, pp. 1865–1872.

Therkildsen, O. 2002. "Keeping the State Accountable : Is Aid no Better than Oil?" *IDS Bulletin*, Vol. 33, No. 3, pp. 41–49.

Thompson, M. and M. Warberton. 1985. "Uncertainty on a Himalayan Scale," *Mountain Research and Development*, Vol. 5, No. 2, pp. 115–135.

Tiffen, M. et al. 1994. *More People, Less Erosion? Environmental Recovery in Kenya*, Chichester : John Wiley.

Wantchekon, L. 2002. "Why do Resource Development Countries Authoritarian Governments?" *Journal of African Finance and Economic Development*, Vol. 5, No. 2, pp. 57–77.

WCED, 1987. *Our Common Future*, Oxford : Oxford University Press.（大来佐武郎監修〔1987〕『地球の未来を守るために』福武書店。）

World Bank. 2002. *Treasure or Trouble? Mining in Developing Countries*, Washington D.C. : World Bank Group.

———1992. *World Development Report*, Oxford : Oxford University Press.

第Ⅲ部　開発・援助と日本の生い立ち

第8章　戦後日本は、なぜ援助に乗り出したのか

一九五〇年代の日本は国内に雇用や住宅の不足といった難題を抱えながら、いかにして対外援助の供与国（ドナー）となっていったのか。本章は当時の日本の原料確保をめぐる問題に着目し、工業用の原料を経済協力と引きかえに獲得しようとした政府の構想を検討する。そして当時の対外経済協力政策の立案に関わった人々の考え方の検証を通じて、経済的に貧しい段階にあった一九五〇～六〇年代の日本が経済協力の出し手となっていった国内事情を明らかにする。

1　経済協力と国内事情

戦後の日本で最初に国際会議が開催されたのは一九五三年のことであるが、それが国際連合アジア極東経済委員会（ＥＣＡＦＥ、以下エカフェ）主催の鉱物資源に関するものであった事実はほとんど知られていない（ECAFE 1953）。この会議の招致に象徴されるように、原料資源は日本復興の要と見られていただけでなく、戦後の国際協力の出発点となる重点分野として期待されていた（外国為替貿易研究会 1953）。

アメリカの占領政策によって貿易が極度に制限されていた終戦直後の日本では、国民生活の向上に国内の天然資源を有効活用する方法が最大の懸案であった。ところが、その後アメリカの対日政策の転換と朝鮮戦争による特需によって日本は想定以上のペースで復興を遂げ、それに合わせて国内資源の開発から海外原料

の確保へと重点を移す。この過程で国外の原料アクセスを促進する手段と位置づけられたのが、日本によるアジア諸国に対する経済協力であった。

戦前から一貫して「もたざる国」を自覚していた日本が、戦後も外国に原料を取りにいこうとしたのは、一見すると当然に見える。しかし、自国内に雇用や住宅といった多くの経済問題を抱え、一次エネルギーの七割を自給し、生活水準も高くはなかった一九五〇年代の日本が、わざわざ対外経済協力という遠回りの手段を用いなくてはならなかった理由は何だったのだろうか(1)。

本章ではこの問いを手がかりに、対外援助と国内外の原料資源が戦後日本の政策的文脈でどのように結びつけられていたのかを考察し、国内事情と対外経済協力の関係を探求する。また私たちの「常識」として刷り込まれている「日本の経済協力は賠償への義務として受身的に始まった」とする言説に疑問を投げかけ、当時の経済協力の積極的・戦略的な側面に光を当ててみたい。

結論を先取りしよう。一九五〇年代の日本には必要な原料を直接買いつけるだけの購買力がなかっただけでなく、賠償協定の締結が障害となって正常な貿易の再開さえままならない国を相手に関係を築かなければならなかった。加えて、貧しいアジアの国々にも安定的な原料生産と供給を行うだけの設備と技能が整っていなかった。そこに「経済協力」が役割を見出したのである。一九五〇年代の日本では、復興の切り札として経済協力、輸出振興、原料輸入がパッケージ化されたのだった。

忘れられがちなのは、当時の政府が国土の総合利用を通じて経済自立を高め、輸入コストを最小化したいと考えていたことである。一九五〇年代前半までの日本では、水力を中心とする国土資源の開発に軸足を置いた経済自立戦略が構想されていた。そこでの力点は、国土資源の総合的な開発による災害の予防、そして資源の効率的開発を通じた自給力の向上を通じて輸入品を国内産品に置き換えていく外貨節約であった。こうした対外政策と国内事情の接近が日本を経済協力の領域に強く押し出したのであった。

国際関係の視点から見ると、国土資源の総合利用は貿易環境が改善するまでの間の一時しのぎに見えるかもしれない。しかし、国土資源の総合利用をめぐって展開された当時の考え方は、貿易が軌道に乗り、経済協力の根拠を原料確保に求めることができなくなってからも技術協力の哲学として生き続けた[2]。対外経済協力に密に連続していた国内事情は、やがて欧米とは異なる援助理念として「自助努力」を重視することになる日本型援助の形成に一役買ったのである（佐藤 2011）[3]。

一九六〇年代末頃になって経済協力開発機構（ＯＥＣＤ）の開発援助委員会（DAC：Development Assistance Committee）に強く批判されるようになるまで、日本の「援助」には投資や賠償など、対象国の開発を主目的としない活動が含まれていた。そもそも一九五〇年代の日本は援助の受け入れ国であり、占領地域救済政府基金（ガリオア：ＧＡＲＥＯＡ）や占領地域経済復興基金（エロア：ＥＲＯＡ）といった大規模な緊急援助が終わってからも、産業インフラ充実のために世界銀行から多額の融資を受けていた[4]。援助をもらいながら輸出信用や賠償、技術協力などに民間投資を含めて「経済協力」を行う方式は、今日の中進諸国で見られるスタイルの先駆けとして再評価されなくてはならない。

2　中進国日本の経済協力

一九五〇年前後の国際環境

まず一九五〇年代当時の日本を取り巻く国際環境を整理しておこう。アメリカによる占領統治からの政治的独立に続けて、経済自立を目指していた日本にとって最も切実な課題だったのは国連加盟を軸とした国際社会への復帰であった。国際社会への復帰なくして貿易の正常化は望めなかったからである。中国の共産化で有力な輸出市場を失った日本にとって、東南アジアに新たな活路を見出し「援助」の分野で実績を積みながら欧米先進諸国に認めてもらうことは、わずかに残された希望であった。

日本の国際社会への復帰に重要な役割を果たしたのは言うまでもなくアメリカである。終戦直後のアメリカの政策は、日本の生活水準目標を「日本が侵略した国々の生活水準よりも高くない水準」に押しとどめることであった。一九四七年四月の極東委員会では、その水準を一九三〇年ないし一九三四年の生活水準と規定している。しかし一九四八年になって「合理的な生活水準をもつ自立日本建設」という対日政策の変更が行われ、アメリカの納税者の負担軽減のためにも、日本の平和的な産業力の増大は望ましいとする対日援助強化の方針転換が明確になった（濱田 1950）。

この新しい方針は日本製品の主たる市場と目された東南アジア地域を統括するエカフェへの日本加盟問題ではっきりする。[5] 当時のエカフェの活動地域において資本財（機械・設備など）、工業物資（化学物質、ゴム製品、繊維など）を本格的に供給できるのは日本だけであり、日本の工業力の活性化は地域全体の活性化に不可欠であるとの認識が西側諸国で深まったのである。一九四八年一二月四日に開催された第四回エカフェ総会では、アメリカとインドの強い賛意によって、日本は準メンバー（associate member）になることを認められ、日本の工業力を利用しながらエカフェ地域の貿易振興を図る方針が決議された（Oba 2008）。

こうした流れの中で、日本の対東南アジア援助政策の一つの端緒となったのは一九五〇年のウエスト＝アンドリュース構想と、翌年五月一六日に発表されたＧＨＱ（連合軍総司令部）のマーカット経済科学局長の声明である（原 1950）。マーカットは言う。

日本は世界的に不足している資源の供給をふやすために、東南アジア地域の開発を思い切って進めるべきである。アメリカとしては、日本が東南アジア地域を開発するに必要な資金については、輸出入銀行などを通じて供給する用意がある。東南アジア地域の開発に当たっては、東南アジア諸国が原料、日本が資材・技術・労力、アメリカが資金を夫々出資し、三者一体となり、開発を進めることが理想である（経済安定本部貿易局貿易政策課 1952：131）。

このようなアメリカの構想に日本が関心をもったのは、すでに指摘したように、共産化し禁輸政策の対象となった中国市場の喪失を東南アジア開発で埋め合わせたいという政府の思惑があったからであった（国立国会図書館調査立法考査局編 1954）。

劇的に変化する国際環境に対応するかたちで、国内における制度づくりも急加速する。後述するように、一九五三年六月には、東南アジア経済協力をめぐる論議を受けて外務省にアジア経済懇談会、自由党にはアジア経済協力委員会などが相次いで設置された。(6) 信用制限や関税障壁など日本の自由貿易を妨げる差別待遇の改善を企図していた日本政府は、経済のブロック化を進める欧米諸国から取り残されることを危惧していたし、何よりも特需やアメリカの対日援助に依存しないで済む国際収支を確立するために経済協力を位置づけようとしていた（秋山 1961）。

しかし、戦争の傷跡が生々しいアジアで日本が開発事業を主導するのは容易ではなかった。経済安定本部の報告書は「ビルマ、パキスタンは日本の技術援助を歓迎しているが、マレー、フィリッピンについては賠償問題等の関係があって普通の輸出以外は難しい」と見ていた（経済安定本部貿易局貿易政策課 1952：181）。そうした中で、アメリカの政策変化と日本の経済回復に伴う明らかな原料不足は、日本政府に輸出入銀行を活用した資源確保目的の経済協力に本腰を入れさせる環境を与えた。資源開発のインフラが不十分なアジア諸国を相手にした通常貿易では十分な原料が確保できないと考えられたからである。

中進国の産業構造

経済協力の中身を議論する前に、当時の日本の国内事情を確認しておこう。終戦から一八年後の一九六三（昭和三八）年に出版された『経済白書』の副題は「先進国への道」であった。一九六〇年代の前半まで、日本では中進国意識が支配的であった。ここで「中進国」とは、経済の伝統的な部門を残しつつ近代化に乗り出している国のことであり、現在のように所得に基づく厳密な定義はなかった。日本の中進国意識は戦後日本の対外援助思想を特徴づけるうえで重要であった。実際、一九五〇年代の日本は他国に「援助」するには分不相応に貧しかった。日本がコロンボ計画への加盟を画策し始めた一九五二年の日本の一人当たり国民所得は一六七ドルであり、アジア諸国の中では最も高かったとはいえ、アメリカの一一分の一、当時のコロンビア、メキシコ、トルコ、スペインとほぼ同等であった。

エンゲル係数は一九五〇年代を通じて五〇～六〇％、平均寿命も一九五二年に六〇歳をようやく超える段階にあった日本は「中進国」という形容さえ憚られる経済的困難を抱えていた。つまり「低開発国として先進諸国から援助を受けている国の中には、当時（昭和二九年から三五年）のわが国の所得水準を上回る国も多くあることからみても、当時のわが国は低開発国援助という国際的事業に参加するために、実力の許す以上の努力を行っていた」と言える状態であった（鹿島平和研究所編 1973 : 8）。

そうまでして日本が経済協力に踏み出さなくてはならない理由は何だったのか[7]。一九五八年に刊行された我が国初めての経済協力白書『経済協力の現状と問題点』は、その当時の「経済協力の目標」を次のように位置づけ、日本経済のために経済協力が必要であることを力説した（通商産業省 1958 : 22）。

低開発国の経済開発の促進は、低開発国の輸入需要を喚起することによって、我が国の輸出を促進するとともに、重要原材料の輸入市場の確保に資し得るものとなる。殊に我が国の産業構造ないし貿易構造の今後の方向は、このことの実現の必要性をより大きいものとしている。この意味で経済協力の二つの目標は、表裏一体の関係をなすものであって、調和的実現の可能性を有するものである。

ここで「我が国の産業構造ないし貿易構造」と言われているのは「原料輸入－国内加工－製品輸出」を基本パターンとする経済構造のことである。ただし、資本主義の発展段階が未成熟なレベルにあった日本は、この基本パターンを国内におけるセクター間の資源競合がとりわけ熾烈な中進国的文脈の中で成立させなくてはならなかった。しかも一九五〇年代の日本では世界銀行からの借入額が多国間援助供与額を二倍以上超えていた（通商産業省 1961：44）。

3　賠償に先立つ経済協力

現物広告としての経済協力

戦後対外経済協力構想の皮切りとなった「アジア経済懇談会」（詳細は第9章参照）の議事録は、当時の日本の経済協力政策の中枢にいた人々が何を考えていたのかを如実に物語る。一九五三（昭和二八）年六月に外務省の主催で組織されたアジア経済懇談会は、対アジア経済協力について民間企業の代表者と外務大臣を含む政府側の高官が、大所高所から議論をし、基本方針を定めるために組織された。

まず、この会合の名称をめぐる一九五三年六月一二日の会議でのやりとりが示唆的だ。「対アジア経済協力を総合的に議論するこの集団の名称をいかにするべきか」と事務方が問うた場面で、委員の一人であった東芝電気社長の石坂泰三は「開発ということは避けた方がよい」と発言し、日本開発銀行総裁の小林中も、それに呼応する形で「曖昧な名称がよい。協力という表現でも相手国は喜ばないであろう」と意見を述べた。

委員一同が組織の名称から神経を使っていることがよく伝わってくる。

名目が何であれ戦争の傷跡が生々しく残る東南アジアに、日本が再進出することはさぞ難しかったのだろう。「アジア経済懇談会」という、中身の分かりにくい名称の選定には国際社会にできるだけ刺激を与えないようにしたいという日本側の考えが横たわっていた。

アジア経済懇談会の初回会合で外務大臣の岡崎勝男はアジア経済協力に関する基本的な構想として次の四点を提示した（アジア経済懇談会 1953）。

① 我が国としては各国夫々が自ら有している経済開発計画の枠内で協力する。
② 各国を豊かにしてやることは、我が国に反射的利益をもたらすという意味で、相手国の生活水準引き上げに協力する。
③ 経済協力の話を進めれば、当然賠償問題の話も出てくるから、賠償にも応ずる態度をとる。
④ ポイント・フォアやコロンボ・プラン等との調整に留意し、我が方に独占的な意図のないことを示す。

この発言から明らかなように「日本の戦後経済協力が賠償から始まった」という一般通念は表面的な理解にとどまるもので、現実には経済協力を戦略的に打ち出すことがはっきりと構想されていた。受け身の賠償を中心に置くのではなく、あくまで日本の復興を中心に見据えた経済協力が一九五〇年代前半の早い時期に確立していたことは注目すべきであろう。「コロンボ・プラン等との調整」は、まさに日本側が経済協力を戦略的に考えていたことの現れである。

東芝の石坂も、その発言から察するに経済協力を戦略的な観点から捉えていた。石坂はインドへの開発協力に触れ「開発指導という様なふれこみは避けるべきで、賠償の名目で入り込むのは誠によいことと思う」

と発言し賠償を隠れ蓑に使う可能性を提案する。

経済協力の予算計上の在り方をめぐる議論では、委員の一人で衆議院議員の小金義照が「あまり本件予算を計上すると、先方がうるさい。賠償の影にかくれてやる他ないだろう。表面はあいまいにしつつ、本会（アジア経済懇談会）が予備費でも出せるよう働きかけることが必要」と、日本の経済利害を前面に出すことをはばからない。

当時の経済協力に関する政策文書に繰り返し登場する「相手国への配慮」という理念については、その道義的な強調を揺るがすような現実的な障壁もあった。たとえば、委員の一人であった永野護（東南亜産業経済調査会理事長）は、「先方の気持に則した協力や、先方の開発計画の枠内での協力には銀行側が融資しない。これを国家的見地から打開してやる必要がある」と述べ、途上国への融資を専門に扱う、後の海外経済協力基金の設置につながる問題提起を行っている。

このように振り返ると、賠償交渉に先行する形で経済協力が強調されたことや、賠償問題解決が広い意味での経済協力の一部であったという理解が深まる（末廣 2005）。経済協力は賠償と密接に関連しながらも概念上は全く別個の、独自の戦略性をもった働きかけとして構想されたものであった。そこには、政府を主体とする役務提供に力点を置く賠償とは別に、民間を主体とする輸出振興と原料確保の手段としての経済協力がはっきりと存在したのである。

まず、輸出の側面について見てみる。第一回のアジア経済懇談会の参考資料として、各省の局長・局次長クラスからなる「連絡委員会」が作成した文書「アジア諸国との経済協力に関する件」には、その具体的な施策として、「輸出品展示室、モデル・プラントないしモデル・ファーム、およびサービス・センターの設置等、日本の機械技術に対する過小評価を是正し、更に積極的な宣伝に資するための措置を講ずる」ことが提案されている。第二回の会議における小金義照の「賠償は日本製品のよい現物広告となる」という発言は、当時の日本に重くのしかかっていた賠償ですら、経済協力推進の道具と考えられていた事実を窺わせる。

アメリカの後ろ盾を得ながらも、日本は逼迫する財政状況の下でアジア諸国にあえて経済協力の名の下に出ていくという困難な道を選択した。その背景には、単に賠償という受け身の事業に縛られるのではなく、経済協力という主体的な手段を用いて積極的に打って出ようとする姿勢があった。当時の日本にはその道しかなかったとも言える。

経済協力と資源アクセス

次に原料確保の側面を見てみよう。賠償や経済協力に絡めた資源確保の計画は一九五〇年代半ばから着々と進められた。一九五六年のインドのゴアにおける鉄鋼石開発を皮切りに、銅鉱石、石油、ボーキサイト、木材などを対象とする資源開発型の経済協力が実施されるようになる。その方法として最も多用されたのは、資源開発に必要な資金や設備を供与し、開発物資の値引き決済等によって債権を回収することであった。鉱業権や採掘権そのものを獲得して自らの手で資源開発を行った例は、一九六〇年までアラビア石油の一件にすぎなかった（通商産業省 1961：82）。

政治家の多くも経済協力による原料確保を、国内産業振興に欠かせない手段と考えていた。一九六〇年二月五日の第三四回衆議院予算委員会では、ときの首相だった岸信介が「貿易の拡大、経済の成長という観点から原料をできるだけ確保して経済を発展させ、できあがった製品を海外市場に売る」という図式を披露している（対外経済協力特別委員会事務局 1960）。経済開発ではなく「経済協力」という用語を用いることになったのも「日本側の出方が安い原料の確保を余りに強く考え、現地産業の育成に関心を払わなかったために反感をもたれた」ことが背景にあった（国立国会図書館調査立法考査局編 1954：46）。

これにさかのぼる一九五八年八月二九日の閣議決定では、対外経済協力政策の総合的な司令塔として対外経済協力審議会の設置がすでに認められていた。第9章で詳しく見るように、この審議会は内外の利害を調整し、一貫した対外経済協力政策を打ち立てるために作られたが、外務省と大蔵省の対立などによって実質的にはほとんど機能しなかった。その存廃が論じられた一九六五年八月二三日になっても、対外政策と国内事情との関連が政府内でまだ強く意識されていた事実は、次に示す外務省の史料から窺い知ることができる(外務省 1965)。

経済協力問題は国際政治にかかわる問題であると同時に、国内における各産業政策のあり方にかかわる問題であるので、この問題に対しては広い視野のもとに、対外・対内各般の政策を統合した立場から政策企画の努力を強化していくことが強く要請される。

このような国内事情と経済協力の一体性、つまり日本企業と深く結びついた借款や輸出入関連の補助金事業は、一九六〇年代半ば以降になって国際社会から「商業主義」との批判を浴びることになる。一見、商業主義とは関係の薄い技術協力にも、経済協力戦略に則した目的が念頭にあったようである。たとえば経済協力政策の中枢にいた原覚天は「技術協力の狙いは、もとより両国の経済交流を高めることにあるが、同時にそれによって日本の機械、部品、原料などの輸出増をもたらし、相手国で開発した物資や製品を有利な価格で輸入する機会にも恵まれるという利点もある」と指摘する(原 1957:5)。

経済協力の目的には、自国企業への還元という狭い目的を超えた国際政治上の狙いも埋め込まれていた。当時の資料によると、政府主導の東南アジア開発には「大資本を伴う天然資源の開発よりも農業開発や中小企業の問題」を優先し、それによって各国と競合しないところに重点が置かれていた(対外経済協力特別委員会事務局 1960:113)。つまり、経済協力はその先の大目的である日本の経済発展に向けた起爆剤という側面と、他の先進諸国を逆なでしないようにしながら国際社会での地位をたしかなものにする、という二つの側面をもっていたというわけだ。

アジアを主たる対象にしているはずの経済協力が、実は欧米を意識して行われていたという事実は、たとえば一九六〇年三月三一日に開催され「海外経済協力基金法案」を審議した商工・外務・大蔵委員会連合審査会議録からも読み取ることができる。援助の機能や日本の役割についての議論が広くやりとりされていた中で、本件の担当閣僚であった菅野和太郎経済企画庁長官が「アメリカや西欧諸国の経済援助に仲間入りすることで、日本経済の将来の発展に非常に役立つ」と発言している部分には東南アジアそのものよりも欧米に意識が向いていることが端的に現れている（対外経済協力特別委員会事務局 1960：105）。

この発言に対して、社会党の石野久男は「中進国として遅れている日本が先進国中心の枠組みに参入することで不利にならないか」と質問をし、政府代表の菅野から「ヨーロッパの貿易市場から締め出されないように、できるだけ関係をつけておいてそこを足場にして入っていきたい」との答弁を引き出している（対外経済協力特別委員会事務局 1960：106）。

日本は一九六三年に実現するOECD入りの条件とされた経済成長、貿易拡大、低開発国援助という三つの貢献分野のうち「援助」の領域で実績を積むことによって、先進国への道をたしかなものにしようとした（日本経済調査協議会 1963）。たとえば外務省が一九六三年一月に作成した極秘資料によれば「わが国が開発援助グループ（DAG）への参加に大きな熱意をもっていた主たる理由のひとつは、これにより将来の西欧経済協力機構に参加する足がかりを作ることを意図したためであった」とある（外務省 1963）。戦争で切断された国際関係、特にアジア諸国との経済関係を回復する有効な手段は、日本単独での活動ではなく、エカフェやコロンボ・プランといった地域枠組みの一員として賠償を含めた経済協力で実績を積むことであると見なされていた。

一九五〇年代に始まる日本による対外援助は、まさに「経済協力」であり、決して豊かな国から貧しい国への再分配という動機づけで行われたものではなかった。それは、アメリカからの援助と朝鮮特需という日本に有利な条件がなくなった後に、自力で経済を再建するための苦肉の策として構想されたものだった。

構想は実現されたか

では、経済協力を通じて国内産業に不可欠な原料を確保するという日本側の狙いは、どれほどの成果を上げたのか。経済協力が輸出に与えた顕著な効果に比べて、原料確保への貢献は必ずしも明確ではなかった。当時の日本の「援助」は日本輸出入銀行による融資や民間企業を介した海外投資が大きな部分を占め、賠償がそれに次いで大きく、技術協力を中心に政府の自由になる経済協力予算の規模は非常に小さかった（表8-1）。つまり、政府の構想を実現させる元手は極めて少なかった。これは第9章で述べる民間主導の経済協力の前提条件として押さえておきたい事実である。

フィリピンやマレーシアを主な対象とした証券や債券は、たしかに鉱山や繊維がその多くを占めていたが、いずれも政府支援を受けた民間の動きであり、政府による直接的な関与は限定的であった。民間との協力は、輸出の足がかりを求めていた民間側からの要請に後押しされて拡大し、後に批判される日本の商業主義的援助の原型を形成することになる。

次に、技術協力を見てみよう。当時の「技術協力」の中身は、研修員の受け入れと専門家の派遣が中心であり、たとえば一九五四年四月から一九五五年七月までの間に要請を受けた専門家要員数はアジア地域を中心に総計一〇三人であった（藤崎 1955）(8)。一九五〇年代を通じて日本への要請が多かった分野は、食糧・農林、工学、工業・貿易、漁業などであった（表8-2）。技術協力分野に限ると、原料確保という経済協力の命題が必ずしも案件レベルに反映されていないことが分かる。

表 8－1　経済協力関連諸指標（1956～59年）

	単　位	1956年	1957年	1958年	1959年
海外投資総額	1,000ドル	18,409	33,629	59,454	53,529
証券取得	1,000ドル	11,953	18,293	23,103	22,207
債権取得	1,000ドル	6,299	14,968	29,695	22,458
不動産取得	1,000ドル	156	367	6,655	8,864
長期信用供与					
重機械類輸出通関額	100万ドル	336	483	420	519
輸銀融資承認額	億円	581	569	437	698
政府予算総額	100万円	150	210	497	1,316
賠償供与額	100万円	7,997	24,556	22,318	21,005
ビルマ		6,438	12,938	8,398	6,159
フィリピン		1,559	11,619	9,275	9,130
インドネシア		—	—	4,647	5,715

注：「ビルマ」は現在のミャンマー。
出典：通商産業省（1960：27–28）より一部抜粋。

表 8－2　コロンボ・プランによる国別業種別専門家派遣実績（1950年 7 月～1958年 6 月）

（単位：人）

国名＼部門	教育	医療・保険	食糧・農林	電力・燃料	工学	工業・貿易	運輸・通信	行政	社会・福祉	統計	漁業	協同組合	銀行・金融・経理・税務・保険	新聞・通信・写真・印刷	雑	合計
オーストラリア	40	143	32	0	30	11	12	4	0	0	2	0	5	5	1	284
カナダ	21	25	21	6	49	6	5	3	0	0	29	1	2	0	2	170
セイロン	1	0	0	0	0	0	0	0	0	0	0	0	0	0	1	2
インド	4	0	3	0	11	15	1	0	0	0	0	0	2	0	0	36
日　本	1	1	37	0	16	24	2	0	0	1	26	0	0	0	7	115
ニュージーランド	28	30	13	0	4	5	5	0	0	0	0	0	3	0	1	89
パキスタン	1	0	0	0	0	0	0	0	0	0	0	0	0	0	0	1
※イギリス	31	50	11	8	47	43	84	12	4	4	0	0	15	3	3	315
合　計	127	249	116	14	157	104	109	19	4	5	57	1	27	8	15	1,012

注：※印はイギリスが植民地福祉開発法に基づき，供与している援助は含まない。
出典：通商産業省（1959）。

その後の原料調達の実態も「経済協力を通じた」ものであったとは言えそうもない。一九七〇年における三大鉱物資源（鉄鋼石、石炭、原油）の輸入先を見てみよう（表８－３）。

表８－３　1970年における３大原料輸入先

	1位	2位	3位
鉄鉱石	オーストラリア（20%）	インド（19%）	チリ（13%）
石炭	アメリカ（44%）	オーストラリア（37%）	ソ連（９%）
原油	イラン（37%）	クエート（27%）	サウジアラビア（19%）

注：カッコ内は全輸入量に占めるシェア。
出典：行沢（1973）。

国際経済学が専門の行沢健三の分析によれば、資源輸入先を決定する要因として（植民地化などの）歴史、資源賦存状況、地理的距離が重要であるが、中でも影響力が大きいのは距離の要因であり、この当時の日本の資源輸入も距離で説明できるという（行沢 1973）。行沢は経済協力の側面に全く言及していないが、表８－３の三大鉱物資源の輸入先上位にある国々から見ても、インドを除けば、そもそも日本の経済協力の対象になってこなかった国々からの資源輸入が支配的であることが分かる。原料は経済協力を通じてよりも、市場と貿易を通じてもたらされた部分が大きいといえそうだ。

結果として市場を通じた原料の安定確保に成功した日本の行う経済協力は、国民の支持を受けられないまま伸び悩み、ＤＡＣの年次審査等で増額やヒモ付き援助の低減（アンタイド化）を求める圧力に度々さらされるようになる。一九八〇年代に「援助大国」と呼ばれるまでの道のりは決して平坦なものではなかったのである。

金額の問題はさておき、援助と国内事情は少なくとも原料資源という観点では構想も実態も切り離されるようになった。その接続が再び意識されるようになるのは一九七〇年代のオイルショック時であった。

4　援助と国内事情の切り離し

日本の援助に対する批判

日本が欧米と肩を並べる援助国としての地位を得つつあった一九六〇年代後半から七〇年代になると、受け入れ国との個別交渉以上に国際的な圧力が援助の在り方に大きな影響を与えるようになる。もちろん、一九五〇年代の経済協力もアメリカや援助受け入れ国側の意向が影響をもっていたことは間違いない。しかし、一九六〇年代、とりわけ日本がＤＡＣに加盟して以降は、西側援助ドナーの「援助とはこうあるべき」という規範圧力に強くさらされるようになる。これは援助額に焦点を置く従来の議論とは異なるタイプの、援助の質に対する圧力であった。

外国人による最も初期の日本援助批判であるジョン・ホワイト『日本の援助』（外務省 1964）は、当時の日本援助がどのように見られていたかをはっきりと書きながら、現在の中国への批判かと錯覚してしまうような次の指摘をしている（外務省 1964：80–82）。

> 日本の援助政策は他の援助国政府つまり実質的にはＤＡＣ加盟国によって特に強く批判されている。すなわち、日本の援助は量的に不十分であり、援助の動機と援助行政が誤っており、狭い範囲の選択肢にしか援助が向けられておらず、さらに他の援助国の援助計画と何ら結び付けられずに行われているなどの理由で批判されている。（中略）アフリカ諸国の日本の援助に対する批判は、アジア諸国で聞かれる批判よりもずっと声高いものがある。

繰り返すが、これは一九六〇年代の日本の援助に対する批判である。この時期から活発化する西欧社会による日本批判の中心的なポイントは、日本企業の利益に密接に結びついた「商業主義」であった。元来、日本の経済復興と自立のためにはじめられた経済協力であるから、日本から見れば商業主義は半ば当然であった。民間主導の「経済協力」が、欧米における政府主導の「援助」の文脈に読み換えられたからこそ、日本の経済協力の商業的な側面が際立ってしまっただけのことなのである。

ここでむしろ注目すべきなのは、日本が当初構想していた「援助を介した輸出市場と資源獲得」という目的の前提条件が一九六〇年代半ばから急速に変化していったことである。タンカーの大型化や港湾の整備、円高などの条件変化は日本の資源アクセスをますます有利にした。その結果、原料は国内開発するよりも海外で調達することが割安となり、エネルギー自給率は急激に低下した。こうした国際環境の変化は日本による援助の国内的な条件にも影響した。

原料の輸入依存と国内資源の過少利用

「国内開発か、貿易依存か」という一九五〇年代前半の選択肢は、一九六〇年代に入ると明らかに貿易優先になっていく（大来 1949；小堀 2014）。この選択は、その後の貿易の成功によって正しいものであったと一般的に評価されているが、取り残された国内資源のたどってきた道を考えたとき、手放しで喜べるような帰結であったとは思われない。実質的に放棄された鉱山や森林は、地域社会の崩壊も伴いつつ、今日の過疎問題への助走路を準備したと言えるからである。資源を海外に求めて経済協力に乗り出した日本が、いつの間にか足下の国内資源を次々と放棄することとなったのは実に皮肉である。

その過程を振り返りつつ、経済自立という国内事情に押し出された経済協力が拡大する裏側で国内の資源が過小利用に陥っていった様子を手短かに見ておこう。一九六七年の日本の資源輸入総額は世界一位となり、世界で貿易対象となっている資源の二〇〜三〇％を占めるに至った（板垣編 1972）。この時期は日本が輸出振興手段としての援助をさらに充実させる時期であったと同時に、経済協力と国土政策との遊離が明確になる時期でもあった。

日本のエネルギー消費の中で輸入エネルギーの占める比率は一九五五年度の二四％から、一九六〇年代前半には一気に自給率を逆転して六六％となる（大来 1967）。国際競争力の低下によって次々と放棄された国内資源、特に石炭の放棄と輸入石油へのエネルギー転換が加速すると、エネルギーの対外依存も急速に高まるようになり、資源開発の現場は次々に海外へと移動した。表8－2で見たように、一九五〇年代の日本の技術協力の柱は日本の現場で鍛えられた農林漁業の専門家たちであった。日本の対外援助政策と国内資源管理の連関は名実ともに希薄化し、エネルギーの対外依存はさらに深まっていったのである（図8－1）。

日本におけるエネルギー需給構造の大きな変化は、資源に対する考え方を国土保全中心のものから海外での原料確保へと大きくシフトさせる結果となった。エネルギーだけではない。六八％前後の森林被覆率を誇ってきた日本の木材輸入依存率は一九六〇年の一三％から一九八〇年には六〇％まで急上昇し、現在の用材自給率は二〇％台にすぎない（林野庁編 2010：116）。原料の対外依存が日本国内の資源活用や保全の問題から目をそらし、国内資源の過小利用を導いた点は否定できない。援助を足がかりにした貿易依存は、このように思わぬ形で国内産業の衰退と連動していたが、両者の関係は貿易がもたらした富のまぶしさにかき消されて、問われることすらなかったのである。

一九六〇年代に海外経済協力基金や海外技術協力事業団といった専門的な実施機関を備えた日本は、一九七〇年代に名実ともに欧米に比肩する援助国として一応の完成を見る。その国際的な振る舞いが大きな影響力をもつ有力な援助国に成長した日本は、国内事情を優先した援助をもはや正当化できない立場になっていた。何よりも援助供与の二大目的の一つである原料が、自由市場から容易に確保できるようになり、大型タ

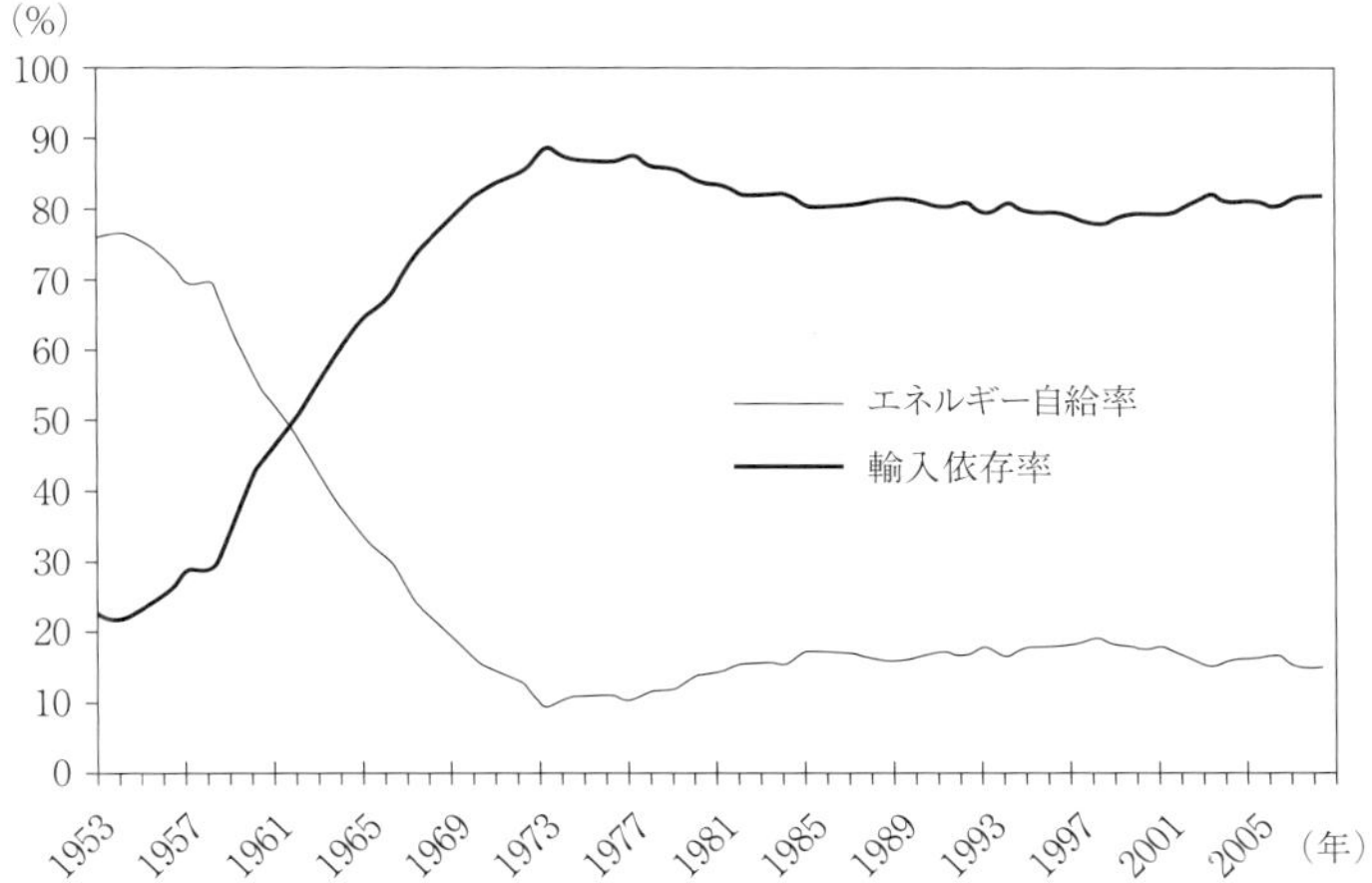

図８－１　日本のエネルギー自給率と輸入依存率の推移（1953～2008年）

出典：資源エネルギー庁『総合エネルギー統計』（1998年版，2002年版，2008年版）より筆者作成。

ンカーの開発による海運コストの下落が日本の資源輸入をさらに促進した。

原料を海外市場に全面的に依存するようになった日本は、市場価格の変動に対して脆弱になり、やがて一九七〇年代のオイルショックにさらされると資源確保戦略の全面的な再検討を促された。その教訓は資源産出国である途上国での「自主開発」および相手国経済との一体化を進める方向で活かされる[9]。すでに本格的な援助供与国になっていた日本は、資源開発の見返りに、病院、学校、住宅、空港、港湾、鉄道などのインフラ整備を要請されるようになり、自国利益を一方的に追求することはもはやできなくなっていた（林 1971）。

国土資源政策と密な連続性をもっていた対外経済協力は、そのつながりを切断し、原料の輸入を含めた広い意味での外交目的追求の手段へと変貌した。一九七〇年代における南北問題の顕在化と資源ナショナリズムの勃興は、単純な経済交換を通じた資源確保を難しくし、援助に再び原料確保の触媒的な機能を担わせるきっかけとなった。

他方で、同じ頃の国内では、住宅や雇用など山積する問題を抱えた日本が国益追求型の経済協力ではなく、南の国々を助けるための対外援助を行わなくてはいけない理由を国民に説明することが難しくなっていた（内閣総理大臣官房広報室 1970）。国内事情との断絶がより明確になった一九八〇年代になると、アメリカとの貿易摩擦から、黒字還流の手段として対外援助が活用されるようになり、援助の政策方針はますます外圧に反応する形で動いていく。国内外の圧力に板挟みとなった援助は、次に見るように自らのアイデンティティを求めて彷徨いはじめるのである。

5　援助理念探しの歴史的背景

本章では一九五〇年代に対外経済協力と国内外の原料資源が当時の政策環境の中でどのように結びつけられていたのかを問い、両者の関係を通じて日本が貧しいながらも対外経済協力に踏み出した背景を探究した。その結果、戦後日本の経済協力は原料の確保と輸出市場の拡大を通じた、国際社会への復帰を目指す国内事情の延長として構想されていたことが分かった。対外経済協力政策は対内的な産業政策と一体的に構想されていただけでなく、技術協力の中身も農林漁業分野の専門家たちを主力に据えていた。

ところが、一九六〇年代以降の国際原料市場が日本に有利な形で変化したことによって、原料確保は経済協力戦略とは別の回路で実現してしまう。しかも、貿易自由化がいっそう加速して原料確保問題が軽減すると、かつて日本国内の事情と連続していた経済協力は、相手国の開発そのものを目指す欧米流の「援助」としての性格を強め、ＯＤＡに直結した一部企業の利益を除いて、国内事情から徐々に切り離される。特に一九五〇年代に見られた国土資源との密な連続性は希薄化の一途をたどることになる。

このように一九六〇年代以降の日本の富裕化は、国土資源の総合管理に対する危機感を低下させ、国内事情からの「援助分野の独立」を促した。それは専門機関の設立を含む、援助のプロフェッショナル化を促した一方で、切迫した国内事情に裏づけをもたないという点で対外経済協力の実質的な根拠を脆弱なものにした。一九八〇年代以降「顔が見えない」と批判されてから活発化した日本援助の「理念探し」は、もはや国内事情に裏づけをもたない脆弱さを埋め合わそうとする努力の歴史であった。

これまでの援助研究は、賠償や外圧といった国際的な誘引に援助の起源を求めてきたゆえに、ここで見たような日本国内の問題との連関に十分な考察が及んでいなかった。本章は、日本の戦後史をたどりながらそのギャップを埋める試みであると同時に、対外政策と国内政策の相互作用に注目する試みでもあった。本章の示唆を敷衍すれば「援助疲れ」と呼ばれる現象とODA予算の減少傾向は、財源の逼迫以上に国内事情との連続性の喪失による内在的な推進力の減退に由来すると考えることができる。

このように、中進国時代の日本の経験の再評価は、昨今のODAをめぐる「国益論」や台頭しつつある中進諸国の援助行動を読み解く視座を与え、日本の援助ビジョンを自らの体験の中から導出する可能性に光を当ててくれるのである。

注

（1）本章における「経済協力」とは、一九五〇年代の日本での慣例的用法に従い、海外投資、延べ払いによる輸出入、賠償、技術協力などをすべて含んだ包括的な概念を指すものとする。また、「経済協力」と「援助」については、一九五〇年代から六〇年代の文献の大部分が両者を互換的に用いていることから、本章でもそれにならってあえて区別をしない。

（2）国土資源の管理は特に災害防止の観点からも重視された。災害復旧費が一般会計に占める割合は、一九二五年から一九四六年までほぼ一％以下に抑えられていたが、台風や洪水被害の頻発化もあって一九四八年には二・六％、一九五三年には三・六％に膨れ上がった（経済審議庁計画部 1954）。

(3) 国内に多くの経済課題を抱えながら援助国になろうとした当時の日本の特徴は、投資目的の融資と開発目的の援助の未分化、および対外援助を担当する専門機関の未発達といった点で、今日の中国をはじめとする「新興ドナー」の特徴と重なる(Sato et al. 2011)。

(4) アメリカ政府の支援に基づくガリオア、エロアの両資金が原料購入に充てられていたことは、その後の日本による経済協力に先立つ原料調達手段として注目に値する。ただし、両資金のインパクトの分析は別稿を要する。

(5) 日本のエカフェ加入問題についてはOba(2008)の分析が詳しい。

(6) 次章で詳しく見るように、アジア経済懇談会は戦後最初の統合的な民間援助機関となるアジア協会の母体となった組織で、戦後日本の対外経済協力の基本的な骨格を形成するのに大きな役割を演じた。

(7) 当時の政策責任者らを、立場を問わずに経済協力へと向かわせた共通の要因には戦時期に形成された認識モデルが働いていた可能性がある(下村 2014)。

(8) 他方で、要請数が多いにもかかわらず、実際に派遣できている人員の数が少ないことが問題であった。

(9) 自主開発論はどちらかといえば通産省主導の考え方であった。外務省は自主開発論の行き過ぎを警戒し、「緊張緩和資源外交」を提唱している(外務省経済局編 1972)。

参考文献

安芸皎一(1951)「国民と資源」『資源』八号、一〜六頁。

秋山惇(1961)「わが国の〝援助〟政策の新段階」『経済評論』九月号、四六〜五五頁。

浅井良夫(1997)「経済安定本部調査課と大来佐武郎」『成城大学経済研究所研究報告』一一号、七〜五二頁。

アジア経済研究所調査企画室(1970)「資源研究委員会」第三回研究会記録(昭和四五年八月六日)、横浜市立図書館安芸文庫所蔵。

アジア経済懇談会(1953)『アジア経済懇談会議事録』国立公文書館。

アッカーマン、エドワード(1986)「資源の有効利用を図れば日本の将来は明るい」内田俊一・川崎京一・加子三郎編『日本の復興と天然資源政策』資源協会、二八三〜二八五頁。

石井素介（2010）「第二次大戦後の占領下日本政府内部における『資源』政策研究の軌跡――経済安定本部資源調査会における〈資源保全論〉確立への模索体験」『駿台史学』一三八号、一～二五頁。

石光亨（1986）「アッカーマン博士と日本の資源政策」『国民経済雑誌』一五三（一）、一～一八頁。

板垣興一編（1972）『日本の資源問題』日本経済新聞社。

内田俊一・川崎京一・加子三郎編（1986）『日本の復興と天然資源政策』資源協会。

エカフェ協会（1955）「エカフェ産貿委及総会準備委員会外務省に設置」『エカフェ通信』六七号、三三～三四頁。

大来佐武郎（1967）「資源輸入国日本を自覚せよ」『中央公論』八二（一三）、六六～七五頁。

――――（1955）「コロンボ・プランと日本の技術援助」『エカフェ通信』六七号、一一～一八頁。

――――（1949）「国内開発か、貿易依存か」『国民経済』四（六）、九～一四頁。

小野善那（2004）『わが志は千里に在り――評伝　大来佐武郎』日本経済新聞社。

外国為替貿易研究会（1953）「国際協力への悲願――エカフェ鉱物資源開発地域会議の成果」『外国為替』七三号、五一～五三頁。

外務省（1965）「対外経済協力審議会の存廃について」（対外経済協力審議会2010-0459、外務省外交史料館）。

――――（1964）『日本の援助（訳）――英国海外開発研究所刊』外務省経済協力局政策課。

――――（1963）「ＯＥＣＤにおけるわが国の地位」（エカフェ総会一件 E' 0266、外務省外交史料館）。

外務省経済協力部（1960）「所得倍増計画と経済協力」『経済と外交』三五三号、一一～一六頁。

外務省経済局編（1972）『70年代における資源外交』大蔵省印刷局。

外務省調査局（1946）『改訂 日本経済再建の基本問題』外務省。

鹿島平和研究所編（1973）『対外経済協力体系第5巻　日本の経済協力』鹿島出版会。

経済安定本部貿易局貿易政策課（1952）「東南アジア開発計画と日本の役割」総合研究開発機構編『戦後経済政策資料第27巻　貿易・為替・外資(4)』総合研究開発機構、一二五～二七二頁。

経済審議庁計画部（1954）「総合開発の構想（案）」経済審議庁計画部。

経団連（経済団体連合会）（1965）「対外経済協力政策の早急具体化を要望す」『経団連月報』一三（一）、七四～七五頁。

――――（1964）「対外経済協力の促進に関する要望意見」『経団連月報』一二（一）、二四～二七頁。

国立国会図書館調査立法考査局編（1954）『東南アジア経済協力構想の推移と実態』専門図書館協議会。

小堀聡（2014）「一九五〇年代日本における国内資源開発主義の軌跡――安藝皎一と大来佐武郎に注目して（澤井実博士還暦記念論文集）」『大阪大学経済学』六四（二）、一二三～一四四頁。

佐藤仁（2011）『「持たざる国」の資源論――持続可能な国土ともう一つの知』東京大学出版会。

――――（2008）「人々の資源論前史」佐藤仁編『人々の資源論』明石書店、一四～三八頁。

資源調査会（1961）『日本の資源問題』上・下、資源調査会事務局。

――――（1953）『第55回資源調査会議事速記録』資源調査会事務局。

下村恭民（2014）「日本の援助の源流に関する歴史比較制度分析」『国際開発研究』二三（一）、一一七～一三二頁。

末廣昭（2005）「経済再進出への道――日本の対東南アジア政策と開発体制」中村正則ほか編『戦後日本――占領と戦後改革』第6巻、岩波書店、二一一～二五二頁。

対外経済協力特別委員会事務局（1960）『自由民主党対外経済協力特別委員会の其の後の経過概要について（政策の具体化）』対外経済協力特別委員会事務局。

高橋亀吉（1975）『日本経済躍進の根本要因』東洋経済新報社。

通商産業省（1961）『経済協力の現状と問題点一九六一年版』通商産業省。

――――（1960）『経済協力の現状と問題点一九六〇年版』通商産業省。

――――（1959）『経済協力の現状と問題点一九五九年版』通商産業省。

――――（1958）『経済協力の現状と問題点一九五八年版』通商産業省。

内閣総理大臣官房広報室（1970）「対外経済協力に関する世論調査（集計結果）」内閣総理大臣官房広報室。

日本経済調査協議会（1963）『ＯＥＣＤ加盟と日本経済』日本経済調査協議会。

橋本光平（1999）「日本の援助政策決定要因」橋本光平編『日本の外交政策決定要因』ＰＨＰ研究所。

濱田久米夫（1950）「アジアの経済再建と日本の役割」『世界経済』五巻九号、一九～二七頁。

林信太郎（1971）「海外資源開発の展望」『国際問題』一三四、二一～一三頁。

原覚天（1957）「経済協力はどう行われるべきか」『エカフェ通信』一一五号、一～二二頁。

――――（1950）「ＥＣＡＦＥ会議とアジアの対日本貿易」『アジア経済旬報』七八号、九～一六頁。

藤崎信幸（1955）「日本のアジア諸国に対する技術協力の現状とその問題点」『アジア問題』三（二）、一一一～一二〇頁。

宮下明聡（2004）「日本の援助政策とアメリカ――外圧反応型国家論の一考察」『レヴァイアサン』三四号、一一九～一三七頁。

行沢健三（1973）「主要国の資源輸入先と日本」『アジア経済』一四巻二号、八九～九八頁。

林野庁編（2010）『森林・林業白書　平成21年度版』農林統計協会。

Alesina, A. and D. Dollar. 2000. "Who gives foreign aid to whom and why?" *Journal of Economic Growth*, Vol. 5, No.1, pp. 33–63.
Brautigam, D. 2009. *The Dragon's Gift : The Real Story of China in Africa*, Oxford : Oxford University Press.
ECAFE, 1953. "Development of mineral resources in Asia and the Far East : Report and documents of the ECAFE Regional Conference on Mineral Resources Development held in Tokyo, Japan from 20 to 30 April 1953/prepared by the Industrial Development Division, Economic Commission for Asia and the Far East," United Nations.
Lancaster, C. 2010. "Janan's ODA—Naiatsu and Gaiatsu : Domestic Sources and Transnational Influences," in Leheny, D. and K. Warren eds. *Japanese Aid and the Construction of Global Development : Inescapable Solutions*, London : Routledge, pp. 29–53.
Oba, M. 2008. "Japan's Entry into ECAFE," in Tomaru, J., M. Iokibe and C. Rose eds. *Japanese Diplomacy in 1950s*, Routledge, pp. 98–113.
Sato, J. et al. 2011. "'Emerging Donors' from a Recipient Perspective : Institutional Analysis of Foreign Aid in Cambodia," *World Development*, Vol. 39, No. 12, pp. 2091–2104.

第9章　日本に援助庁がないのはなぜか

日本では、長らくODA（政府開発援助）の中央司令塔を設置する必要性が議論されてきた。しかし現実にはODAを省のレベルで統括する行政機関ができたことはなく、その運営は一元化とはほど遠い縦割りの体制の中で実施されてきた。国内外でこれだけ一元化の必要性が謳われながら、援助庁が生まれなかったのはなぜなのか。この章では、戦後の経済協力体制が、政府と民間の関係を強固にし、経済協力の裾野を拡張することに貢献した側面を取り上げ、一元的な援助庁が生まれなかったことの利点を見出す。

1　集中か、分散か

世界の援助行政を見渡すと、外務省とは別の行政機関に国際開発協力の権限を集中させているイギリスやドイツのような国と、アメリカのように外務省に権限を集中させている国、そして日本のように複数の省庁に管轄が分かれている国とがある。二〇〇〇年代に入ってから援助の分野でも独自の影響力を増している中国では、日本の経済産業省にあたる商務部が対外経済協力事業の主導権を握っている（小林 2013）。

日本の場合、今でこそ外務省が中心的な機関になっているものの、長らく複数の省庁が互いにせめぎ合いながらODAを実施する体制が維持されてきた。国際機関や日本の民間企業は、ODA行政の縦割り体質と非効率を批判し、一元化の必要性を訴えてきた。ここで筆者のいう「一元化」とは、ODAを統括する行政機関の一元化のことである[1]。

この章では、長きにわたって援助行政の一元化の必要性が叫ばれてきたにもかかわらず、それが実現してこなかったのはなぜかを日本の文脈で問う[2]。そして経済協力に対する基本的な考え方が形成された一九五〇年代に着目し、援助行政が多元的に展開したことのプラス面を評価して、日本型援助の特性を浮き彫りにしてみたい。

「援助を担う行政機関は複数に散らばっているよりも、一つにまとまっている方がよい」というのは世界の援助関係者の常識になっているようである。日本の援助に対して経済協力開発機構（OECD）の下部機関であるDAC（Development Assistance Committee：開発援助委員会）が二〇〇三年に実施したピア・レヴューは、日本の援助行政の問題を次のように批判した。「日本の援助システムはDAC加盟国の中でも最も拡散的で複雑なままになっている。それによって相互調整の問題が明らかに生じているのである」（DAC 2004）。この考え方によれば、複数省庁によるODAの共同管轄は非難されるべきことであり、何よりもODA行政の非効率を表現するものに他ならないのである。このように、日本のODA体制は諸外国から長く批判されてきた。

援助行政の統合に向けた圧力が、日本国内になかったわけではない。これから詳しく見るように、まずは民間企業が経団連や経済同友会といった企業連合を通じて援助行政の統合を求めた。戦後になって新たな対外進出の糸口を模索していた企業にとって、賠償問題の未解決や海外活動における許認可手続きの煩雑さは障害以外の何ものでもなかったからである。一九六〇年代に入って本格的な行政改革の波が訪れると、政府の内部からも経済協力行政の統合が勧告される。こうした圧力の波が訪れたのは一度や二度ではなかった。

国内外の圧力が周期的に働いていたにもかかわらず、省庁の権限を一元化するところまで行政の統合が進むことはなかった。何も起こらなかったといえば言い過ぎであろう。後で見る対外経済協力審議会の設置や、対外開発協力本部の設置など、統合に向けて大きな歩みが見られた時期もたしかにあった。二〇〇八年に海外経済協力基金と国際協力事業団が統合して生まれた新JICA（国際協力機構）も、実施機関レベルの統一という点では大きな変化であった。しかし、省庁のレベルで見ると、経済協力庁や国際開発省を独立に作るという形でのODA権限の抜本的な集中化はついぞ実現しなかったのである。

行政の一体化が遅々として進まない事態を横目に、日本の対外経済協力は官民一体となって進められてきたといっても過言ではない（Rix 1993：中野 2002：Lancaster 2010）。近年大幅に減少した、いわゆる「ヒモ付（タイド）援助」は貧困削減や地球環境保全など、国際社会への貢献を眼目にしているはずのODA予算が日本企業に還流していることを象徴するものとして厳しく批判されてきたし、民間の商社やコンサルタントが援助案件の形成段階から大きな役割を果たしてきたことは、途上国からの「要請主義」が建前にすぎない根拠としてメディアの攻撃対象になった。

ところで、行政が一元化できないことと、官民一体化の伸展はどのように関連しているのであろうか。実は日本の援助行政が民間との間に構築してきた関係こそ、多元的援助行政を下支えしてきた根本にあると筆者は考えている。いつの時代も、援助行政の一元化は目指すべき、望ましい方向であるとされてきた。しかし、それゆえに一元化に反対する議論は、既得権にこだわる「省庁の抵抗」として短絡的に総括されてしまい、一元化できなかったことが官民関係の側面でもたらしたプラスの効果について考察されることはなかった。

本章では、いかにして一元化を進めるかを議論するのではなく、これだけ議論が積み重なってきたにもかかわらず、一元化ができなかった根源的な理由を日本援助の黎明期である一九五〇年代に求め、一元化しないことのメリットに光を当てる。この時代に焦点を絞るのは、一九五〇年代から六〇年代にかけての一元化の議論で、現在にも通用する論点がほぼ出尽くしていると考えるからである。

2 分散型システムへの批判

研究者らの批判

実務の世界での活発な議論とは裏腹に、研究の世界における援助行政は、決して人気のあるテーマではない。そもそも一九八〇年代に至るまで、日本人による援助行政の研究は皆無に等しいのが実情で、しっかりした事実観察に基づく日本援助に対する初期の批判は、そのほとんどが外国人の手によるものであった（Arase 1994；Rix 1980；Caldwell 1972；Pempel 1977）。外国人の観察だから表面的で浅薄なものになるとは限らない。むしろ日本人研究者があえて着目しない、もしくは書こうとしないテーマを正面から取り上げてくれることもある。

たとえば、一九六〇年代前半に日本援助を観察したイギリスのジャーナリスト、ジョン・ホワイト（John White）は援助行政の根本に省庁間の相互不信が横たわっていると見た。

通産省の役人からすると外務省の役人はうぬぼれの強い、地に足のついていない人々に見える。国際的な特権の魅力に引きずられ、結果として日本の本当の利益を裏切っている人たちに見えるのだ。外務省の役人からすれば、通産官僚は自分の家から一歩も出ようとしない視野狭窄の人々である。現代世界で日本が占めるべき地位について全く分かっていない。どちらの役所も、そう思われているほど強力というわけではない。権力が見事に集中しているのは、大蔵省である。この広大で匿名の役所こそ、外国人にとって最も近づきがたいところなのである（White 1964：29，筆者訳）。

あるいはまた、援助行政の深部に切り込んだ日本研究者のアラン・リックス（Alan Rix：1949– ）は、援助行政が統合されていないことの問題点を次のように指摘する。

援助政策に関する所掌は極めて多様に広がっており、十八の中央省庁といくつかの実施機関から構成されている。振り返ると、それらの機関の間の競合が日本援助の目的を分かりにくくし、援助事業を効果的に方向づける際の邪魔になってきた（Rix 1993：72）。

数少ない日本人による援助行政研究では、後藤一美（法政大学）のそれが先駆的である（後藤 1979）。後藤は海外経済協力基金に勤務していた時代に執筆した論文で先進諸国の援助行政を「援助専担省型」「外務省管轄下の援助機関型」「複数の分権的援助機関型」の三つに分類し、日本を三つ目に当てはめた。後藤も、他の論者と歩調を揃えるかのように分散型の省庁体制に批判的であった。「目標と政策の効果的関連づけの方策がいまだに摑みきれずにいる」とか、「一省庁でも同意しなければ全体が成立しないという、事実上の『拒否権体制』によって運営されてきた」（後藤 1979：75）という指摘に明らかなように、分権化されたシステムに対する後藤の評価は総じてマイナスであった。[3]

より最近では長年、ＯＤＡの在り方を論評してきた杉下恒夫（国際開発高等教育機構）の議論がある（杉下 2004）。杉下は新ＯＤＡ大綱の作成などを高く評価したうえで「課題は行政面に残る。その最たるものは相変わらずの司令塔なきＯＤＡ行政という積年の課題だ」という（杉下 2004：91）。杉下によれば各省の権益を温存したままでは戦略的、機動的な援助政策を行うことはできない。「一刻も早いＯＤＡ行政を望む」杉下は、官邸にＯＤＡ政策の主導権を握らせることを提唱する。ここで引用した論文は執筆からかなりの時間が経過していることから、官邸主導というアイディアの実現可能性を現時点から論評することはできない。しかし、はっきりしていることは、いずれの論者もODA行政の一元化を求めてきたということである。事業対象地に暮らす住民へのインパクトや環境破壊などの面でODAの否定的な面に光を当ててきた学者やマスコミからなる批判的な勢力も、あるいはODAの効果に肯定的な立場をとる擁護的な勢力も、援助行政については、こぞって一元化の必要性を訴えていた点は注目すべきである[4]。

民間企業による批判

よく調べてみると、経済協力行政がバラバラであることに対して最初に不満を表明したのは、研究者や評論家ではなく、戦後しばらくの間、中国という市場を失い、東南アジアに活路を見出そうとしていた民間企業であった。前章で見たように、輸出や投資を欧米諸国との競争の下で行わなくてはならなかった民間企業は、賠償協定の未締結によって通常貿易ができない国々ではもちろんのこと、そうでない国においても日本側の行政窓口の複雑さによって機動的な事業展開を阻まれていた。

民間に蓄積していた鬱憤は、日本の貿易が軌道にのって経済大国になってからも消え去ることはなかった。経済同友会による一九六八（昭和四三）年一二月一六日付「経済協力体制に関する提言」は、不満の要点を次のように表明する（外務省 1969）。

わが国では、対外経済協力に関する関係各省の意見が、それぞれの省の立場から国のためを考えてのことではあるが、対立することが少なくなく、援助政策とその実施方法は、多くの場合、各省間の妥協の産物以外の何ものでもなくなっている。そして、そうした妥協に到達するまでに驚くほど時間がかかるため、援助の機動性は著しく阻害され、援助効果も甚だしく減殺されている。もっと早く決定して供与していたならば、ある額で、しかも通常の条件ですんだはずの援助が、手間取っているうちに相手の感情を刺激し、当初の額をはるかに上回る額を、ずっとゆるやかな条件で与えざるを得なくなり、しかもそれでいて少しも感謝されないという場合が少なくない。これでは何のための援助かわからぬのであるが、それにもかかわらず、不思議にも、そうなったことについての責任は宙に浮いたかたちになっている。

ここには民間企業の側が分散型援助のデメリットをどこに見ているのかが明確に現れている。スピード勝負の民間企業にとっては行政の分断が足かせになり、機動的な動きを妨げていること、その結果、当初よりも悪い条件で話を進めなくてはいけなくなることなど、懸念は深刻であった。

では、援助行政の一元化に向けた努力は、どのように進められてきたのか。また行政の内部で一元化はどう捉えられてきたのだろうか。次に一元化論の系譜をたどってみよう。

3 援助行政一元化論

アジア経済懇談会

援助行政一元化の歴史は一般に考えられているよりも古くまでさかのぼる。しばしば国際協力の端緒とされる一九五四年一〇月の「コロンボ・プラン」加盟よりも前のことである。第8章で詳しく見たように、日本の対外経済協力構想は戦後、直ちにはじまった。この動きには日本経済がアジアを中心とする海外の市場に強く依存していた事実が反映されている。戦争で国交が断絶した国々と直ちに国交を回復し、通常の貿易を再開することは日本再生にとって死活問題であった。その意味で、賠償とセットになった経済協力に官民の注目が集まったのは自然のことであった。

経済協力の一元化は、実は戦後の援助行政における最初の大きな懸案として認識されていた。このことは、外務省アジア局が音頭をとって経済協力の司令塔として初めて作られた「アジア経済懇談会」の議事録から確認できる。一九五三（昭和二八）年六月一二日に外務省で開催された第一回のアジア経済懇談会は、外務大臣や事務次官といった事務方のトップはもちろん、東芝電気の石坂泰三社長や昭和ゴムの岩田喜雄社長といった民間の有力者から、日本銀行の二見貴知雄副総裁、日本開発銀行の小林中総裁に至るまで、官民を挙げた一一名の錚々たるメンバーでスタートを切っている。討議は、一年に満たない期間に三九回を重ねて一九五四年三月三一日に最終報告書が提出される（アジア経済懇談会 1954）。

アジア経済懇談会（略称はＡＫＫ）の第一回の会合で問題として取り上げられたのは「統合機関」の不在と、それを設立する必要性であった。

具体的には、乱立する東南アジア関係の諸団体をどのように整理統合するか、に議論が集中した。その当時に存在していた民間組織には、財団法人南洋協会や東南アジア経済同友会、国際開発協力会のように、特定の国を対象にはしない組織から、日タイ協会、日本インドネシア協会、フィリピン友の会のような二国間親善のための団体も多くあった。外務省の調査によれば、一九五三年当時ですでにそうした組織が三五団体存在することが確認されている（アジア経済懇談会 1954）。前章で触れたように後に国際協力事業団（現在の国際協力機構）の母体となる「アジア協会」は、アジア経済懇談会の提言を受けてこれらの諸団体を一つにまとめた民間統合機関として設置された組織であった。

民間の統合機関を作ることに、なぜ政府は熱心だったのか。戦後間もない頃の政府に経済協力を手がける余力がなかったということはもちろんあるだろう。しかし、それにもまして重要だったのは、アジア経済協力は民間を前面に出して進める他ないという、切羽詰まった共通認識の存在であった。政府が表に出過ぎれば、アジア諸国から日本の経済侵略の再燃という疑念をもたれかねない[5]。だからこそ民間の統合体に補助金を注入して、そこに政府の意向を反映させる方法が模索されたのである。民間組織がバラバラであっては、政府の意向を統合的に反映させることができないというわけだ。

政界の動き

アジア経済懇談会に外務大臣はもとより財界の代表や衆議院議員が常時出席していたことは、対アジア方針が当時の日本でどれだけの重みをもったテーマであったのかを教えてくれる。経済協力への期待は財界に後押しされたものだった。

他方で、政界の方にも経済協力を一元化して効果的に活用しようとする強い動きがあった。それもそのはず、実業家あがりの有力な政治家が政界と財界のパイプ役となっていたからである。一元化に関する最初の本格的な提言は、外務大臣だった藤山愛一郎（一八九七～一九八五）が行った。日本商工会議所会頭や経済同友会代表幹事などの要職を歴任し財界との強固なつながりをもっていた藤山は、一九五八年に「経済協力庁」を外務省に設置することを提唱した。だが、他省庁からの批判もあって理解を得られず、この提案はいったん頓挫してしまう（外務省 1958）。

省庁間の経済協力行政をめぐる主導権争いが展開しはじめたこの時期に、大所高所からの大方針を決定する組織として影響力をもったのは、自由民主党の大物、一万田尚登（一八九三～一九八四）を委員長とする対外経済協力特別委員会（通称、一万田委員会）であった。党内に設置されたこの委員会は、総合推進、賠償、投資、貿易、技術協力という五つの部会から構成され、総勢一〇〇名以上の自民党議員が参加していた（Glimpses of Asia 1960 : 95–96 ; 国際建設技術協会 1959）。この組織の実態を知らせる資料はほとんど残されていない。しかし、はっきり分かることは関係団体を精力的に回り、「対外経済協力基本構想」をまとめたのが一万田委員会であったということだ（外務省 1960）。ただし、自民党の主導する政界からの働きかけをもってしても、省庁横断的な経済協力の司令塔設置には至らなかったのである。

対外経済協力審議会の機能不全

新たな部局の設置には至らなくても、政策決定の高いレベルで経済協力を議論する「会議」の設置については実行に移されている。一九五八年八月二九日の閣議決定では、一万田委員会の提言に基づき「対外経済協力懇談会」の設置が認められ、関係大臣と自民党幹部、そして日本開発銀行や日本輸出入銀行の総裁などハイレベルなメンバーが委員として名を連ねた。ここでも最初に議題になったのは、総合的調査機関の設立を含む経済協力の「機構」問題であった（外務省 1966）。

一九五九年になると民間側から対外経済協力に関する基本方針を確立すべしとの要望がいよいよ強まったことから、一九六〇年四月に総理府設置法改正によって「対外経済協力審議会」の設立を見る。人選や審議会令の制定に手間取り、最初の会合が開かれたのは設置から一年以上経ってからだったものの、内閣審議室に事務局を置くこの審議会の設置は、経済協力行政の一元化に向けた大きな一歩となった。

だが、この組織も順風満帆というわけではなかった。大臣を委員とする審議会は、スケジュール調整が困難を極め、結果として会議はほとんど開催されなかった。また事務局業務を任された内閣審議室は、経済協力事業を実施するための手足となる下部組織をもたなかったために、強い求心力をもって議論を前に進める動機づけに欠けていた(6)。

このように一元化をめぐる議論は政財界からの圧力、各省による反発、結果としての省庁横断的な審議会の設置、というお決まりのパターンを繰り返しては暗礁に乗り上げてきた。一元化の必要性は一九五〇年代を通じて確認されるものの、省庁の分断によって決定的な一歩を踏み出せないまま六〇年代に突入したのである。

省庁一元化に向けた最初の大きな波は、一九六四年の行政改革のときに訪れる。政府に将来の行政改革の方向性を示すよう委託された臨時行政調査会は一九六四年九月に答申を出し、経済協力については、外務省に行政を集中すべしという結論に到達する。具体的な勧告は次のようなものだった（外務省 1965）。

① 外務省に新たな任務を付与し、外務省経済協力局を、経済協力行政に関する事務段階における総合調整部局として、整備する。これに伴い経済企画庁経済協力課は廃止し、その所掌事務は外務省経済協力局に吸収する。

② 技術協力行政の総合調整を実行あるものにするため、政府ベース技術協力事業関係予算を、「一括計上・移し代え」及び「特別調整費」という形で外務省に所管させる。

③ 海外経済協力基金を外務省に移管するとともに、その自主性を強め、日本輸出入銀行との業務分担を明確化する。

④ 海外技術協力事業団の業務運営等を改善する。

外務省以外の各省は当然のごとくこの勧告に強く反対し、抵抗した。反対論の主な出所は、経済協力の主導権を奪われることを恐れた通商産業省（以下、通産省、現経済産業省）であるが、省庁横断的な「援助庁」の設置となると、外務省自らもそれに反対した。以下に反対論の論拠を見ていこう。

一元化反対論

一九五八年から「経済協力の現状と課題」を年次出版するなど、積極的に経済協力に関与してきた通産省は、当初から新しい一元的な省庁の設置に反対の態度をとっていた。一九五八年に通産省が出した「経済協力政策とその行政」によると、経済協力庁等の機構の新設を「不適当」と考える理由は次の四点であった（通産省 1958：25–26）。

表9－1　経済協力（援助）行政の一元化に関係する主要な出来事（1951～71年）

年	出来事
1951（11月）	経済安定本部に経済協力連絡協議会を設置。この協議会は，経済安定本部，外務省，大蔵省，通産省，農林省，運輸省，労働省，外国為替管理委員会，日本銀行，日本開発銀行および日本輸出銀行からの委員をもって構成し，会長は経済安定本部総務長官とする。
1952（9月）	経済安定本部の中に海外技術援助連絡会を設置
1953（6月）	アジア経済懇談会を設置（最初の民間有識者による機構）
1954（4月）	民間中央機関としての「アジア協会」の設立
1956（8月）	経済協力閣僚協議会の設置
1957（12月）	経済協力審議会の事務局を外務省に設置するよう民間企業から要請
1958（8月）	外務大臣・藤山愛一郎が外務省の下部機関として経済協力庁の設置を提案。内閣に対外経済協力懇談会設置（庶務は内閣審議室）される。
1959（4月）	外務省経済局内に経済協力部を設置（1962年5月に経済協力局に格上げ）
1959（7月）	自民党対外経済協力特別委員会の設置（委員長は一万田尚登）
1961（6月）	対外経済協力審議会の設立（初代会長は永野重雄）
1964（9月）	臨時行政改革審議会が外務省に経済協力行政の一元化を勧告
1969（5月）	対外経済協力閣僚会議の設置，および民間委員を主体とする対外経済協力審議会の再設置
1971（10月）	対外開発協力本部を総理府に設置する提案

出典：筆者作成。

①　経済協力は相互互恵の原則に基づく経済政策として推進すべきであり、かつての大東亜省を彷彿させる如き経済協力庁を、政治外交の中枢である外務省に設けることは、後進諸国の警戒心と誤解を招くおそれがある。

②　従来経済協力施策の推進に当たって政策的論点とされた所はすべて経済政策内部における問題であり、外交政策と経済政策の調整の問題ではない。

③　貿易行政との一体性を損なうことになる。

④　民間に対する窓口をかえって複雑化する。

通産省から見ると、外務省の政治外交的立場に立脚して「友好親善本位の恩恵的な協力」を行うことは、かえって相手国に不審を抱かせ、民族自立の意識を傷つけるものであった（通産省 1958）。経済協力は、純粋に互恵的な経済活動として粛々と行うべきもので、貿易、産業の面ですでに民間主導であった経済協力行政の窓口は通産省が担うのが当然であると通産省は考えた。ゆえに、外務省が指揮権をもっていこうとすることに対しては徹底して反対の立場を貫いたのである。

外務省に一元化するのではなく、独立した援助庁を作ることについては、どのような反対論があったのだろうか。外務省経済協力局長（当時）であった沢木正男は対外経済協力審議会第一三回技術援助部会において官僚側のロジックを披露する。経済協力庁ができないのは予算がとれないからである。そして、かりに新しく経済協力を担当する省庁ができて大臣を置くことができたとしても、大臣の格という点で、どうしても大蔵、通産、外務などの大臣よりも格下になり、予算獲得をしていくうえでかえって不利になる（外務省 1971）。援助庁を作れば一見、司令塔としての独立性が高まるが、活動基盤となる予算獲得という面では、むしろ弱体化してしまうという議論である。

結局のところ、一元化の本部をどこに設置するかという問題は、外務省は外務省に、通産や大蔵は経済企画庁に、といった具合に互いに一歩も譲らず、援助行政はバラバラのまま維持されていった。表9-1は、経済協力をめぐる省庁横断的な組織の設置に関連した出来事の年表である。いかに長期間にわたって一元化をめぐる試行錯誤が繰り返されてきたかが、ここから読み取れる。

4 民間主導の文脈

なぜ政府は前にでなかったか

経済協力行政が一つにまとまらなかったことの影響を最も強く受けたのは、すでに指摘したように、省庁ではなくアジア貿易にかかわる民間企業であった。一進一退を繰り返した一元化政策をわき目に、民間企業はまさにその存立をかけて東南アジア進出を画策していた。一九五三年一二月一八日の閣議決定「アジア諸国に対する経済協力の件」は、日本の経済協力が民間主導で始まったことをはっきりと示す重要な宣言であった。そこには「経済協力は、原則として民間の創意により行うものとし、政府はその実施に必要な援助を与える」との方針が明確にあった。ただし、主体的、戦略的な決定としてそうなったわけではない。そうするより他になかったというのが当時の実情であった。

前記閣議決定の「請議説明書」によれば、一九五四年のアジア協会設立にあたっては、「経済協力が国家の経済進出という印象を与えることを避けるために、新たに民間中央機関たるアジア協会を設立して（中略）右協会に対しては、その国家的事業なるに鑑み、所要の補助金を交付する」（外務省 1966）とある。すでに経済協力の戦略的位置づけについて、政府には独自の考えがあったことがこの資料から確認できる。

経済協力において「政府が表に出過ぎるのはまずい」という発想は、政府与党だけでなく、広くときの政治家に共有されていたようである。たとえば、社会党所属の衆議院議員田中稔男（一九〇二～一九九三）が、一九五八（昭和三三）年三月一二日の衆議院外務委員会で次のような発言をして、当時の雰囲気を今に伝えている（国会議事録データベース）。

こういうことを言うと少し語弊がありますが、アジア協会とか日本インドネシア協会だとかいうところに今おられる人の中には、つまり大東亜共栄圏時代の日本の頭がまだ残っておる。一面、たとえば役人の古手であるとか、財界でも使いものにならぬので隠居仕事でおるという人が、正直に言っておるのです。そういう人々が変にこれにタッチしますと、インドネシア側から私はきらわれると思うのです。賠償実施計画の一つとしてそういう留学生の教育をやろうというならば、むしろ日本政府が直接責任を持つ、つまり

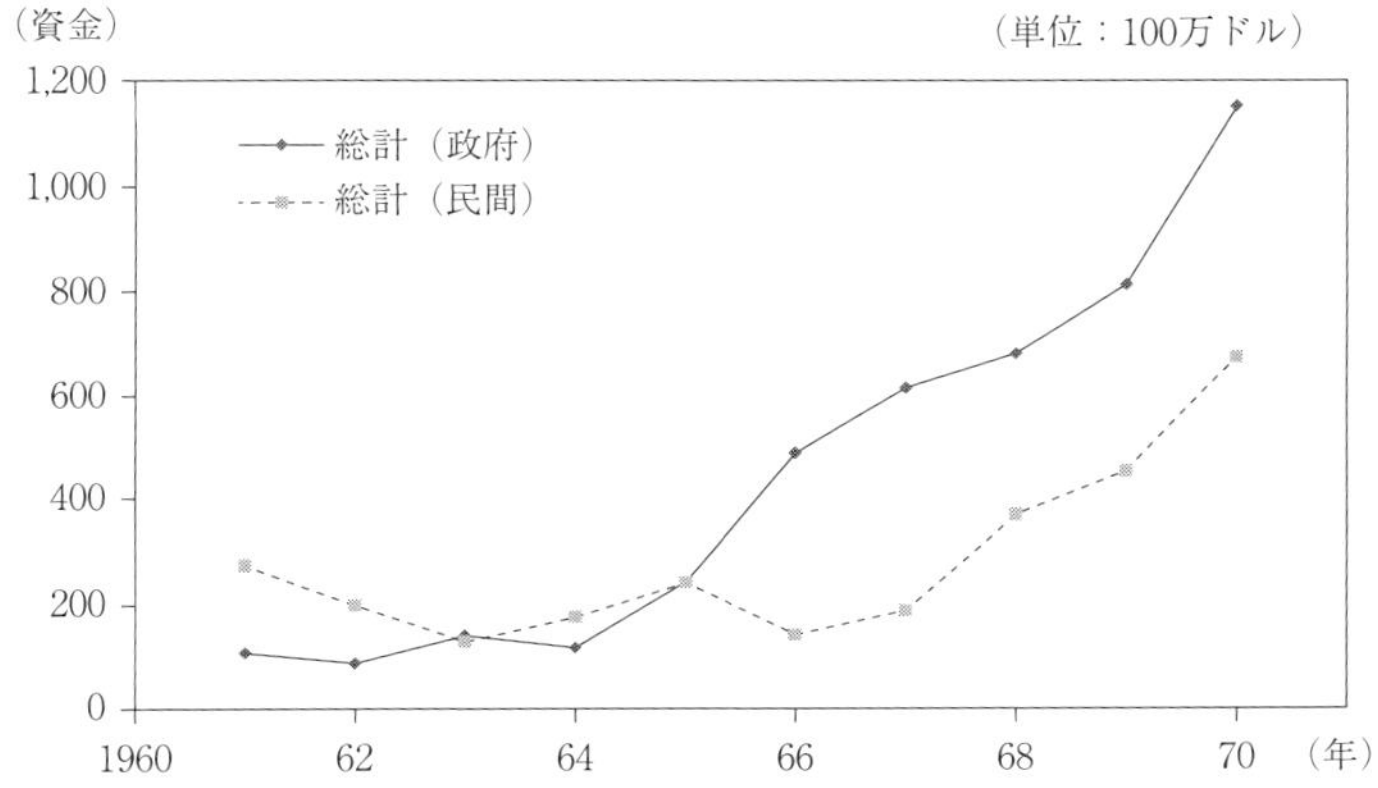

図9－1　経済協力における公的資金と民間資金

出典：通商産業省『経済協力の現状と課題』各年より筆者作成。

文部省が直接責任を持つ――当然これは外務省もタッチするわけですが、文部省、外務省の共管事項としてでも責任をもってやるというようなやり方の方が好ましいのじゃないか、こうも思いますが、その点についての外務大臣の御意向を一つ聞かせていただきたい。

結局のところ、政府が前に出なかったのは、当時の国際情勢から見て、あるいは政府の財源から見て、前に出られなかったのである。

このように、スピード感を求めた民間側にとって、行政が分断していたことは結果として良かった面もある。それぞれの業界を仕切る省庁と直接に渡り合うことができたからである。政府がコロンボ・プランを通じて力をいれていた研修生の受け入れについても、民間は「それでは間に合わない」として独自の研修員受け入れプログラムを立ち上げていた。

民間はできる範囲で政府の枠組みを利用し、少しずつ東南アジアへの再進出を果たしていった。図9－1にあるように、一九六五年頃まで民間資金が公的資金を上回る形で経済協力を支えていたのは、この時期に参入企業の裾野が広がったからであろう。

民間主導と行政の分散は結果として有機的に結びつき、日本が一九七〇年代から援助大国への道を歩むにあたって必要な専門的人材の裾野を広げるのに役立った。それは、第8章で見たように一九五〇年代のコロンボ・プランの下で中小企業経営や農業、軽工業分野から始まり、やがて財政や開発計画策定、環境管理といった分野まで専門家を出せるようになった事実からも確認できる。一元化の「失敗」は、多様な分野で開発ニーズに対応するための国全体の基礎体力を整える役割を果たしたのである。

特殊法人の役割

ここで民間の動きと政府の動きをそれぞれ独立したものとして捉えるのは不適切であろう。というのも、民間による経済協力を斡旋していたのは、政府から補助金の注入を受けた諸々の特殊法人だったからである。官民が一体となって賠償や経済協力事業を展開していくには、両者を結びつけるメカニズムが必要であった。特定の民間企業に政府が直接補助金を渡すことは原理上、できなかったからである。

そこで編み出されたのが補助金の受け皿としての特殊法人の活用であった。行政機構の枠の外に特殊法人を作れば公務員の「定員」に縛られずに必要な人員を確保して、政府の意思に沿った形で経済協力活動を拡大できるというわけだ。こうして各省にぶら下がる形で設置された数々の特殊法人が経済協力の実施機関として大きな役割を担っていったのは、日本の援助体制の特徴であったといえよう。

表9－2は一九五〇年代に設立された技術協力に関する特殊法人のリストである。表には含まれない国際学友会など、この時期以前に設立された団体も入れると、多くの組織が援助に関する業務に従事していたことが分かる。

一九六〇年代に入ってからも経済協力に関する特殊法人は増え続けた。たとえば通産省管轄の団体に限っても日本シオス協会、アジア経済研究所、日タイ経済協力協会、国際開発センター、海外コンサルティング

表9－2　1950年代に設立された技術協力に関係する特殊法人のリスト

組織名	設立年	監督省庁	主たる活動
アジア協会	1954	外務省	技術協力，調査と研修，同じく外務省所掌の国際学友会などと協力しコロンボ・プラン対応
日本輸出プラント技術協会	1955	通産省	日本企業のプラント輸出，投資促進のためのコンサルティング
海外建設協力会	1955	建設省	建設業界における海外進出の支援
国際建設技術協会	1956	外務省，のちに建設省，通産省	インフラ開発に関する調査とコンサルティング
日本国際教育協会	1957	文部省	国費留学生の受け入れ業務
電源開発株式会社	1957	通産省	国内外における電源開発の推進
ラテンアメリカ協会	1958	外務省	文化交流の推進
海外技術者研修協会	1959	通産省	技術者や管理者の研修

出典：筆者調査。省庁名は1950年代当時のもの。

企業協会など多数の法人が設置されている。これらの特殊法人は概ね通産省から予算の七割以上を支出してもらっていたので、政府の意向を強く反映する組織構造になっていた（中東協力センター 1975）。

特殊法人乱立への懸念は、一九五〇年代半ばからすでに指摘されていた。「特殊法人の乱立は、政府による責任回避のための隠れ蓑であると同時に、行政簡素化の流れをかいくぐる為の手段になっている。重要な施策であれば政府が直接に行うべき」というのがよくある批判の中身であった[7]。だが、経済協力事業は主たる活動場所を海外に置いているために、国内に活動基盤をもつ特殊法人よりも活動実態が分かりにくく、それゆえに比較的緩い監査で設置できたのかもしれない。四〇代後半で本省から放り出されるキャリア官僚の天下り先としても、これらの特殊法人は便利な存在であった。様々な批判にさらされながらも特殊法人が増えていったのには、こうした背景があったと考えられる。

本章では、章題を「援助庁をつくるべきか」という規範的な問いにはせず、あえて「なぜできなかったのか」という実証的な問いにこだわって話を進めてきた。一九五〇年代から構想されていた援助政策の一元化は、政財界の両方が希望していたにもかかわらず実現しなかったという意味では失敗であった。しかし、分散型システムの失敗が結果として、民間を介した援助の裾野の拡大に寄与したという側面から見ると成功といえる。では、分散型のシステムにどのような利点があったのかを少し踏み込んで考えてみよう。

5　分散型システムの利点

分散型システムの長所をあげていく前にあらかじめ断っておきたいのは、日本的分散型システムに短所がなかった、と主張したいわけではないことである。短所に比べて長所が全く吟味されてこなかった、というのが筆者の強調したい点である。

第一の長所は、各省における経済協力の専門家育成が促進されたことである。分散型システムを通じてODAの裾野が広がり、各省の専門性が発掘され、援助人材の育成が進んだ。一九九〇年代に総計三万人以上派遣された技術協力専門家の内訳を見ると、JICAに所属する専門家が占める割合はわずかに二五・九％であり、大多数の四分の三は各省から推薦された専門家であった。具体的には、農林水産省（一四・九％）、文部科学省（一三・九％）、経済産業省（一一・五％）、建設省（七・三％）、国土交通省（六・二％）からの出向者である（アイシーネット 2001）。

図9－2は各省庁において国際協力分野で課や室が設置された推移を図示したものである。ここから分かることは、かつてODA分野で最も中心的な役割を果たしていた四省庁（外務、大蔵、通産、農林）以外の省庁で着実に組織新設の傾向が見られることである。グローバルな課題の進展に伴って金融庁や警察庁など、

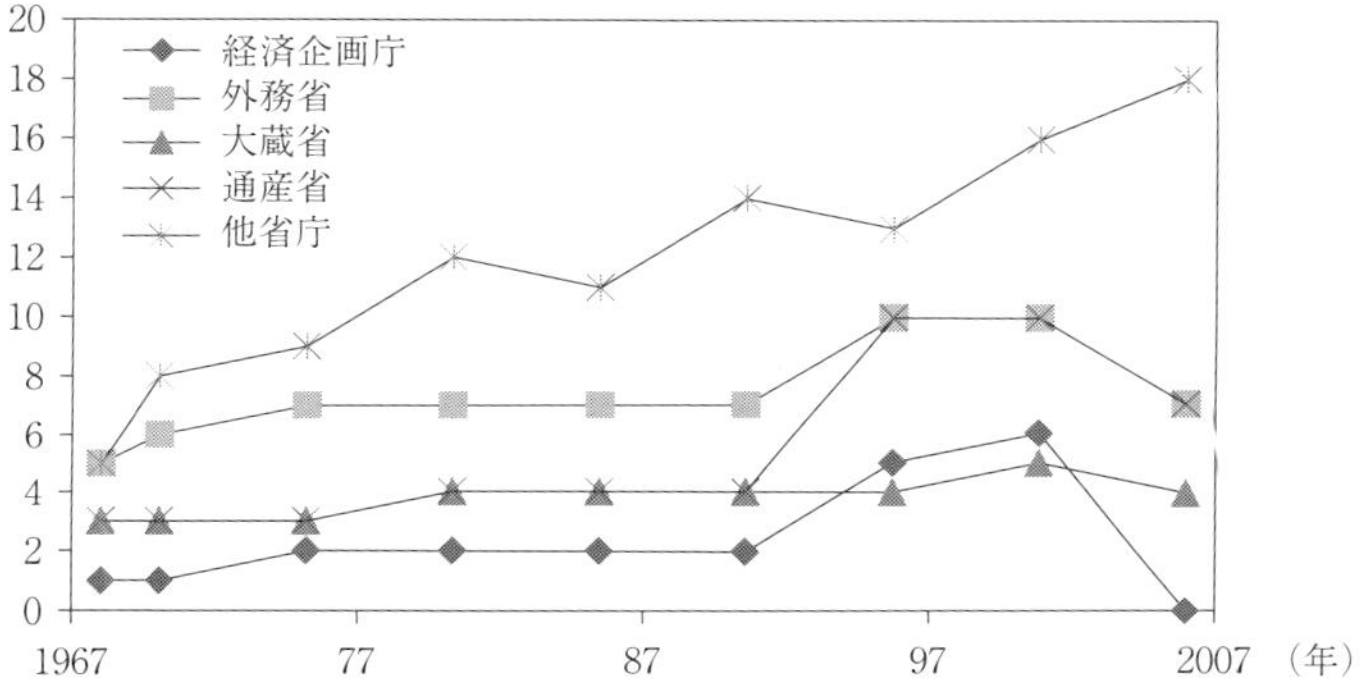

図９－２　各省庁における国際協力関連の課・室数

注：経済企画庁は現在の内閣府，大蔵省は現財務省，通産省は現経済産業省を示す。

出典：『海外経済協力便覧』各年より筆者作成。

従来は国内志向と見られていた官庁も、国際協力分野に活動の裾野を広げている。

第二は、関連省庁の増加に伴って省庁間の連絡調整の必要性が高まり、現場に近くなるほど経済協力をめぐる各省庁の意思疎通が緊密化したことである。それは単に分断されているから調整の必要が生じた、というわけではない。各省庁が独自にもっているＯＤＡ予算に基づく相乗効果を意識した省庁間調整であった。

経済協力をめぐる省庁間の連絡調整は決して新しい話ではなく、経済安定本部の時代から実施されている（外務省 1951）。省庁間の相互調整の必要性は、一九五四年のコロンボ・プラン加盟によって、大きな高まりを見せた。外務省が当座の窓口であったとしても、技術協力のための研修実施に当たっては、通産省など、他の省庁の協力を仰がなくてはならなかったからである。

ところが、すでに指摘したように経済協力事業の要請が高まっても、それを下支えるための官僚定員を増やすことはほとんどできなかった。たとえばＯＤＡ予算が激増した一九七七〜八七年度の一〇年間を見ると、予算実績は五・二二倍になっているのに比べて、経済協力担当職員の定員はＪＩＣＡ

と海外経済協力基金（ＯＥＣＦ）を合わせても一・一三倍にしか増えていなかった（五十嵐 1990：234）。この間、職員一人当たりのＯＤＡ予算は実に四・六一倍に膨れ上がっていたのである。これが欧米と比べても異常な比であることは、長く批判されてきたことであった（五十嵐 1990：21）。

定員不足を補う一つの方法が、他省庁からの「出向」であった。人が足りておらず、一つの省庁のスタッフでは専門性を賄いきれないという理由から経済協力業務を互いに支え合う、省庁間の人材交流が加速した。この点については、リックスの次の観察が示唆的である（Rix 1980：96）。

（前略）一九七六年四月の段階における外務省経済協力局の人員総数は一三四名であり、予算で認められている定員よりも三九名多い。（中略）その内、他省庁の定員を用いているものは、大蔵省、建設省、農林省、自治省、運輸省、郵政省などからの出向者一三名を含んでいる。出向者には、その他の省庁や銀行、特殊法人の出身者もいた。

省庁間の人材交流は、本省に限ったことではない。一九八〇年代初頭の報告によれば、途上国に設置された日本大使館の経済協力事業担当者の七～八割は外務省以外の省庁、特殊法人、民間企業出身者からの出向者で占められていた（国際開発ジャーナル 1983）。現在もこの傾向は変わっていないのではないかと思う。このように、農林業からインフラや鉱工業に至るまで多方面にまたがる経済協力事業の推進は、省庁間の交流を否応なく濃密にしたのである。(8)

第三は、各省庁にＯＤＡ活動が広がることで、特殊法人の仲介を通じて民間企業の積極的な参加が促されるシステムが出来上がったことである。特殊法人は政府情報を民間企業に伝えると同時に、民間のニーズを吸い上げる役割を果たした（加藤 1998）。この点については、日本の援助における政策決定過程を研究したロバート・オアー（Robert Orr：1953– ）が早い段階で次のような指摘をしている。

（援助の）実施機関は中央省庁がそうであるように、どの上位機関に忠誠を尽くすべきかという葛藤にさらされていた。だから、海外に駐在員を置こうと合意を取りつけようとして袋小路に入ってしまうのだ。ところが、実際には、この対立のおかげで、援助構造が中央集権化していたらできなかったほど、民間セクターが入り込む余地が増えたと考えられるのである（Orr 1990：60，筆者訳）。

一九九四年の段階で民間セクターからの技術協力専門家の数は、省庁出身者のそれを超えた（アイシーネット 2001）。つまり、現場における援助事業の主体は、もはや政府関係者ではなくなったのである。もちろん、援助行政がバラバラであったから民間機関の活躍の裾野が増えたのかどうかを厳密に検証することは困難である。しかし、援助事業における民間資源の動員が、実質的な各省庁の下にぶら下がっている特殊法人によって行われていたことを考えると、早い段階で統合的な援助庁ができていたら、これほどの民間参加は見られなかっただろう。

以上をまとめると、筆者の仮説はこうだ。省庁の競争によって各省庁が独自性を出す圧力にさらされ、結果として経済協力の裾野が広がったのではないか。分散型の援助行政システムは、とりわけ創成期における官民一体の基礎体力作りに大いに役立っていた。

もちろん、これは結果論であって、日本政府が当初からそれを狙っていたわけではないだろう。また、経済協力隆盛期に創設された各種の特殊法人が後に形骸化し、天下り先としての機能しかもたなくなったようなマイナスの側面も率直に認めなくてはならない。一度作ってしまった組織は取り潰すのが著しく難しい。さらに、経済協力が賠償とセットになって始まったという事情から「相手国の経済発展に役立っているかどうかという点について立ち入ることは意識的に差し控えられた」（外務省 1969）ことが、援助政策としての評価の発達を遅らせるものになったというマイナスも考えられる。

はっきり言えることは、こうしたマイナスの側面は認めたうえで、一元化できなかったことのプラスの面も合わせて評価できなければODA史の総括は不完全なものに終わるということだ。援助庁の是非はおろか、ODAそのものに対する国民の関心が低下している今日、歴史的事実に裏づけられた新しい視点で国際貢献の在り方を論じる必要がある。

一九八〇年代以降の動向

省庁の一元化による援助庁の創設は、ついに実現しないまま現在に至ったが、外務省の内部および実施機関レベルに限ってみると、一元化は一九八〇年代以降、大いに進展した。特に小泉政権下で設置された「海外経済協力に関する検討会」の提案を受けた一連のODA改革は、二〇〇八年に有償部門と無償部門の統合という大きな変化を生み出した。また、総理大臣を議長として主要な閣僚をメンバーにした強力な「海外経済協力会議」がODAの司令塔として設置され、二〇〇六（平成一八）年五月から二〇〇九（平成二一）年七月まで二〇回以上の会議を開催している[9]。

外務省内部では二〇〇六年の機構改革時に、これまで国際社会協力部が所掌してきた多国間の経済協力関連事務を経済協力局に統合する目的で、新たに国際協力局が新設された。特筆すべきは、二〇〇三年三月から援助受け入れ国にある日本大使館およびJICA事務所に設置された「現地ODAタスクフォース」である。ODA関連事業を現地で一元的に取り扱い、そこでの意見を東京での意思決定につなげるという意味で、タスクフォースは大きな役割を果たしてきた。

こうした実施機関レベルでの一元化が、ODA予算の著しい減少傾向の中で達成されたことは注目すべきだろう。一九六〇年代からそうであったように、統合や一元化を推進するのは援助担当者内部から湧き出る理念や考え方ではなく、行政改革や予算の縮減といった外部からの物理的圧力が大きく効いていた。結局のところ、いったん既得権益化してしまえば、現状に満足する勢力が安定した地位を得てしまうので、それを理念や効果といった言説で覆すことはできなくなるのである。

省庁横断的な援助庁の構想は生まれては消え、二〇〇六年の小泉政権のときに真剣に議論されたのを最後に、もはや話題にすら上らなくなった[10]。以後の議論は外務省内部および外務省が主催する各種の会議、そして実施機関のレベルに限定されることになった。逆にいえば、各省に広がったＯＤＡ事業は、規模こそ縮小していても、それぞれの形で存続する道を守ることができたのである。

6　今、援助庁は必要か？

ここまで一九五〇年代の動向を中心に過去の日本の援助体制について考えてきたが、現在の日本は果たして独立した援助庁をもつべきだろうか。この点に対する筆者の考えを示して本章を終えたい。アジア経済研究所の平野克己はこの問題に関する最近の論考で、援助を国益と切り離すことができない以上、外務省に援助行政を一元的に集中させることは自然の流れであると論じている（平野 2014）。つまり、援助を外務省から切り離すことは、二重外交に陥るというわけだ。

筆者は逆に国益と切り離した援助庁を作る検討を始めてもよい時期に入ったと考えている。それはかつてのような激しいＯＤＡ批判が下火になり、貧困削減や地球環境保全といった本来の援助目的を追求できる時代になってきたにもかかわらず、援助を国益と直結させようとする空気が優勢だからである。国益の追求は地球益にもつながる、という論理は一見もっともであるが、この枠組みに従うと利益を明確に認識しやすい

「国益」が支配的になるのは目に見えている。

ここは思い切って、外務省を中心とする現行のODAを「経済協力」として国益を意識したものに仕分け、それとは別個に、純粋に地球益だけを考えた組織を構想してはいかがか。国連に分担金を払って任せるのではなく、小規模でよいので日本の地球貢献を正面から考え、実行できる組織を編成するのである。

平野はイギリスなどですでに実現している地球益を目指した国際開発省のような構想を日本にもち込むことを警戒して、「親日的であるか反日的であるかを含めわが国との関係ぶりを考慮することなく、開発途上国の福利厚生一般を政策目標にすることを、はたして日本の納税者は許すだろうか」（平野 2014）と投げかけ、こうした考えには否定的なニュアンスを漂わせる。

しかし、開発援助の究極的な対象は国ではなく、個々の人間、特に弱者である。人々を対象にしようとしても、国と国との関係に縛られた現在のODAでは、思い切った政策ができないし、自分の「顔」にばかりこだわっていては効果的な資源配分もできないだろう。しかも、世界には政府が国民を代表していない国が多くある。国民を直接の裨益対象にするプロ集団をつくることは、日本のように外国の戦争に直接はくみせずに、アメリカのように地政学の論理だけで動かないという評判を培ってきた国に期待されている役割ではないか。幸か不幸かODAをめぐる利権はかつてほど大きなものではなくなった。ここで一気に一元化を進めて新組織をつくっても、抵抗するのは外務省くらいであろう。何ごとも「国」を単位に考えてきた私たちの常識を再検討するうえでも、「援助庁」はよい議論の素材になる。

筆者はこれまで七カ国以上の途上国の現場でODA評価に従事する機会を得たが、特に驚いたのは、イギリスがフランスに資金供与をして気候変動事業をインドネシアで実施している案件を目の当たりにしたときである。イギリスによるフランスへの資金提供は、「国益」はもちろん「顔の見える援助」とは真逆の行為に思えたからである。想像するにイギリス政府は、すべてのグローバルな課題に同じ密度で貢献できない以上、能力のあるドナーを支援することが正しい国際貢献の方法であると結論したのであろう。これはイギリスの開発援助行政が外務省から独立した「国際開発省」によって一元的に担われていることと深く関係している。アジアに大きな利害をもつ日本が直ちにこのように割り切った舵取りができるとも思えないが、少なくとも、外務省とは別個の援助庁をすでにもっているイギリスやドイツについての事例研究を本格的に始めるべきではないか。

日本は世界の平和と安定を享受して豊かになった国だ。自民党は「積極的平和主義」をスローガンに掲げている。しかし、日本のＯＤＡ予算が一般会計予算に占める割合は、近年わずか〇・五％程度で、防衛費の一〇分の一にすぎない。ＯＤＡ予算をせめて防衛費の半分にまで引き上げ、その半分を戦争や災害で住む場所を失った難民、国に見捨てられた弱者の生存のために用いることで怒りだす国民などよもやおるまい、と筆者は信じる。

注

（1）後藤一美の整理によれば、一元化には「政治と行政の一元化」「援助形態と実施機関の一元化」「ＯＤＡ政策と非ＯＤＡ政策の一元化」など、七つの分類がある。http://home.hiroshima-u.ac.jp/~hicec/coe/coe/PPT/seminar23-2-1.pdf

（2）援助行政という言葉は、一九五〇年代には使われていなかった。「経済協力行政」が当時の一般的な言葉づかいである。ここでは議論の簡便さを優先し、あえて両者の厳密な区別はしない。

（3）国際政治学の権威で東京大学教授だった衛藤瀋吉（一九二三～二〇〇七）はＪＩＣＡの前身にあたる海外技術協力事業団の一〇周年を特集する雑誌記事の中で「国際開発省をつくれ」と題した短い文章を寄せている。衛藤はその中で、外交上重大な役割を果たしうる対外経済協力や技術協力が、ほとんど総合的見地からの施策を欠いたまま施行されてきたことを問題視し、「海外協力」が諸刃の剣になって、かえって紛争を増大させる危険性もあることを踏まえて、「総合的・体系的に立案された巧妙な政策と、それを担当し得るに足る人材の両輪が相まって初めて海外協力は円滑に行われる」（衛藤 1972：74）とした。

（4）ここで網羅的な紹介は控えるが、一体的な援助庁の必要性については古森（2002）などODAに批判的な論者らも強調してきた点は注目してよい。一九八〇～九〇年代前半にODA批判の急先鋒として活躍した鷲見一夫も分散型援助行政を批判している（鷲見 1992）。

（5）第二回の懇談会では、東南亜産業経済調査会の永野護理事長が、小林中の「日本側が出す金をはっきり決めないで相手国に協力するといっても手ぶらでは相手にせんだろう。政府は用意すべきものはまず決めてかかるべきである」と発言したのに対して「日本にはその余力がない。再軍備と賠償と一緒にくるのだから負担しきれない。米国の資金的援助を受けなければできない」と答えている（第二回議事録）。

（6）対外経済協力審議会は、その後も活発な活動を行うことはなく、ようやく一九六九年五月に民間委員を中心にする制度改革を行うことで再出発を図ることになる。

（7）たとえば一九六〇年三月三〇日に開催された第三四回国会（商工委員会第二三号）における北條秀一（参議院議員、社会党）の発言などを参照。

（8）その一方で行政が分断していたために国際的圧力が外務省に集中し、その分、他省庁は従来どおりの活動をできたという利点も加えることができる。

（9）この会議はその後二〇一一（平成二三）年一〇月二一日に閣議決定により廃止され、現在は、その会議に相当する上流政策機関は存在しない。

（10）二〇〇六年前後における実施機関の統合や援助庁設置をめぐるマスコミの論調などについては後藤一美による次の資料が包括的である。http://home.hiroshima-u.ac.jp/~hicec/coe/coe/PPT/seminar23-2-2.pdf

参考文献

アイシーネット（2001）『専門家派遣事業の評価調査報告書（外務省委託）』アイシーネット。

アジア経済懇談会（1954）「アジア経済懇談会議事録」国立公文書館。

安藤実（1992）「政府開発援助の財政問題」日本財政法学会編『政府開発援助問題の検討』学陽書房、二七～四四頁。

五十嵐武士（1990）「〝援助大国〟の課題——その理念と実施をめぐって」五十嵐武士編『日本のＯＤＡと国際秩序』日本国際問題研究所、三～二四頁。

衛藤瀋吉（1972）「〝国際開発省〟をつくれ」『海外技術協力』二一七号、七三～七四頁。

海外技術者研修協会（1990）『海外技術者研修協会30年史』海外技術者研修協会。

外務省（1971）「対外経済協力審議会第13回技術援助部会議事録」「対外経済協力審議会」2010-0465、外交史料館。

——（1969）「東南アジア諸国に対する経済援助の現状とわが国の立場」2010-0459、外交史料館。

——（1966）「外務省関係審議会について」昭和四一年四月「対外経済協力審議会」2010-0458～0463、外交史料館。

——（1965）「経済協力行政に関する改善案」（行管が行革本部に提出を予定している意見書）昭和四〇年九月六日経済協力局政策課、2010-0459、外交史料館。

——（1961）「対外経済協力の現状と今後の問題点」（対外経済協力審議会用資料）2010-0458、外交史料館。

——（1960）「対外経済協力審議会に関する件」経済協力部政策課、昭和三五年一一月二四日、2010-0458、外交史料館。

——（1958）「経済協力庁と他省との関係に関する件」2010-0463、外交史料館。

——（1951）「海外技術援助連絡会開催について」E' 2-00, 29-2、外交史料館。

鹿島平和研究所編（1973）『対外経済協力体系第5巻　日本の経済協力』鹿島出版会。

加藤浩三（1998）『通商国家の開発協力政策』木鐸社。

国際開発ジャーナル（1983）『国際開発ジャーナル』一一二月号、五三頁。

国際建設技術協会（1959）『海外技術協力関係団体の活動状況——自民党政調会経済協力委員会速記録』国際建設技術協会。

後藤一美（1979）「援助行政に関する一考察」『アジア経済』二〇巻四号、六六～八五頁。

小林誉明（2013）「対外援助の規模、活動内容、担い手と仕組み」下村恭民・大橋英夫ほか編『中国の対外援助』日本経済評論社、四一～五八頁。

古森義久（2002）『「ＯＤＡ」再考』ＰＨＰ新書。

自由民主党対外経済協力特別委員会事務局（1960）『自由民主党対外経済協力特別委員会の其の後の経過概要について（政策の具体化）』対外経済協力特別委員会事務局。

杉下恒夫（2004）「援助行政・援助政策」後藤一美・大野泉・渡辺利夫編『日本の国際開発協力』日本評論社、七五～九三頁。

中東協力センター（1975）『技術協力予算と事業実施団体——通産省関係分』中東協力センター。

通商産業省（1958）『経済協力政策とその行政のあり方について』通商産業省。

中野聡（2002）「賠償と経済協力——日本・東南アジア関係の再形成」後藤乾一編『岩波講座　東南アジア史8　国民国家形成の時代』岩波書店、二八〇～三〇四頁。

平野克己（2014）「ＯＤＡをラディカルに考え直す」『アジ研ポリシーブリーフ』三七号。

三沢潤生（1977）「対外政策と日本『財界』」細谷千博・綿貫譲治編『対外政策決定過程の日米比較』東京大学出版会、一七九～二一一頁。

鷲見一夫（1992）「政府開発援助（ＯＤＡ）の法的諸問題」日本財政法学会編『政府開発援助問題の検討』学陽書房、四五～七〇頁。

Arase, D. 1994. "Public-Private Sector Interest Coordination in Japan's ODA," *Pacific Affairs*, Vol. 67, No. 2, pp. 171–199.
Bryant, W. 1975. *Japanese Private Economic Diplomacy : An Analysis of Business-Government Linkages*, New York : Praeger.
Caldwell, A. 1972. "The Evolution of Japanese Economic Cooperation, 1950–1970," in Malmgren, H. ed. *Pacific Basin Development : The American Interests*, Lexington : Lexington Books.
DAC（Development Assistance Committee）. 2004. *DAC Peer Review of Japan 2003*, Paris : OECD.
Glimpses of Asia. 1960. "The Liberal-Democratic Party Overseas Economic Cooperation Special Committee : Its New

Plans and Accomplishments," *Glimpses of Asia*, Vol. 7, No. 1, pp. 95–97.

———1962. "Present Conditions and Future Problems of Overseas Technical Cooperation," *Glimpses of Asia*, Vol 9, No. 1, pp. 93–105.

Lancaster, C. 2010. "Japan's ODA : *naiatsu* and *gaiatsu* : domestic sources and transnational influences," in Leheny, D. and K. Warren eds. *Japanese Aid and the Construction of Global Development : Inescapable Solutions*, London : Routledge.

Library of Congress. 2011. *Regulation of Foreign Aid in Selected Countries*, Global Legal Research Center, LL File No. 2011-006054.

Orr, R. 1990. *The Emergence of Japan's Foreign Aid Power*, New York : Columbia University Press.（田辺悟訳〔1993〕『日本の政策決定過程——対外援助と外圧』東洋経済新報社。）

Pempel, T. J. 1977. "Japanese foreign economic policy : the domestic bases for international behavior," *International Organization*, Vol. 31, No. 4, pp. 723–774.

Rix, A. 1993. *Japan's Foreign Aid Challenge : Policy Reform and Aid Leadership*, New York : Routledge.

———1980. *Japan's Economic Aid*, New York : St. Martin's Press.

White, J. 1964. *Japanese Aid*, London : Overseas Development Institute.

第10章　「日本モデル」はなぜ打ち出されなかったのか

途上国政府の開発戦略の一つに、先進国の模倣がある。欧米諸国に強い劣等感をもって始まった日本の近代化も、多分に欧米の模倣に努め、短期間のうちにそれらの国々と肩を並べる経済水準に到達して世界を驚かせた。ところが、一九五〇年代に援助する側に回った日本がアジアの後発国に見せようとした姿は、模倣の対象（モデル）としての日本ではなかったようである。本章では国内の開発に悪戦苦闘しながらも、アジアの経済協力に乗り出そうとしていた時代の日本に、未来の開発論に求めるべき精神を見出す。

1　開発と模倣

「アジアの経験をアフリカに」と題したＪＩＣＡ（国際協力機構）主催のシンポジウムに参加したとき、たまたま隣に座ったインド人研究者にこう尋ねられた。「日本は一九五〇年代に、その後の目覚ましい復興・経済発展の基礎を築いたが、研究者や政策担当者がそれをモデル化して貧しい途上国に手本として示さないのはなぜなのか」。

なるほど言われてみると、日本は自らが被援助国であった戦後の復興経験、特に高度経済成長へとつながる前史をモデル化し、世界に売り込むことに熱心ではなかった。もちろん、戦後の日本が見せた驚異的な復興を可能にした要因には、冷戦構造に対応したアメリカの大規模援助や朝鮮戦争勃発に伴う日本製品への特需など、「タナボタ」と呼べるような偶発的な幸運があったことは否めない。また、一九五〇年代当時に眩いばかりの復興を遂げたと評価されていたのは西ドイツで、日本の復興はむしろ立ち遅れているという当事者意識もあったのだろう[1]。

日本の経済的成功がはっきりと認知できるようになった一九七〇年代に出版された社会学者エズラ・ヴォーゲル（Ezra Vogel：1930–2020）の『ジャパン・アズ・ナンバーワン（Japan as Number One）』（Vogel 1979）も、あるいはマレーシアのマハティール首相（当時）の提唱した「ルック・イースト（日本の勤労倫理を真似よ）」にしても、モデル化の多くは外国人の手によるもので、焼け野原からの復興を生きた当の日本人の声はほとんど聞こえてこない。

ものづくりの伝統を生かした現場の工夫の積み重ねとして広く話題になったトヨタ自動車による「カイゼン」や日本的経営に関する議論も技術論ではあっても、経済発展の全体を見据えたモデルとは言い難い。一九九〇年代の世界銀行による『東アジアの奇跡』（World Bank 1993）は、たしかに市場原理主義の横行に危機感をもった日本の開発官僚たちによる日本モデルの概念化であったが、それも元はと言えば欧米に対する受動的な反応を契機としており、必ずしも日本人による主体的なモデルの提示というわけではない。

ここでいう「モデル」とは、開発を進めるにあたってのお手本のことである。ただ、モデルの価値は後進にとっての教材として使いやすいかどうかにあるわけではない。それ以前に、開発の成功を可能にした鍵となる条件を当事者が選び出す眼力にこそ、モデルの力強さを左右する本質がある。

さかのぼってみれば、文明の発展段階が意識されるようになった一九世紀以降、開発／発展とは常に上の段階にある文明に憧れ、そのマネをすることを意味した。鉄道や電話の敷設、洋食・洋装・洋式建築の採用といった目に見える側面はもちろん、工場での働き方や時間規律といった立ち居振る舞いに至るまで、国の指導者は文明国に合わせた風土づくりに努めた。もちろん、闇雲に模倣するわけではない。序章で見たように、一八七一年から二年近くにわたって欧米諸国を回った岩倉使節団の『米欧回覧実記』を読むと、文明国の何を学ぶべきか、当時の日本人が冷静に精査している様子をうかがうことができる（久米 1977）。明治のエリートは、先進都市ロンドンで浮浪者や煙害にも目を向けるなど、文明の負の側面と日本の良さも確認していたのである。

たしかに欧米の物力は圧倒的であった。日本を含めて一九世紀後半以降の近代化の時代は、欧米を頂点とする単線的な発展史観を前提とした普遍志向が最も強かった時代であり、だからこそ、後発国は盛んに先進国から技術者や顧問を受け入れ、欧米化を急いだ。日本の場合は政府が積極的に鉱山開発や鉄道敷設の分野でお雇い外国人を入れ、パイロット事業を後押しして民間への普及に努めた。欧米諸国を追いかけて近代化を成し遂げた日本は、欧米的な生活様式を可能にした技術や制度を積極的に取り入れようとしながらも、発展の主導権だけは手離すまいと苦心していた(2)。

このように模倣すべきモデルの存在を認めることは、開発という社会現象に何らかの普遍性を認めることと同じである。ここでいう「普遍性」とは「再現可能性」のことであり、一つの地域の経験は、場所に限定されずに他の地域の開発事業に活かすことができるという推論形式である。冒頭のインドの研究者の素朴な問いかけは、自分の国の開発に役立つモデルを外国である日本に求めていたことを反映しているし、「アジアの経験をアフリカに」と題したＪＩＣＡのシンポジウム自体が大陸をまたいだ経験の移転可能性を前提としている。

開発をめぐる議論では、時間を超えた経験の移転も暗黙の想定にある。米英によるイラク統治をめぐる議論では、それがどのような意味で第二次世界大戦後のドイツや日本に対する占領統治と似ているか（異なるか）が政策立案者らの注目を集めた（Serafino, Tarnoff and Nanto 2006）。この例が示すように事例の一般性を同時点における空間的広がりだけでなく、異時点にまで拡張して論じることに不自然さを感じる人はほとんどいない。とりわけ国際開発の業界では、後発開発国が経済発展を進めるうえで先進国での経験を学び取り、そのエッセンスをモデルに凝縮して移転することは当然の手段と受け止められている。

開発を促進するために投入される経済協力は、この前提が最も強く埋め込まれた事業である。経済協力事業の一つの核を成す「技術移転」では、通常は対象地域にもともと存在した技術を育むのではなく、あくまで援助国で出来上がった技術を真似て他所へ移転することが想定されている。そこで援助や開発協力を受け入れる側に求められるのは、外からやってきたモデルに何を見出し、いかにしてそれを自分たちに役立つものに加工してもらうかという点である。他方で、モデルを送り出す側は、自国の開発経験のどの側面を本質的な部分としてモデルに含め、外国に輸出するのかを問わなくてはならない。

開発のモデルに普遍性を求める空気が支配的であるからこそ、一九五〇年代の日本が、その経験の普遍性を積極的に強調しなかった点に着目しなくてはならない[3]。母国の復興を生き、初期の対外経済協力を構想した当時のリーダーたちは、地域の復興や経済開発の実践を通じてどのような「知」を重んじるに至ったのか。それは開発研究の担うべき役割、さらには実践を志向する社会科学の在り方そのものを再考する機会となる。

終戦から数年間の時期は、明治期に次いで最も積極的に外国産のモデルが国づくりのプロセスに導入された時期であった。特に占領軍を通じてアメリカからもたらされたのは「発展した後の状態」としての豊かな生活のイメージだけではなく、それを可能にする地域開発の方法論であった。被援助国として戦後を出発した日本はアメリカ流のモデルを果たしてどのように受け止めたのだろうか。そしてインドの研究者が言うように「日本モデル」は本当に存在しなかったのだろうか。

2　一九五〇年代の日本の開発実践者の思考

安芸皎一と大来佐武郎

飢餓の恐怖、社会不安、相次ぐ自然災害、戦地からの大量の復員者の帰還に伴う人口過剰など、いくつもの困難に直面していた終戦後の日本で政府の復興計画の中心にいたのは、経済安定本部の官僚たちであった。中でも、後に対外経済協力の舞台で活躍することになる大来佐武郎（一九一四～一九九三）や安芸皎一（一九〇二～一九八五）は、いずれも復興計画の中枢にいながら、初期の国際経済協力構想にも関与するという二重の役割を果たした稀有な存在として注目してよい。彼らに共通していたのは戦前における大陸経験と技術系の出自、そして戦後の早い段階における国際舞台での活躍である。

たとえば、大来は工学部電気工学科の出身でありながら、外務省や経済安定本部で「エコノミスト」として活躍した。河川工学が専門の安芸は内務省勤務を皮切りに、資源委員会の初代事務局長と東京大学工学部教授という立場でアジアへの技術協力立案に大きく貢献した。両者ともタイのバンコクに本部を置く国連アジア極東経済委員会（エカフェ）の要職を歴任し、アジアの途上国に日本の経験を発信する立場にあった。彼らは、貧しかった日本の現場からたたき上げられた、紛れもない開発実践者であった。

復興期の重要な争点は、貿易と国内資源開発の力点配分であり、特に後者を計画的かつ民主的に活用する方法論であった。すべての資源が戦争に向けられた戦前期に国土資源を民生に生かすという発想はなかった。敗戦後、満州その他の海外領土を失い、多くの国民が生存の危機に直面していた日本は、諸外国との貿易も制限され、はじめて本格的に「国土」と向き合わなくてはならなくなった。国として「国土と向き合う」というのは、個々の農民が一筆の土地を耕すという話とは次元が異なる。河川や森林、土地のもっている潜在的な可能性を計測し、それを計画的に配分し、なおかつ必要な投資を国家レベルで行わなくてはならない。終戦直後に大来が幹事となってまとめた『日本経済再建の基本問題』（外務省調査局編 1946）は、この意識がかなり早い段階から政策立案者らの頭にあったことを示す資料である。「国土の開発」と題した節は次のような印象的な言葉で始まる。

過去における日本は、問題の解決を常に外に求めた。その結果、国内においてもすでに屢述《る》せるごとき旧き社会的諸関係を残存せしめたと同時に、自らの国土の開発についても十分な努力が払われなかった。（中略）今後の日本は、過去において外に向けられたエネルギーを内に向け、社会的に旧き諸関係を清算して近代化に前進すると共に、健康且つ生産的な国土の建設に志さねばならない（外務省調査局編 1946：64）。

「エネルギーを内に向ける」という方向性は、後述する資源調査会での活動を通じて具現化されていく。専門特化に対するアンチとも受け止めることのできる「総合の理念」が、技術系の政策立案者から生み出されてきたことは注目してよい。

朝鮮特需と日本の国際社会への復帰によって貿易が圧倒的な優位を占めるに至るまでの数年間は、日本政府が自らの国土開発の在り方と真剣に向き合った珍しい時期であった。資源が貧弱とされる日本で唯一豊富と認識されていた水資源を通じた電源開発は、経済復興の要と考えられた。頻発する洪水を制御するために、大規模ダムで水を押さえ込むことにも大きな期待がかけられた。河川工学が専門であった安芸の活躍は、まさに当時の日本のニーズがそこにあったからでもある。

乏しい国内資源を有効利用するために経済安定本部に設置されたのが資源委員会（後の資源調査会）であっ

た。それは大来や安芸といった気鋭の国際派官僚の発案で作られた、「開発の在り方」を多角的に検討する真に学際的な場であった（佐藤 2011）。

アイディアの土壌としての資源調査会

安芸や大来らを主要メンバーにして構成された資源調査会は、国内資源の有効活用という大方針の下に地下資源や水、土地といった個別の資源ごとの部会を作り、当時の科学技術の水準に照らして政策提言を行う任務を負った。その最大の特徴はセクターをまたがる課題について、省庁横断的な総合調整を担おうとしたことであった。軍需優先の戦中にはかなわなかった科学的知見の民生活用だけでなく、それを実現するための総合化の方法に力点を置いていた（佐藤 2011）。原料を輸入する外貨がないからこそ、国土資源の総合利用を通じてその自給率を向上させることが必要と考えられていたのである。

資源調査会の初代事務局長に就任した安芸の発想の原点には、資源の総合開発における普遍性と特殊性の関係に関する独自の考え方があった。そのエッセンスは、安芸の著書『日本の資源問題』（安芸 1952）の次の箇所に表現されている。

天然に存在するところのものは、存在するところによって特殊な性格が与えられている。私たちの生活はこの特殊な環境のもとに、与えられた資源と離すことの出来ない関係を形づくっている。その上にこれらの資源は個々のものが独立して存在しているように見えても、本質的には個別的なものではなく、互いに有機的な関連をもっているのであって、個々のものを考える場合にもこれは全体の問題の一部として考えなければならない（安芸 1952 : 1–2）。

安芸は河川工学の専門家であり、現象を小分けにして分析する科学の訓練を受けてきた人物であることを忘れてはならない[4]。全体を意識しつつも、場の個別性の把握を重視する姿勢は、外国産モデルの安易な移入を拒む態度にもつながる。

次に見る、水資源の総合利用をめぐるアメリカのＴＶＡ（Tennessee Valley Authority：テネシー河域開発公社）モデルに対する日本人の反応から「日本モデル」がどのように考えられていたのかを読み取ってみたい。

ＴＶＡと一体性

まずはＴＶＡとは何であったのかを簡単におさらいしておこう。ＴＶＡは一九三〇年代の大恐慌に伴う失業問題に苦しむアメリカで第三二代大統領フランクリン・ルーズベルトが主導した大規模な公共事業の一つであり、その特徴は資源開発事業のあらゆる側面に地域住民の福祉と草の根的な民主主義を埋め込むことであった。

ＴＶＡは、多目的ダムという構造物の周辺に、雇用、衛生、電力といった人々の生活水準を構成する様々な要件を戦略的に配置し、その全体を「草の根民主主義」という方法によって推進するという野心的な計画であった。ＴＶＡの主導者の一人であったデイビッド・リリエンソール（David Lilienthal：1899-1981）は言う（リリエンソール 1979：73）。

テネシー河域の資源の開発を、単に慣習上から細かく分かたれることになった役所仕事の管轄上の区画に合うように、ばらばらに小さく切りきざむべきではなかった。そもそも、天地の創造に際し、神が天然の資源を連邦政府の組織に合うように分類したとは考えられない。だから、いろいろな資源を開発する場合に、個人や民間機関の特殊の、また限られた関係は、すべて一体性の原則のもとに考えられた。神が一体として創造したものは、人間もそれを一体として開発しなければならないのである。

ＴＶＡの最大の特徴は個々の事業ではなく、それらを互いに調整し、高次の目的に即して統合的に配置したことにあった。知識や情報、活動や事業、技術と技術者、専門家と市民を、有機的に結びつけるところにＴＶＡの意義があった。

それは同時に、一つの公共企業体がすべての事業を統轄することで、多目的ダムが生み出す便益を統合的に管理、分配する試みでもあった。便益とは、具体的には民間よりも安価な電力供給、建設に伴う雇用拡大、洪水の防御、湖面の調節によるマラリアの撲滅、交通の利便性向上などである。ＴＶＡは、当時の地域開発の先駆的モデルとして大いに注目を集めた。自由社会の推進における国家の役割を明確に織り込んだＴＶＡモデルが、アメリカに限らず世界各地での適用可能性をもつことについては、リリエンソールが雄弁に語っている（Lilienthal 1944 : 198-199, 筆者訳）。

中国人やペルー人が作動するダム、個々の農家に供給される電力、リン酸肥料によってよみがえった広大な土地を見る際に、英語の通訳は必要ない。というのも、彼らが目にしているのは、テネシー水系のノリスダムやジョージアや農場ではなく、中国やペルーにおける河、渓谷、農場に他ならないからである。この場所で起きている変化は、世界の各地で人々が求めているような変化そのものである。

ＴＶＡはまさに世界が注目した開発の「モデル」であった。ＴＶＡ専門図書館が取りまとめた資料によると、ＴＶＡを見学にきた視察団は六〇カ国以上に上り、一九五一年の一年間だけで一八〇〇人もの見学者が来訪したという。ＴＶＡの思想に少なからず影響を受けながら海外で実施された事業は世界三六地域に及んだ（TVA Technical Library 1952）[5]。一九三〇年代のアメリカ国内で実践されたＴＶＡの理念に基づく農村開発と普及重視の姿勢は、その後のアメリカによる対外援助の性格をも規定するほど影響力をもったと言われている（Phillips 2007）。

資源の総合利用とは

ＴＶＡの影響は日本にも及んだ。貿易に依存した経済復興への望みが薄く、国内開発重視の考え方が優勢だった終戦直後の数年間、ＴＶＡが熱狂的なまなざしで日本人の期待を集めたことは想像できる。「日本にもＴＶＡを」と題した時評を執筆した山口正吾は、ＴＶＡを想起する意義について「不況時に現代国家が何をすべきかを教え、国家の資金と現代科学と細心なる計画が国民経済に何を与えたのかを示す点で、いまでも新しさをもっている」と指摘する。そして只見川開発を具体例にあげながら、水力と労働力以外に資源の無い日本では、資源の総合利用に基づくＴＶＡ的な雇用創出事業が「ほとんどあらゆる川について必要」と主張した（山口 1949：34）。

ここでいう「総合」とは、そのままにしておくとバラバラになってしまう要素を一つの考え方の下に一体的に関連づけるという意味であるが、何を総合の対象とすべきかは時代に応じて変化してきた（佐藤2011：13）。戦前から戦中にかけて政府が「総合」をもち出すときは、戦争遂行のための生産力の動員や調達がイメージされていたし、戦後の国土利用の文脈では、開発と保全の両立がイメージされていた。

戦後の水資源開発の文脈における総合の理念が何であったかは、一九五二（昭和二七）年発行の中学校の社会科教科書『天然資源』に分かりやすく図示されている。まだ環境問題という概念さえ生まれていなかった時代に、自然と人間の関係の在り方が、中学校の教科書に登場していたことに驚かないわけにはいかない。「よい山、悪い山」と命名されたこの図は、左に管理・開発の行き届いた山、右に管理・開発が偏った山が対置され、総合の必要性をイメージさせる（図10－1）。図をよく見ると、「よい山」には良く整備された段々畑が広がり、川には魚が泳ぎ、ダムからは電線が家屋に延びていて、家は近代的なつくりになっている。これは自然と人間の間に成立する好循環のイメージである。これに対して右側の「悪い山」の方では自然環境が荒れているだけでなく、そこに生きる人々の家屋は質素で生活も貧しそうだ。

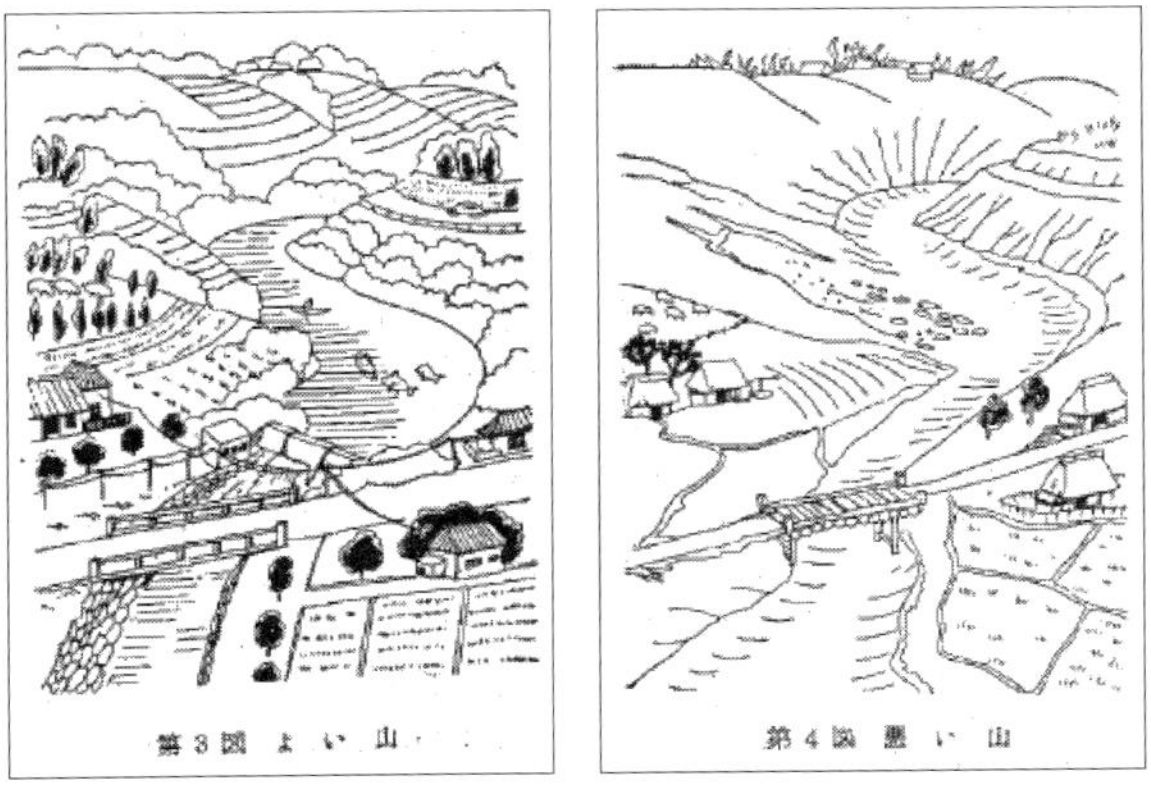

図10－1　よい山，悪い山

出典：安倍能成編（1952）『中学生の社会――天然資源』日本書籍，8～9頁。

水は「もたざる国」日本が、唯一豊富に保持している資源として認識されていた。やがてマイナスのイメージに染められていくダムは、当時圧倒的に不足していた電力源としてだけでなく、防災という観点からも期待された開発手法だった。

様々な利権でがんじがらめになっている日本の土地に、ＴＶＡのような大胆なトップダウン政策をもち込むのが困難であったことは誰の目にも明らかであっただろう。にもかかわらずＴＶＡが掲げた総合開発の考え方は日本では熱狂的な支持をもって受け入れられ、国民に浸透した。東京の三越デパートでは「日本の資源計画」と題した展覧会が開催され、のべ五万人の聴衆でにぎわったという（図10－2）。

参照点としてのＴＶＡ

日本の政策担当者はＴＶＡモデルをどのように評価して

いたのであろうか。TVAの考え方を日本にもち込むうえで大きな役割を果たしたGHQ（連合軍総司令部）技術顧問のエドワード・アッカーマン（Edward Ackerman：1911–1973）を囲んで一九四九年に開催された座談会に、答えのヒントがあった（TVA研究懇談会事務局 1949）[6]。大来や安芸も参加していた座談会の冒頭、議論のリーダー格で経済安定本部の副長官でもあった都留重人（一九一二〜二〇〇六）はTVAを称して「研究すれば必ず役立つと見究めた一つのモデル」として、「自然の一体性」という考え方に心を惹かれたことを認めながらも、「この原理を実際の開発面に移行するという点においてはこれまでに成功していない」と冷静に指摘する。

　ここで注目すべきは、都留がTVAモデルの日本への直輸入を念頭に置いていなかったことである。むしろ「頑迷な行政官や議会人に、〝このタイプの開発は少なくともアメリカで成功したのだ〟と言い聞かせるのに有効」と、TVAの有用性をあくまで参照軸に限定しようとしていることが分かる（TVA研究懇談会事務局1949：44）。そして、都留は外国からの借り物ではない日本独自のモデルを作ることについて次のように述べる。

図10−2　天皇皇后両陛下をお迎えして三越デパートで行われた「日本の資源計画展覧会」
出典：スタンフォード大学フーバー図書館シュケンク（Sckenck）文書所収。

　我々のなすべき最上のことは、或る具体的な場合を取り上げ、これを研究し、いかなる問題があるか、即ち、どんな種類の事柄がこの地域の資源の有効利用を妨げているか、この種の問題をどうしたら最も良く解決しうるか、を調べることであり、機械的にＴＶＡの形態を適用しないようにすることだと考えて来ました（ＴＶＡ研究懇談会事務局 1949：46）。

ＴＶＡをめぐる議論の結論が、「モデル」を安直に先進地域からもってくるのではなく、もち込む先の地域の状況・実態に即して開発を進めるべきという点に落ち着いたことは実務家集団ならではの現実的な判断であった。都留や大来らはＴＶＡモデルを、再現するためではなく、特定の現場を見るときに外せない参照軸として使おうとした。この姿勢は、先に引用した安芸の「場の特殊性重視」の志向性とも共鳴する。大きな資本を動かすことのできるアメリカに比べて、ようやく復興しつつあった日本でＴＶＡをそのまま再現できないことは誰の目にも明白であった。

結局のところＴＶＡモデルは日本のダム開発に本格的に移入されなかった。当時の開発実務家らが慎重であった理由は分かる。それでも、フランクリン・ルーズベルト政権の推進したニューディール政策の空気をたっぷり吸い込んで日本にやってきた「ニューディーラー」と呼ばれる政策スタッフが多数常駐したＧＨＱの統治下で、なぜＴＶＡモデルが実施に移されなかったのか。

日本側の論者が問題にしていたのは日本国内の制度的な足かせであった。ＴＶＡモデルに対する戦後初期の熱気が過ぎ去った後の一九六三年に行われた「ＴＶＡに学ぶもの」と題した座談会では、「ＴＶＡ方式はなぜ再現しないか」というテーマで、モデルを受け入れる側の立場から見た興味深い議論が行われた。そこで強調されたのは、日本では天然資源にかかわる省庁がバラバラで、建設省、厚生省、農林省といった関係省庁がそれぞれの縄張り意識と組織に基づいて行う予算編成が、アメリカのような広域的な開発を困難にしているという点であった（一瀬ほか 1963）。土地が狭いうえに私有権の網の目が隅々まで張りめぐらされていることも大規模事業の障害であった。

このようにアメリカのＴＶＡは、模倣の対象にはならなかったものの、比較の参照点として、日本で類似の事業を行う際の課題をはっきりと照らし出す役割を担った。

3　特殊性の重視

経済協力と大来佐武郎

復興期におけるアメリカとの対話の過程で見逃せないのは、日本が経済協力を介して東南アジアに進出する知的準備がこの時期に整えられていたということである。一九五〇年代の日本では、日本の国土開発と対外経済協力とが一体的に、かつ同じ顔ぶれによって構想されていた。戦後復興と対外経済協力の両方で活躍した大来佐武郎の足跡から「日本モデルの不在」を問い直してみたい。

「モデルを打ち出す」というのは、間違いなく積極的な行為である。それは自国の発展の総括を前提としてその教訓を他国に売り込もうとする主体的な行為である。たしかに、そもそも戦後まもない頃のアジア諸国に「日本モデル」を素直に受け入れてもらえるような環境はなかった。戦争の傷跡が生々しく残る中で、日本という国家を前面に出すことは、戦前の再来を予感させる脅威に他ならなかったからである。日本がコロンボ・プランという「国際的な枠組み」への加盟を急いだ背景には日本のアジア再進出という脅威を少しでも希釈する狙いがあったのである。(7)

他方で、日本モデルの不在には脅威のイメージをできるだけ控えるという以外に積極的な側面もあった。それは技術者らが中心になって作り出した、そこにあるものを生かし、現場の特殊性に合わせるという哲学が形成されたことである。この哲学を経済協力の場で実践していった中心人物が大来佐武郎であった。

これまで見たように経済安定本部を舞台に国内資源の総合利用に力を入れていた大来佐武郎が経済協力へ

と関心の力点を動かすのは、一九五五年に経済企画庁経済協力室長に就任してからである。戦後日本の国際協力の幕開けとなったコロンボ・プランへの参加も大来が関与した重要なイニシアチブであった。コロンボ・プランは、一九五〇年一月にコロンボで開催された英連邦外相会議の決定に端を発し、東南アジアの経済開発に関する協力を促進するための国際枠組みで、その活動内容は資本援助と技術協力の二つからなっていた。

ここで注目すべきは、当時の経済協力の理念や哲学も、資源調査会の場で見たのと同じように場の特殊性重視という姿勢を明確に打ち出していたことである。一九五四年九月にシンガポールで開催されたコロンボ会議に初めて参加した日本は、閣僚会議の代表演説で、開放的なアジア地域主義の推進、先進諸国との発展水準の格差是正の必要性に合わせて、当時の日本の対外援助に対する考え方を反映した次の論点を提示した（大来 1955：15–16）。

① 日本も東南アジア諸国と同様に農業国から発展してきたのであるから、日本の経験は東南アジア諸国の経済開発に役立ちうるものと考えるのでできるだけの援助をしたい。

② 東南アジアの工業化は必要であるが、その工業化は各国それぞれの資源と必要に応じたものでなければならず、どの国も同じような工業化を考えることは無駄である。

これに続けて同会議の技術援助小委員会において日本政府代表団は三つの具体的な提案を行っている。そこには控えめながら「外交政策」と「技術協力」という二つのレベルで日本の援助に対する考えが示されている。

① 東南アジア諸国が外国に訓練生を派遣し、また外国の専門家を受け入れることも重要であるが、同時に地域内に各種の技術訓練施設（リージョナル・トレーニング・センター）を設置して訓練の便宜を拡大することも望ましい。
② 同様の見地から、各国に各種の小規模工業のモデル工場（モデル・ワークショップ）を設置して、技術者や労働者に対する現地訓練の機会を拡大する。
③ 各国の資源の基礎的調査を協力して促進する。

これらの提案は、訓練生の受け入れを主たる事業としていたアメリカ、技術専門家の派遣を主たる活動としていた国連との対比をなす実質的な「現場主義」の表明であった。大来の会議報告によれば、この提案に対してセイロンやインドから積極的な賛同を得られたという（大来 1955）。

ここで特筆すべきは次の二点である。一つには、コロンボ・プラン加盟後に初めて「援助国」としての自覚を得た日本が、欧米の援助との違いを際立たせるうえで「日本の経験」とアジア諸国の実態との近さを強調している点である。

第二には、欧米流の「開発モデル」の安直な適用ではなく、それぞれの国の特殊事情に合わせた開発が望ましいという態度を明確にしている点である。具体的な技術移転の方法は、パイロット事業を外延的に拡張していくという「普及」の常套手段に立脚していたものの、それを現地密着型で行おうとしたところに日本式の特徴があった。ここにはアジアで最初に中進国へとはい上がった日本の経験と自負がにじみ出ている。

初期の対外技術協力構想で強調された現場主義は、欧米型援助手法との競争意識から生まれたというよりは、場所の特性把握という資源調査会で培われた考え方を素直に応用したものと考えてよい。事実、資源調査会は一九五〇年代を通じて、外務省や経済企画庁、通産省、大蔵省の経済協力官僚に並んでエカフェの専門委員会や総会に主要なスタッフを派遣し、国内外の動きを連絡させる努力を行っていた（エカフェ協会1955：33-34）。

日本の経験に即して

その創設期に大来や安芸が情熱を注いだ資源調査会の総括である『日本の資源問題（上・下）』（資源調査会1961）からは「日本の」資源開発の一体性だけでなく、経済発展をアジア諸国と一体的に考えようとした足跡を読み取ることができる。

当該報告書の総論は、増大を続ける人口に照らして日本が「貿易なしに存在しえない」資源状況にあるという前提から出発し、世界平和の確保と自由貿易の推進のために途上国の開発に日本が参加していく必要性を論じた。第8章で詳しく述べたように、貿易なしには立ち行かない日本は、敗戦国としての各種の制約を打開する手段として経済協力を構想していたのである。

当時の経済協力の哲学を表しているのは『日本の資源問題（上）』の次の一文である（資源調査会1961：65）。

戦後日本の復興期にあっては、日本自身も主としてアメリカから技術と経済の援助を受けていたばかりでなく、最近の日本経済の高度成長の背景にも、欧米からの技術に負うところが多かったことを考えると、日本が援助できる技術はあらゆる分野にわたっているとはいえない面がある。（中略）しかし地理的にアジアに位置していることから、歴史的距離的に特に東南アジア地域に対しておのずから他の先進国の及ばない特異性をもっている。そこに、日本が国際的な二重構造の解消に役立つべき、新しい責任と義務が生じてくるであろう。

この一文に当時の政策立案に関わる人々が「日本モデル」の特異性をはっきりと自覚していたことを見て取ることができる。日本は欧米とは異なる特徴を武器にしながら、対アジア経済協力の世界へと羽ばたいていったのであった。

4 「モデルを出さない」というモデル

先例意識と暗黙のモデル

自らの開発経験を踏まえてアジアの特殊事情把握に力点を置く発想は、日本の経済協力が本格的な話題になる以前の終戦直後から大来佐武郎を含む復興を担った中心人物らによって予見されていた。本章の第2節で取り上げた大来らによる『日本経済再建の基本問題』（外務省調査局編 1946）から再び重要なポイントを引用しよう。

この報告書にある「東亜諸地域の工業化と日本経済」と題した箇所では、中国やインドの急速な工業化を見通し、将来これらの地域の「チープレーバー」が日本の脅威となることを予見しつつ、「農業問題における日本と東亜諸地域との共通性」を次のように強調する（外務省調査局編 1946：11）。

農業問題において日本は東亜各地と共通の悩みをもつ。即ち過剰なる人口、零細にして半封建的な農業の広範な存在がそれであり、農業問題の基本的な解決のためには土地に対する農民の過剰を解消せねばならず、そのためには当然工業化が必要とせられる。しかし、かかる人口過剰の農業地域における民主化乃至《ないし》社会化は、欧米またはソ連の型に比し当然著しい相違を示すものと想像せられるのであって、亜細亜が自らの課題として解決を見出さねばならぬところである。（中略）従って日本における農業問題の解決は東亜諸地域に対して一つの先例を提供することとなり得る。

「先例」という言葉には、すでに日本を一つのモデルに位置づけようとする意図が現れている。このように、大来佐武郎を始めとして一九五〇～六〇年代の日本の対外援助構想に携わった人物の脳裏には、どこかに日本自身の開発経験が意識されていた。そして、その経験はやがてエカフェ事務局などの国際舞台で活躍する大来らを通じて対外援助の現場へ生かされていった。

その後、国連などの国際会議の場で「日本の開発経験」を語ることを求められた大来が繰り返し指摘したことも、先述の安芸の認識と共鳴するものであった。それは、日本の経済発展が鉄道や港湾といったインフラの適切な配置に代表される「場所の特殊性」をよく捉え、それを生かしたことで達成できたという認識であった（大来 1961）。

大来は、日本がどのような条件の下で何を行い、なぜ特定の施策が成功や失敗をしたのか、という具体的な事例に基づいた経験を語りはしたものの、それを唯一の「正解」と見ようとはしなかった。モデル化の不在は「それぞれの途上国の個性に応じたモデルがある」という主張の裏返しであり、哲学の不在ではなかったのである。

このように考えると今日の日本のＯＤＡに見られる「自助努力」の理念や専門家による長期滞在型の技術移転というアプローチも、その水脈を戦後日本の経験に辿ることができそうだ。それは誰にでも真似ができるようにマニュアル化された経験ではなく、自らの開発実践に裏づけられた暗黙知、もしくは実践知と呼ぶべきものであった。

開発思想を支えた実践知

工学をバックグラウンドにしていた安芸や大来の考え方に体現される日本の開発実践は、土木や建築といった実践知を重んじる伝統に大きく依存してきた。つまり、実践知の特性を考えることは、「日本モデル」が明示的に示されてこなかった理由の解明につながる。日本型援助、特に技術協力の根底に横たわる哲学の姿をはっきり捉えるには、まず彼らが重んじた実践知の特性を理解してなくてはならない。

そもそも実践知と呼ばれるものには、言葉や数字に置きかえやすい形式知とは異なる、次のような特徴がある。

第一は、その統合的な性格である。形式知の科学は、全体を部分に分ける「分析」に力を注ぎ、分析結果の統合については、統計学的な母集団の推計を行う程度で、さほど強い関心をもとうとしない。しかし、実践の場では知の統合こそが問題解決の前提となる。農業の例で言えば、土地、気候、作物などに関する個別の知がどれだけ深いものであっても、作物の栽培という目的に向けて統合されなければ実践的な意味がない。安芸の開発に関する考え方は、まさにこの点を強調していた。

第二の特徴は、それが身をもって学ぶ知、つまり経験を通じて体得される「個人的な」知であるということである。料理や自転車の運転といった日常的な行為から農業や医療といった社会的な活動に至るまで、実践が上手いと言われる人でも、それをどうやってのけたのか、言葉では説明できないことがある。個人の内での感覚的統合に依拠する実践知は、個人的な要素を最小化し、外に向けて客観性を担保しようとする科学的な形式知とは対照的である。大来が現地に技術協力の訓練所を建設することを提案したのは、開発という営みの実践知的な側面を重く見ていたからではないだろうか。

第三の特徴は、文脈と個別な事柄を重視する志向性である。普遍的な形式知が文脈を捨象するのに対し、実践知は文脈と状況を汲み取る力が重要な役割を果たす。知識を有せずしてしかも知識を有する人々よりも実践に役立つ人がいるのは、その人が個別的な知に長けているからである。アリストテレスがあげた次の例が分かりやすい。

> もし人が「軽い肉は消化がよく健康にいい」ということは知っていても、「いかなる肉が軽いか」を知らなければ、この人は健康を生ぜしめることはできない。それよりはむしろ「鳥の肉が健康にいい」ということを知っている人のほうが体に健康をもたらすことに成功するであろう（アリストテレス 1971：230）。

鶏肉が健康によいという知識はたしかに個別的（particular）である。たとえば医者による医療行為の現場で治療の対象となるのは具体的な「あの人この人」であって「人間一般」ではない（アリストテレス 1959：23）。患者が問うのは病気を治すという医者の実践であり、医者が人間についてどれだけ知っているかではない。

こうして見ると、実践知のもつ三つの特徴は、戦後の開発実践のリーダーたちの基本的な考え方に見事なまでに符合するのである。

「モデル」を追従すべき手本とするのではなく、あくまで参照軸として突き放して見る態度は「考え方の分かれ道」にさしかかったとき、その先を方向づける点で、決定的な重要性をもってくる。外来モデルの模倣を優先的に考えるのか、それとも外来モデルはあくまで対話の相手として在来モデルの改良を優先するのかで問題解決の道筋が大きく変わってくるからである。しかも、いったん一つの思考経路をたどると、逆戻りできなくなることが多いのも事実だ。たとえば、外来モデルの模倣から思考を出発させた場合、模倣が失敗しても、その原因は実施の手続きに起因すると判断されてしまうことが多く、模倣するという方向性自体が問われることはないからである。

振り返ってみれば、一九五〇年代の日本の開発実践者があえてモデルを示さないことで私たちに伝えようとしたことは、個別性を重んじることの普遍的な意義にあったのではないかと筆者には思われるのである。

注

(1) たとえば吉田茂は、回顧録『世界と日本』の中で「西ドイツの戦後復興が奇蹟的に進み、これに反して日本が遥かに後れをとっているかに見えるのは、どうしたわけであるか。アデナウアー首相に対して、私はいわば競争相手のような気持ちを抱いていた。それが競争に負けたような形になっている。これは何故であろうか」(吉田 1991：21)と振り返っている。

(2) 明治期の日本の大学における外国人教員を日本人に置き換えていく努力は、この流れの一環である。国の政策づくりを担う人材を輩出していた東京帝国大学における教育と研究を見た場合、外国人教師が大部分を占めていた発足当初に比べて、日本人の教授が人数において外国人を上回るのは、ようやく一八八一年になってからであった(佐藤 2016)。

(3) もちろん公害の温床が作られたのはこの時期であり、一九五〇年代の開発をすべての面で「成功」と総括できるわけではない。あくまで「経済成長」という面に限定しての話である。

(4) この安芸の言葉に体現された「特殊性の把握を通じた普遍化」という方法論は、黒岩俊郎をはじめ次の世代の資源論研究者によって脈々と受け継がれていった(佐藤 2011)。

(5) TVA的なアイディアの諸外国における適用については、Ekbladh(2002)がメコン流域について、Phillips(2007)がラテンアメリカについて考察している。

(6) アッカーマンについては個人的に交友のあった大来(1949)、石光(1986)らの回顧の他、アッカーマンの日本国内における調査に関する資料にも触れた佐藤(2014)がある。

(7) 加えて第9章で詳しく述べたように「民間主導の協力」を打ち出すことも、政府の存在を控えめに見せる効果的な手段であった。JICAの始祖である「アジア協会」の設立を決めた一九五三年一二月一八日の閣議決定では、

「アジア協会」の設立について「本件経済協力が日本の経済侵略という印象を与えることを避けるために、新たに民間中央機関たるアジア協会を設立して（後略）」とはっきり狙いを明記しているし、その文章の最後には「右協会（＝アジア協会）に対しては、その国家的事業なるに鑑み、所要の補助金を交付する」とある（「（極秘）アジア諸国に対する経済協力に関する件」閣議決定請議に関する説明書（一九五三年一二月一八日）国立公文書館デジタルアーカイブス）。

参考文献

安芸皎一（1952）『日本の資源問題』古今書院。

――（1951）「国民と資源」『資源』八号、一～六頁。

安倍能成編（1952）『中学生の社会――天然資源』日本書籍、八～九頁。

アリストテレス（1971）（高田三郎訳）『ニコマコス倫理学』上・下、岩波書店。

――（1959）（出隆訳）『形而上学』上・下、岩波書店。

石井素介（2010）「第二次世界大戦後の占領下日本政府内における『資源』政策研究の軌跡――経済安定本部支援調査会における〈資源保全論〉確立への模索体験」『駿台史学』一三八号、一～二五頁。

石光亨（1986）「アッカーマン博士と日本の資源政策」『国民経済雑誌』一五三（一）、一～一八頁。

一瀬智司ほか（1963）「ＴＶＡに学ぶもの」『水利科学』第七巻一号、九二～一〇六頁。

エカフェ協会（1955）「エカフェ産貿委及総会準備委員会外務省に設置」『エカフェ通信』六七号、三三～三四頁。

大来佐武郎（1961）「国連工業化委員会の成果と問題点」国際技術協力協会調査部編『経済協力の実績と課題１９６１年版』国際技術協力協会、二二四～二二七頁。

――（1955）「コロンボ・プランと日本の技術援助」『エカフェ通信』六七号、一一～一八頁。

――（1949）『技術・資源・経済』柏揚社。

外務省経済協力部（1960）「所得倍増計画と経済協力」『経済と外交』三五三号、一二～一六頁。

外務省調査局編（1946）『日本経済再建の基本問題』外務省調査局。

久米邦武（1977）『特命全権大使欧米回覧実記』第一巻〜第五巻、岩波書店。

佐藤仁（2016）「大学の内なる国際化――東京大学にみる国際化の一四〇年」羽田正編『グローバルヒストリーと東アジア史』東京大学出版会、二九五〜三〇八頁。

――――（2014）「危機と分業――E・アッカーマンに学ぶ国土資源への総合的接近」『政策・経営研究』第一巻、一〜一五頁。

――――（2011）『「持たざる国」の資源論――持続可能な国土をめぐるもうひとつの知』東京大学出版会。

資源調査会（1961）『日本の資源問題（上・下）』資源調査会事務局。

――――（1953）『第55回資源調査会議事速記録』資源調査会事務局。

シューマッハー、E・F（1986）『スモール・イズ・ビューティフル』講談社。（原著 Schumacher, E. F. 1973. *Small is Beautiful : A Study of Economics as if People Mattered*, New York : Blond and Briggs.）

TVA研究懇談会事務局（1949）「日本における資源開発の方法」『TVA研究』三号、四三〜四八頁。

中村雄二郎（1992）『臨床の知とは何か』岩波書店。

山口正吾（1949）「日本にもTVAを」『読売評論』第一巻三号、三一〜三五頁。

吉田茂（1991）『世界と日本』中央公論新社。

リリエンソール、デイビッド（1979）（和田昭六・和田昭充訳）『TVA――総合開発の歴史的実験』岩波書店。（原著 Lilienthal, D. 1944. *TVA : Democracy on the March*, New York : Harper & Brothers Publishers.）

Ekbladh, D. 2002. “Mr. TVA : ‘Grass Roots’ Development, David Lilienthal, and the Rise and Fall of the Tennessee Valley Authority as a Symbol for US Overseas Development, 1933–1973,” *Diplomatic History*, Vol. 26, pp. 335–374.
Flybvbjerg, B. 2001. *Making Social Science Matter : Why Social Inquiry Fails and How it Can Succeed Again*, Cambridge : Cambridge University Press.
Hayek, F. A. 1945. “The Use of Knowledge in Society,” *The American Economic Review*, Vol. 35 No. 4, pp. 519–530.

Hirschman, A. 1967. *Development Projects Observed*, Washington, D. C. : Brookings.（麻田四郎・所哲也訳〔1973〕『開発計画の診断』巌松堂出版。）

Lilienthal, D. 1944. *TVA : Democracy on the March*, New York : Harper & Brothers.（和田昭六・和田昭充訳〔1979〕『TVA――総合開発の歴史的実験』岩波書店。）

Phillips, S. 2007. *This Land, This Nation*, Cambridge : Cambridge University Press.

Polanyi, M. 1966. *The Tacit Dimension*, Chicago : The University of Chicago Press.（高橋勇元訳〔2003〕『暗黙知の次元』筑摩書房。）

Scott, J. 2009. *The Art of Not Being Governed : An Anarchist History of Upland Southeast Asia*, New Haven : Yale University Press.

――――1999. *Seeing Like a State : Why certain schemes to improve the human condition have failed*, New Haven : Yale University Press.

Serafino, N., C. Tarnoff and D. Nanto. 2006. *U.S Occupation Assistance : Iraq, Germany and Japan Compared*, CRS Report for Congress, Congressional Research Service. The Library of Congress.

TVA Technical Library. 1952. *TVA as a Symbol of Resource Development in Many Countries*, Knoxville : TVA Technical Library.

Vogel, E. 1979. *Japan as Number One : Lessons for America*, Cambridge : Harvand University Press.（広中和歌子・木本彰子訳〔2004〕『ジャパン・アズ・ナンバーワン――アメリカへの教訓』TBSブリタニカ。）

World Bank. 1993. *The East Asian Miracle : Economic Growth and Public Policy*, Washington, D. C. : A World Bank Policy Research Report.

終章　開発の未来学——アイディアに力を

「星の時間」を探して

今そこにある切実な課題に一生懸命な人が、ある特定の歴史的時点に立ち返って考えをめぐらすことにはどんな意味があるのか。特定の時代に考察の対象を絞るというアプローチは、歴史的な出来事が同じ密度で生起するわけではないという筆者の世界観に下支えされている。オーストリアの作家シュテファン・ツヴァイク（Stefan Zweig : 1881-1942）は、歴史の中で稀にしか現れない密度の濃い瞬間、未来の道筋を決めてしまうような決定的な瞬間を「星の時間」と呼んだ（ツヴァイク 1996 : 2）。ツヴァイクは言う。

普通のばあいには相次いで、また並んでのんびりと経過することが、一切を確定し一切を決定するような一瞬時の中に凝縮されるが、こんな瞬間は、ただ一つの肯定、ただ一つの否定、早過ぎた一つのこと、遅すぎた一つのことを百代の未来に到るまで取返しのできないものにし、そして一個人の生活、一国民の生活を決定するばかりか全人類の運命の径路を決めさえもするのである。

時間を超えてつづく決定が、ある一定の日付の中に、あるひとときの中に、しばしばただ一分間の中に圧縮されるそんな劇的な緊密の時間、運命を孕むそんな時間は、個人の一生の中でも歴史の径路の中でも稀にしかない。

ツヴァイクは、歴史上、大きな仕事を成し遂げた人物に「避雷針の先端に大気全体の電気が集中する」ごとくに稀に訪れた星の時間を捕まえて、その人が運命の瞬間を迎えるまでの物語を描いてみせた。その瞬間こそがその後の出来事のつらなりを決定したと考えたからである。

本書のテーマである開発／発展も社会における「出来事のつらなり」の一側面に他ならない。そして人生の経過が平坦でないのと同じように、出来事のつらなりも、それぞれに異なる密度をもった瞬間から構成される。日本の経済協力史を分析するうえで筆者が一九五〇年代に注目したのは、戦後史の中であれほど真剣に、経済協力と日本の将来を重ね合わせながら議論がなされた時期はなかったと考えるからである。

こうした時間の濃淡を顧みず、過去の傾向から未来に直線的に傾向を投射してしまうような、あるいは現在流布している前提条件をそのまま維持して将来を予測するような単純な思考方法を当てはめてかまわないテーマもあるだろう。だが、利害の衝突と「想定外」の頻発する開発の世界では、出来事のつらなりの中の決定的な時期を捉えて集中的に調べることに大きな意味があると筆者は考えている。

直感とイマジネーション

人が歴史を学ぼうとするときの動機は様々であろうが、筆者の場合は現代的な課題のルーツを理解する縁として歴史に向かうことが多い。それは「歴史は繰り返す」という言葉を信じて再現性を期待しているからではない。少し大げさに言えば、開発の方向性が大きく変化する歴史の転換点を、もしくはその小さな兆候を自分の手で捕まえてみたいから歴史に惹かれるのである。

多くの人は、過去の傾向の延長線上に未来を構想する。開発の研究も、現在や過去の政策の批判であると同時に、未来ビジョンの提示という側面を含む。将来に向けた格差の是正や環境の持続性といった課題を語るとき、そこには望ましい未来社会のあり方が暗に想定されている。だが、果たして従来の学問が重視してきた過去の延長としての未来という発想に頼るだけで、私たちは「よい開発」を構想できるだろうか。

一九七〇年代にベストセラーとなった小松左京（一九三一～二〇一一）の『日本沈没』は、過去の延長としてしか未来を考えることができなかった科学者らが大災害を事前に想定できずに、予知に失敗して日本沈没の悲劇を迎えてしまうという迫力満点のＳＦ物語である。この小説には、奇異な振る舞いを見せる地殻データをただ独り察知し、不完全なデータの断片を結びつけて「日本沈没」というストーリーを描き切ってしまった田所雄介という変わり者の物理学者が登場する。

あくまで過去の延長として未来を予測しようとする帰納的発想にこだわる中田という情報学者と田所博士との次のやりとりには、過去の延長線上には乗らないような仮説を主流派の研究者に認めさせることの難しさが表現されている（小松 2006［1973］: 314-325）。

「ちょっと待ってください」と中田が口をはさんだ。「過去に一度も起こったことのないようなことが――はたして起こりえるんですか？」

「歴史というものはそういうものだ――」と田所博士はふりかえっていった。「単なるくりかえしではない。まったく新しいパターンがあらわれる。…」

（中略）

「先生は過去のデータの延長では予測できないことを、どうやって予測しようとなさるのですか？」

「直感とイマジネーションだ…」田所博士は激しい口調で、叫ぶように言った。

（中略）

「近代科学の基礎的認識を根底的に変えたようないくつかの理論においては、ほとんどの場合、まず、わずかな証拠から直感的に導かれたアイデアが、仮説が、先に発表され、それに基づいて、検証はあとから行われているのだ…」

小松はSF作家であって科学者ではない。しかし、一人のアマチュアとして近代科学の限界を深く考えようとした人であった。それは彼が歴史学者、哲学者、人類学者から、生物学者に至るまで、あらゆるインテリと縦横無尽に対話した記録を読めばわかる。『日本沈没』出版の前年に、哲学者・上山春平（一九二一～二〇一二）との対談の中で小松はこんなことを言っている（小松 1972：229）。

ある仮説に従って、証拠集めをやっていくと、その仮説のフィールドに吸い寄せられるような証拠がたくさん集まってくることがあるんです。ダーウィニズムもそれですが、それに対して今西（錦司）さんのアンチダーウィニズムなどは、証拠はたくさんないけれども、こちらのほうがどうもほんとうらしいということが、なんとなく「納得」がいく、などということがあるでしょう。（中略）科学的に「実証」はされていないが、あれよりこれのほうが雄大で深い意味をもっている、と直感的に、誰でも感得することがある。そういうことを判断する力が人間にありますね。

ここで小松のいう「直感」とは、単なる思いつきや神がかりな霊感などではなく、不可解な現象を説明してくれるアイディアの想起を指す。そこには二つの「方法」が含まれている。第一は、個々にはバラバラに見える現象に一貫した説明を与えるために、従来とは異なる発想を想起する方法、第二は未来から現在を考えるバックキャスティングと呼ばれる視点の取り方である。

第一の方法について例を出そう。海の生物など生息しているはずもない山の中で、多くの貝殻を見つけて驚いたとする。人間か動物が運んで来たに違いないとして、その驚きをなおざりにしたとすれば、「山に海洋生物はいない」という常識は暗に上塗りされるだけで、知の広がりは望めない。山で貝を見つけたことに対する一貫した説明にも深入りしないままである。しかし、かつてその場所は海の底であったかもしれないと、新しい仮説をもち込んで答えを追い求めるならば、貝殻の存在を説明する全く別の地平が開かれる。これは不可解な現象に新しいくくりを見出す作業に等しい。

新たな「くくり」を想起するには、想起できるアイディアのストックが蓄積されていなければならない。ところが、専門分野ごとに小分けにされたアイディアには各分野で確立された知識しかストックされていないことが多く、このことが専門とは離れたところからの想起の道筋を遮ってしまう。田所博士の発想の凄みは、まさに驚きを説明する原理を過去の延長からではなく、過去の常識に囚われないデータの再解釈から導き出したところにあった。

たしかに直感とイマジネーションに頼るというのは、いかにも危なっかしい。だが、はじめに何を問題にするか、という研究活動の着手の仕方、結論を導く道筋の選択を決定する最初の一歩をどう踏み出すかに確立した方法がないのも事実だ。問題の設定は、経験と背景知識に裏づけられた勘そのものである。平均値や過去の傾向だけに頼っていては、大きな転換点で判断を誤る。あるいは近年、各地で続発している災害も、過去の傾向からだけで「想定」をしていては不十分かもしれない。

ここから「直感」に潜む二つ目の方法が見えてくる。それは現在の前提条件で未来を構想するのではなく、未来の地点から現在を眺めてみるという指向性である。一九六〇年代後半から小松左京や梅棹忠夫らと「未来学」を構想していた林雄二郎は、「小さな変化の芽生えをどのようにしてとらえることができるか」という点について、「まずわれわれのものの考え方を変えていかなければならない」といった（林 1967：47）。林は二〇世紀前半に活躍したフランス計画官僚ピエール・マッセの言葉を借りて次のように言う。

未来社会を考えるにあたって、従来常に行ってきた外挿法的な手法、つまり、現在を出発点としてその延長としての未来を考えるという手法による限り、なかなか変化の兆候を見出すことはできない。そこで外挿法の逆、すなわちまず未来のある時点に立って、そこから現在を見直すという考え方をとる必要がある。そういう考え方で訓練することによって、はじめて現在起こりつつあるいろいろの変化の兆候を見出すことが期待されるからなのである。

開発とは未来に向けた語りと実践であるが、そこにどのような前提条件を置くかによって開発の内容は変わってくる。ここで林らが提唱している未来学は、今ある前提条件を不動の規準にしては将来を見誤るという警告に、筆者には聞こえる。

今を生きながら「未来の地点に立つ」などというのは、不可能なことに思われるかもしれないが、近年、国際社会が努力している気候変動をめぐる条約交渉では、気候条件の将来予測に基づいて今日の負担分配が議論されている。すでに未来学は実践されているのである。課題は、地球環境の分野で先行している未来学を開発の分野に押し広げられるかどうかである。現在の開発課題がどのような経緯で生じてきたのかをさかのぼる作業は、開発の未来を想像するヒントの源泉になる。歴史はときに「他にありえた選択肢」を示してくれることがあるからだ。

このように書くと、小さな兆候を捉えて仮説を出す、未来から今を考えるといった作業はもっぱら研究者や専門家の仕事であるような印象を与えるかもしれない。なるほど発言力のある研究者の責任は大きい。だが、田所博士と中田のやり取りが如実に示すのは、現代の「常識」に囚われて新しいアイディアを受け入れることができない、受け手の頑固さである。アイディアを出すことはもちろん重要であるが、そのアイディアが生かされるかどうかは、それを受け止める側にかかっているからだ。田所は正しかったが、彼の考えをまともに聞き入れる人はいなかったのである。アイディアは出し手と受け手の相互作用があって初めて力を獲得する。

「危うさ」をもった仮説でも、取り上げて可能な範囲で検証のたたき台に載せる回路を残しておくことが、知の地平を広くとっておくために是非とも必要だ。この世に送り出されてくる数多くのアイディアの中で、どれを取り上げるに値するものとして扱うかは、実はアイディアの質そのものが決めているのではなく、それを受け止める社会の側にかかっているのである。

アイディア醸成の土壌

歴史が異なる密度でうねりを繰り返すのに対して、人類知は一定の方向で累積的に蓄積する。だが、そこにも後の道筋を大きく左右するようなアイディアが生み落とされる時期と、その準備が粛々と行われている時期とがある。再びツヴァイクの言葉を借りれば「どんな出来事の具体化にも、そうなるための進展が必要」ということなのだ。

そう考えると、私たちはアイディアの詰まった書物を眺めるとき、そこに書かれているアイディアの果実だけでなく、それを生み出した土壌、つまり社会的風土にまで思いを馳せなくてはならないことに気づく。社会的風土は、アイディアの生産者に魂を吹き込み、アイディアはその時代時代の読者によって新たな命を与えられていく。

古典と呼ばれる書物が、その情報を全く更新しないにもかかわらず、新鮮な気持ちで読まれ続ける理由はここにある。古典には、そこにいつの時代にも通用するアイディアが含まれているが、それは単に時間の試練に耐えることができたからというだけではない。今日ほど知の細分化が進んでいなかった時代の書物には、物事の全体像をズバリ摑み取る洞察力があるからだ。これは古典が書かれた当時の文脈を超えて、いつの時代にも当てはまるという意味ではない。読者の読み取る力に応じて、その時代が必要とするアイディアがそのつど引き出されるという意味である。

本書では、そのような息の長いアイディアと格闘し、当たり前として看過されてきた「常識」をあえて疑ってみた。常識を疑うことはアイディアの出発点になるが、それだけでは不十分である。本書では、新しい概念をもってきて、古い概念を置き換えるところまでは届かなかった。しかし、自信をもって言えるのは、開発の現場で不思議だと思ったことをパズルの形に定式化し、答えの探求に至るまでの工程を自分の頭で貫徹してみたということである。

古いアイディアとの対照

一般論として古典の重要性を認めたとしても、現代の課題に過去の知が重要になるかどうかは自明ではない。学問では往々にして古いアイディアの再発見よりも、新しいアイディアの提示が重視される。もちろん、アイディアの新しさが認められるためには、古いアイディアとの対比が必要である。この対比がないとアイディアの新しさを確かめることができない。だから学位論文では先行研究の総括が重視される。

だが、そもそも、開発という極めて実践的なテーマを論じるにあたって、先人の議論など踏まえる必要があるのだろうか。先行研究など無視して、まっすぐに答えに向かうのではなぜだめなのか。開発が切実な課題であるならば、過去の議論の到達点を知ることなど時間の無駄遣いなのではないか。

この疑問に答えるためのヒントを、アリストテレスが大昔に書き残してくれている。アリストテレスは『ニコマコス倫理学』の中で、知を三つに区分した（アリストテレス 1971）。今日「科学」と訳される「エピステーメ」、芸術・工芸に相当する「テクネー」、そして実践知と訳される「フロネーシス」である。このうち、科学的真理に関するエピステーメは、「違った在り方ではありえないことがら」を扱う知として位置づけられる。「水は摂氏一〇〇度で沸騰する」というように、必然的（invariable）に答えが一つに確定するような知である。ここで繰り返し再現できる実験という手段が大きな役割を果たす。

これに対して、テクネー（制作、芸術、技術）とフロネーシス（為す知、実践知）は、違った仕方でありうるので、答えが一つに決まらない。エピステーメが理学（普遍的な「なぜ」）に対応するとすれば、テクネーは工学・芸術（文脈依存的な「いかに」）に対応すると考えてよい。フロネーシスは、実践倫理（文脈依存的な「べき」）とでも訳すべきであろうか。優れた政治家の経験に基づく知は、フロネーシスに該当する。いずれも、再現性の伴わない「その場、そのとき」の限定された文脈で発揮される即興の知である。

ここで問題になるのは開発研究、そして社会科学の位置づけである。社会科学は果たしてエピステーメの一つであろうか、それともフロネーシスであろうか。社会科学の再定義を試みてきたデンマークの政治学者ベント・フルービャー（Bent Flyvbjerg：1952-）が力説したように、社会科学をフロネーシスと考えるとすっきりする面がある（Flyvbjerg 2001）。それは社会科学が、現象の理解という実証的な側面に力点を置きつつも、最終的には現象に働きかけようとする「行為に関する知」であるからだ。そこには異なる倫理的な帰結を伴う行為はあっても、唯一正しい行為というものはない。

こう考えると、社会科学で先行研究を批判し、論争を喚起しつづけなくてはいけない理由が分かってくる。それは、論争に決着をつけて議論を終わらせ、公の場から葬りさるよりも、議論を継続してしかるべきテーマに社会の注目を集め続けることのほうに価値があるからだ。貧困や不平等というテーマは、表現の形式は変わっても問題としてはなくならない。決定的な一つの答えを導くよりも、問題を忘れないようにする努力が大切だ。

このような永遠の課題を扱う開発研究には、好運にも着想に優れた人が多く集まってきた。開発がそのようなアイディアを生み出す材料に富んでいるという事実は、分野を問わず一流の研究者が、開発の諸側面に取り組んできたという実績が証明している。本書に登場した研究者でいえば、アマルティア・セン、アルバート・ハーシュマン、ジェームズ・スコットなどは、未来志向で過去を照らし出す技を鮮やかに見せたフロントランナーたちであった。彼らは「政治学」や「経済学」といった人為的な枠組みやしきたりにこだわらず、その垣根を自由に飛び越えてアイディアを量産しつつ、アイディアを受け入れる土壌に豊かな肥やしを与えてきた。

まとめよう。開発とは、特定の現状認識から出発する行為である。行為は特定の文脈に依存し、否が応でも権力に関わり、倫理性を伴う。そのように規定される開発の研究で重要になるのは、決定的な真偽判定や自然科学的な意味での普遍性の獲得ではなく、他の事例との対話を通じて「違った在り方」を発見し、提示する力である。だから、論争しつづけなくてはならない。これこそが正しい「答え」とされた理想の押しつけが、どれだけ多くの人を不幸に陥れてきたことか。戦争や自然災害という名の下に、多くの人災を潜り抜け、そのつど、生存の工夫を積み重ねてきた日本人なら、違った在り方を提示することの大切さを身をもって知っているはずだ。

どぶんと飛び込む肺活量

開発研究の実践には現場の実践知をくみ上げて活用する方法を考えなくてはならないが、この作業は少なくとも一定時間、現場に深く浸る時間が不可欠になる。そして、次に現場での発見を個別・特殊なものに終わらせずに、抽象化・一般化へと飛び上がる作業が必要になる。

浸る／飛び上がるという両方の働きかけを行うために求められるのは、知識や頭の回転の速さではなく、好奇心に導かれた活力と現場に飛び込むちょっとした勇気である。アイディアの創出に長けたフロントランナーたちの歩んだ道を振り返るとき、そこには、文献－現場－理論の間を行ったり来たりする、タフな精神と、様々なアイディアを試してみる自由闊達な遊び心を見ないわけにはいかない。個別なもの、書かれていないものを、観察を通じて拾いあげ、専門の曖昧さという逆風にふかれながら仕事を続けるには、何よりも活力が必要だ。

ここで、哲学者の鶴見俊輔（一九二二〜二〇一五）が終戦直後に出版した『アメリカ哲学』の言葉を引用したい。鶴見は戦後の焼け野原を見ながら、これらの時代にアイディアを生み出す人々への励ましも込めて次のように語った。

どぶんと飛び込んで具体的事物および価値の奥深くにひたると共に、すぐさま空高く飛び上がって抽象原理の域にゆきつくだけの肺活量を持つ。さらに抽象原理の雲の上で長く昼寝をすることなく、また具体的事物および価値の海中にもどるだけの元気がある。この行きつ戻りつのこつを心得たものこそ、あるべき哲学者なのである（鶴見 1986：344）。

文中の「哲学者」を「開発研究者」に置き換えるとズバリ筆者の言いたいことになる。途上国の研究においては、具体的事物は「現場」と呼ばれるフィールドであり、「価値の海中」とはそれぞれの地域の歴史と受け取ってもよいかもしれない。理論、現場、歴史をゆきつもどりつしながら、思考を深めるスタイルは筆者が理想とするところである。ここに、批判を恐れずに、思考の成果を分かりやすく世に問う元気が加われば完成だ。

日々の雑事を言い訳にしていると、雲の上での昼寝の時間が長くなってしまう。そこかしこで眠っている活力を引き出すために、開発研究を面白くしたい。そのためには、力を利害関係や体面の維持ではなく、アイディアに集中させることをよしとする社会風土を作り出すことが不可欠だ。「アイディアに力を」というメッセージは、アイディアそのものではなく、その場の空気でものが決まることの多い私たち日本人に、実は向けられているのである。

アマチュアの底力

翻って、本書が主に対象とした途上国と呼ばれる世界では、アイディアよりも、社会的地位や家系、人種や学歴、職業や富のほうが大きな力をもっている地域が少なくない。そうした場所では、発言の主が誰であるかを問うことはあっても、アイディアが何であるかを問うことが少ない。個別の開発援助が、所期の事業目的を達成することも大切だが、そうした活動を通じてアイディアに力を与える社会風土を醸成することのほうが、より本質的である。

なかんずくアイディア生産の場たるべき大学は、少数派、マイナーな文化を擁護し、多様な見方を見守る先導役として機能しなくてはならない。アイディアが育まれるためには、社会の中に寛容さと遊びの幅を維持しなくてはならないからだ。個人の権利と自由を尊重する伝統から生まれたヨーロッパの民主主義は、なぜヒトラーを育み、その暴走を止められなかったのか。国連をはじめとする国際支援組織が充実していた一九七〇年代の世界で、なぜカンボジアのポルポトは数百万といわれる自国民を餓死させ虐殺できたのか。私たちの生存をとりまく条件は、野蛮から文明へとまっすぐに進歩しているわけではない。

独裁者は「これこそが正しい考え」と決めたものを民衆に押しつけた。開発／発展が民衆から湧き上がるような動きとして持続するためにはアイディアの裾野に広がりが必要だ。職業研究者だけを見ると、日本の開発研究は決して層が厚いわけではない。だが日本には独学で勉強した、専門家顔負けのアマチュア知識人が巷に多く存在する。人文社会科学の分野は特にこの層が厚い。彼らは自ら論文を書いたりすることはしないが、分野を問わず様々な本を読み、その中で本物と偽物とを判別し、ネットにプロ顔負けの書評を載せるなどの活動を通じて、アイディアの土壌を豊かに保つ役割を果たしている。世界的にも誇るべきこのアマチュアたちの層の厚さを想像すると、これから世界へとアイディアを打ち込もうとする日本の開発研究は前途洋々に見えるのである。

アマチュアの強さはなんといっても、専門家の「常識」にみずみずしい問いを投げかけ、そもそもの研究の意義について専門性の枠に縛られずに疑うことができるところであろう。アマチュアの挑戦にさらされなくなった専門家は、自分の「専門」が決して全体ではなく、切り取られた部分にすぎないことを忘れてしまう。専門家たるもの、自らアマチュアのもつ素朴なものの見方に耳を傾ける人でありたいし、自分自身も他の分野に対してよきアマチュアでありたい。現場で開発を担い、その顚末を最後まで見届けるのも、専門家ではなくその人々であるのだから。

立場の異なる人々が特定の課題をめぐって繰り出す視点が複数確保されていることは、知的産業の活力である。本書が何か一つの「正しいアイディア」の提示を目指さず、むしろ主流派の議論との批判的な対話を心がけたのは、「違った見方」の提示に基づいて視点を複数へと押し広げることに未来の希望を見出しているからである。

参考文献

アリストテレス（1971）（高田三郎訳）『ニコマコス倫理学（上・下）』岩波書店。

小松左京（2006）［1973］『日本沈没（上）』小学館。

――（1972）『地球を考える（小松左京対談集1）』新潮社。

ツヴァイク、シュテファン（1996）（片山俊彦訳）『人類の星の時間』みすず書房。

鶴見俊輔（1976）『アメリカ哲学（上・下）』講談社。

中村雄二郎（1992）『臨床の知とは何か』岩波書店。

林雄二郎（1967）「未来学の日本的条件」『未来学の提唱』日本生産性本部、三八～六四頁。

Flyvbjerg, B. 2001. *Making Social Science Matter: Why social inquiry fails and how it can succeed again*, Cambridge : Cambridge University Press.

あとがき

これぞ想定外というべきか、年齢とともに文章作成で人の世話になることが多くなった。本書を含めて私が世に送り出した三冊の単著を並べてみると、新しいものほど周りの仲間、特に学生たちの手を煩わせてきたことが分かる。すでに一度、学会誌などに出している論文が大部分であるにもかかわらず、である。

本書の成立に関して、感謝しておきたい人は大勢いる。この本で議論していることの多くは私が二〇〇〇年から東京大学大学院（新領域創成科学研究科および公共政策大学院）で開講している「開発研究」で学生諸君に披露してきた内容である。課題文献が多くて「重い」ことで知られるこの授業の受講生からは実に多くのことを学んできた。特定の専門分野に属さず自分が大事だと思うことだけを我がままに組み合わせた授業は、一匹狼と言えば格好がよいが、学生という聞き手と彼らの励ましがあったからこそどうにか続けてくることができた。

二〇一四年から毎年、アメリカのプリンストン大学で客員教授として一学期分の授業を担当してきた。そこでは「アジアの開発と環境」にかかわるテーマを教えている。二〇一五年の春には「開発の意図せざる結果」と題した大学院向けの授業を行い、本書の随所にそこでの学びを反映させることができた。教員にしても学生にしても、アジア出身者のほとんどを中国人と韓国人が占めるプリンストンにいたからこそ「日本」を意識するようになったのかもしれない。

大学の外にも私の書いたものを楽しみにしてくれる人がいる。ふだん顔を合わせることもないこの人たちの存在が、実は深い根っこの部分で自分を支えてくれている。こうした人々にめぐり逢えた自分はつくづく運のよい人間だと思う。

本の執筆段階に入ってからは、まずは印刷原稿の打ち込み段階で阪原揚子さんの手を煩わせた。面倒な仕事を嫌な顔一つせずに引き受けくれる彼女にいつも感謝している。原稿検討の主戦場は、研究室の現役学生と一部の卒業生を中心に構成される「出力検討会」であり、そこで学生の投稿予定論文はもちろん、教員である私の草稿も無礼講で敲《たた》いてもらうことにしている。「教科書的で説教くさい」「議論の運びが性急にすぎる」「読者を置き去りにして走り去った」など、私の草稿に対して容赦ない批判が浴びせられる。これが過去一〇年以上、細々と続けてきた出力検の伝統である。ここ数年のコアメンバーである林裕さん、華井和代さん、麻田玲さんには「これからも私を敲いてください」とお願いしたい。

推敲段階に入った最後の一カ月で集中的に原稿へのコメントをしてくれた西舘崇さんの貢献は特筆しておきたい。博士号を取得した彼のレベルになると、「ここが分かりにくい」という類のコメントを超えて、「自分ならこう書く」という代替案まで示してくれる。毎週のように開催した一対一の検討会に付き合ってくれた西舘さんに心から感謝したい。

安藤徳明さんは、一般読者の観点から難解な箇所、補足の必要な箇所を指摘してくれ、文献リストの過不足も細かくチェックしてくれた。

職場の同僚の馬場紀寿さんは職場で特に用がないのに研究室を訪問できる数少ない対話の相手である。古代仏教を専門にする馬場さんとは専門分野が全く異なるが、毎回のように互いの「アイディア」をやり取りし、モチベーションを高め合ってきた。終章の文章に少しでも艶があるとすれば馬場さんとの日々の雑談のお蔭である。

私が十分には承知していないODA実務に深く関係する第9章については、志賀裕朗さんにコメントを頂戴し、基本的なミスを減らすことができた。

全体を通じたゲラ直前の日本語チェックは、私の右腕である華井和代さんにお願いした。ダメだしをくれることの方が多い華井さんからとうとう「終章がセクシーです」との感想を引き出すことができた。私にとって最高の褒め言葉である。

本書で用いた図版の一部は野久保雅嗣さんを煩わせて特別に撮影していただいたものである。

編集者の堀川健太郎さんは、議論のバランスから細かい言葉づかいまで指摘してくれ、本書を少しでも読みやすくする工夫を惜しまなかった。

これだけ多くの人を煩わせたにもかかわらずミスは残っていると思う。ただし、言いたいことは出し切れた。


序章、第4章、第9章、終章の書き下ろしを除けば、本書で用いた原稿の原型はすでに他の場所で出版済みである。ただし、本書への収録にあたって、原型をとどめないほど大幅な加筆や修正を行っている。修正は情報を加えるよりも、情報を削りとって、メッセージがいっそう読みやすく明確になるようにした。ゆえに最終原稿は、元の原稿よりも短くなっている。贅肉を削った分、メッセージの切れが増していればと願う。


序章　書き下ろし。

第1章「開発援助における生活水準の評価――アマルティア・センの方法とその批判」『アジア研究』第四三巻第三号、一九九七年、一～三二頁。

第2章「貧しい人々は何をもっているか――展開する貧困研究の視座」下村恭民・小林誉明編『貧困問題とは何であるか――開発学への新しい道』勁草書房、二〇〇九年、一～二四頁。

第3章　「開発研究における事例分析の意義と特徴」『国際開発研究』第一二巻第一号、二〇〇三年、一～一五頁。

第4章　書き下ろし。

第5章　「『開発』はいかに学習するか――『意図せざる結果』を手がかりに」新崎盛暉・比嘉政夫・家中茂編、沖縄大学地域研究所叢書第五巻『地域の自立　シマの力』上巻、コモンズ、二〇〇五年、二五〇～二七一頁。

第6章　「財は人を選ぶか――タイ津波被災地にみる稀少財の配分と分配」『国際開発研究』第一六巻第二号、二〇〇七年、八三～九六頁。

第7章　「貧困と〝資源の呪い〟」井村秀文・松岡俊二・下村恭民編『シリーズ国際開発第二巻　環境と開発』日本評論社、二〇〇四年、二七～五〇頁。

第8章　「戦後日本の対外経済協力と国内事情――原料確保をめぐる国内政策と対外政策の連続と不連続」『アジア経済』第五三巻第四号、二〇一二年、九四～一一二頁。

第9章　書き下ろし。

第10章　「開発研究における個別性と普遍性」西川潤・下村恭民・高橋基樹・野田真里編『開発を問い直す』日本評論社、二〇一一年、一七九～一九四頁。

終章　書き下ろし。

こうして大学院時代から最近まで自分が開発について書いたものを一冊にまとめて振り返るとき、知的興奮に満ちたこの道に私を導きいれてくれた恩師らの顔を思い起こさないわけにはいかない。

アジア初となるノーベル経済学賞を受賞する以前からアマルティア・センの意義を見出し、一九九一年の学部の授業で開発の哲学的な奥行を教えてくれた絵所秀紀先生がいなければハーバードに留学してセンの授業を受けることもなかったであろうし、本格的に開発の道に踏み込むこともなかったかもしれない。本書の第1章で展開した共同体論に基づくケイパビリティ批判をまとめた私の期末レポートに対してセン教授は好意的なコメントとともに最高点の〝A〟をくださった。留学時代の誇りである。

東京大学駒場キャンパスでの授業を介して芳賀徹先生や平川祐弘先生に岩倉使節団の文明論的な意義や日本の国際化を広い裾野で考える手ほどきを受けなければ、日本から世界を見ることの奥深さも、歴史を知る楽しみも分からないままであったに違いない。二〇年以上の時間が経ってからしみじみと感じられる懐の深い教育を受けられたのは、自由学芸《リベラルアーツ》を地で行く教養学科の恩恵であった。

完全な少数派であった「開発」というテーマをぶら下げて大学院に入った私の身元引受人になってくださったのは平野健一郎先生であった。平野ゼミでは、丁寧な概念選択と歴史的なアプローチの重要性を学んだ。また国際開発学会の「開発と文化」部会で知り合うことのできた川田順造先生には機会あるごとに声をかけていただき、若手には身に余る各種の出版機会とキャリア開拓の助走路を用意してくださった。

地域研究と経済学の架橋を果敢に試みられていた原洋之介先生の後ろ姿には強く勇気づけられた。先生には、タイでの長期フィールドワークの機会も与えていただいた。またアマルティア・センの『不平等の再検討』を共訳する機会を通じて概念を精確に捉えて日本語にすることの大切さを教えてくださり、数ある研究機関の中でも最も自由な雰囲気を維持している東京大学東洋文化研究所に私を導いてくれたのは池本幸生先生である。

本書の第Ⅲ部で扱った日本の援助史は、下村恭民先生（法政大学名誉教授）との協働作業の中で進めてきたものである。下村先生と英文の共編著としてまとめた *The Rise of Asian Donors*, Routledge, 2012. は、日本の経験をアジアの中に位置づけて国際的に発信する端緒となった。下村先生とは現在、国際協力機構との協力の下に日本の『ＯＤＡ史』を体系化する構想を温めている。この研究は東南アジアの資源政策史と並んで私の四〇歳代の仕事を総括する二本柱の一本になる。
幸運の中で諸先輩からこうして受け継いだバトンが、本書を介して次の世代の開発学徒たちの手に渡っていきますように。そして、その人々が世界の様々な現場に新鮮な風と、元気の種をまいていきますように。

二〇一六年四月

心地よい風がそっと頬を撫でる春のプリンストンにて

佐藤　仁

《著者紹介》

佐藤　仁（さとう・じん）

1968年　東京都生まれ。

東京大学教養学部教養学科（文化人類学分科）卒業。

東京大学大学院総合文化研究科博士課程（国際関係論）修了。

ハーバード大学ケネディ行政学大学院修士課程（公共政策学）修了。

学術博士。タイ政府政策アドバイザー，プリンストン大学客員教授などを経て，現職。第10回日本学士院学術奨励賞，第28回大同生命地域研究奨励賞などを受賞。また本書で第21回国際開発・大来賞を受賞。

現　在　東京大学東洋文化研究所新世代アジア研究部門・教授

主　著　『開発協力のつくられ方――自立と依存の生態史』東京大学出版会，2021年。

『反転する環境国家――「持続可能性」の罠をこえて』名古屋大学出版会，2019年。

『「持たざる国」の資源論』東京大学出版会，2011年，など多数。

野蛮から生存の開発論
――越境する援助のデザイン――

2016年6月30日　初版第1刷発行　〈検印省略〉
2021年12月30日　初版第2刷発行

定価はカバーに
表示しています

著　者　佐藤　仁
発行者　杉田啓三
印刷者　藤森英夫

発行所　株式会社　ミネルヴァ書房
607-8494　京都市山科区日ノ岡堤谷町1
電話代表（075）581-5191
振替口座　01020-0-8076

亜細亜印刷・新生製本

ISBN 978-4-623-07677-2
Printed in Japan

人名索引

ま　行

や　行

ら・わ行

事項索引

あ 行

か 行

さ　行

た　行

ま　行

や　行

ら・わ行